清华·政治经济学研究丛书

主编：李帮喜　刘震

京津冀产业集聚与协同发展

Research on Industrial Agglomeration and Coordinated Development in Beijing, Tianjin and Hebei

邓永波　著

社会科学文献出版社
SOCIAL SCIENCES ACADEMIC PRESS (CHINA)

清华·政治经济学研究丛书

丛书出版说明

“清华·政治经济学研究丛书”是清华大学社会科学学院经济学研究所与社会科学文献出版社共同策划的系列丛书。本丛书秉持马克思主义的核心指导思想，作为国内外中青年政治经济学学者优秀成果和国外优秀政治经济学译著的学术出版平台，内容涵盖马克思主义政治经济学、后凯恩斯主义经济学、中国特色社会主义政治经济学等方面的基础理论及经验研究。我们希望这套丛书能推动国内政治经济学研究的创新、发展，提升学科的国际化水平，总结建设中国特色社会主义实践中的经验，对相关问题进行研究和探索，力求有所创新和突破；同时成为国内政经“青椒”（青年教师）展现和交流优秀学术成果的一个窗口。

前　言

区域发展不平衡一直是制约我国地区协调发展的基本问题。“八五”初期，国家就开始把缩小地区差距作为地区经济协调发展的主要任务之一。“九五”计划和2010年远景目标纲要旗帜鲜明地提出“坚持区域经济协调发展、逐步缩小地区经济发展差距”。2016年的“十三五”规划纲要指出：“以区域发展总体战略为基础，以‘一带一路’建设、京津冀协同发展、长江经济带建设为引领，形成沿海沿江沿线经济带为主的纵向横向经济轴带。”2021年，“十四五”规划和2035年远景目标纲要进一步强调要构建高质量发展的区域经济布局和国土空间支撑体系。从“经济带”到“经济轴带”，意味着未来我国将更加注重统筹协调推动区域经济发展，通过培育若干新的增长极，最大限度地发挥辐射带动作用，为经济持续保持中高速增长开拓广阔的区域经济发展空间。国务院发展研究中心的一项研究表明，2004年以来，我国各地区人均收入的差异呈现逐年缩小的态势，地区间的基本公共服务供给差异有所缩小，省级人均财政支出的变异系数和基尼系数也分别有所减小。

然而，区域经济发展的不平衡问题依然比较突出。例如，京津冀地区户籍、社保、基本公共服务等方面的制度限制了劳动力在空间上的自由流动，影响了资源配置效率的提高。此外，区域倾斜性优惠政策名目繁多，使得区域政策存在碎片化倾向，在一定程度上也扭曲了价格信号机制，导致市场难以真正按照效率最优的原则进行资源配置。京津冀地区濒临渤海，背靠太岳，携揽“三北”，战略地位十分重要，是我国经济最具活力、开放程度最高、创新能力最强、吸纳人口最多的地区之一，也是拉动我国经济发展的重要引擎。目前，京津冀地区的发展面临许多困难和问题，特别是首都北京，集中了过多的非首都功能，导致“大城市病”问题突出，人口膨胀，交通拥堵，房价上涨，社会管理困难，引发一系列经济社会问题，引起全社会广泛关注。同时，北京、天津和河北地区水资源严重短缺，地下水过度开采，环境污染问题严峻，已成为我国东部地区人与自然关系最为紧张、资源环境超载矛盾最为突出、生态联防联治要求最为迫切的区域。另外，区域功能布局不合理，城市系统结构不平衡，北京和天津两极太过“肥胖”，周边中小城市太过单薄，区域发展差距较大，特别是河北与北京和天津的发展差距较大，公共服务水平差距明显。对于以上问题，迫切需要加强国家层面的协调统筹，有序疏解北京的非首都功能，促进北京、天津与河北三省市整体协同发展。

推动京津冀协同发展，是适应我国经济发展新常态，缓解区域发展不平衡问题，应对资源环境压力逐步加大等挑战，加快经济发展方式转型，培育经济增长新动力和新增长极，优化区域发展格局的现实需要，具有非常重大的意义。有利于破解首都发展长期积累的深层次矛盾和问题，优化提升首都核心功能，走出一条中国特色解决“大城市病”的道路；有利于完善城市群形态，优化生产力布局和空间结构，打造具有较强竞争力的世界级城市群；有利于引领经济发展新常态，全面对接重大国家战略，增强对环渤海地区和北方腹地的辐射带动能力，为全国转型发展和全方位对外开放做出更大贡献。

推动京津冀协同发展，也是探索改革路径、构建区域协调发展体制机制的需要。区域发展不协调、不平衡是一个“老大难”的问题，这些问题的长期存在与京津冀要素流动面临显性和隐性壁垒、区域发展缺乏统筹协调机制等因素密切相关。京津冀地区发展不协调、不平衡的矛盾最为突出、最为复杂，关注度最高、解决最为困难。为推动京津冀协同发展，要根据它们各自的比较优势，在现代产业分工要求的基础上，以区域优势互补的原则为指导，立足合作共赢理念，以北京、天津、河北城市群建设为载体，以优化区域分工和产业布局为重点，以空间统筹规划和资源要素合理利用为主线，以构建长效体制机制为起点，从广度和深度上加快发展，必须通过深化改革，打破行政壁垒，构建开放的区域统一市场，建立区域统筹协调发展新机制。

本书在总结国内外产业集聚与区域发展实践、梳理与评述现有文献的基础上，从产业集聚的视角探索地区间由不平衡发展转向平衡发展的路径、方式与机制。一方面，为京津冀在区域经济协调发展中对重大战略性与关键性问题的破解提供一些可行的理论思路；另一方面，根据分析思路提出一些针对性与有借鉴意义的政策与建议。主要意义与价值在于：一是有助于寻求京津冀地区产业集聚与区域经济协调发展的机制；二是有助于总结与提炼京津冀地区产业集聚与区域经济协调发展的诸多实践；三是有助于推进产业集聚与区域经济协调发展的经济理论创新；四是有助于在分析基础上提出针对性的政策与建议。

作为地区间经济密度指标，产业集聚与产业扩散并没有包含专业化分工，而地区间专业化分工却是区域经济协调发展中的一个基本内容，这就需要在分析产业集聚与扩散中引入专业化与多样化类型。由此，本书对地区间产业分布的考察确定了两种维度，即基于产业空间集聚与扩散的地区间密度差异维度，和基于专业化与多样化度量的分工结构维度。为了完整地把握这两个维度对地区间产业分布演变的影响，我们把这两个维度的交互作用组成四个类型：第一种类型是专业化与集聚化水平同时上升的专业化集聚；第二种类型是专业化与集聚化水平都下降的多样化扩散；第三种类型是专业化水平上升而集聚化水平下降的专业化扩散；第四种类型是专业化水平下降而集聚化水平上升的多样化集聚。这四种类型构成我们理解国际经验与观察京津冀实践的基本框架。在这四种类型中，每一种类型与地区间收入差距的变动都存在复杂的联系。表面上看，库兹涅茨的收入不平等和经济发展的倒 U 形模型与威廉姆森的地区间收入不平等的倒 U 形理论是相关的，本书的研究也表明，地区间产业分布不均匀与收入差距之间存在一定的对应关系，随着地区间产业分布的均衡化，地区间收入差距会由扩大向缩小转变。

结合新经济地理学和京津冀产业集聚与区域经济发展的实践，本书把运输成本和体制与政策作为解释京津冀在产业集聚与区域经济发展中的阶段性特征与演变的两个基本因素。新经济地理学主要运用运输成本这个因素解释地区产业分布的变化，这并不完全适用于对京津冀地区产业分布与分工变化的解释，单纯运用体制与政策因素也不能很好地解释京津冀地区产业集聚与区域经济发展的变化，这两种因素中的任意一种变化都会对地区间的产业分布与分工产生影响。因此，需要将这两种因素结合起来考察，运输成本是基础性的，体制与政策是导向性的。通过这种组合分析，可以解释京津冀地区与其他地区发展路径的不同之处。例如，虽然近年来地区间的运输条件得到了明显改善，按照新经济地理学的逻辑，产业的地区分布应是趋于不均匀的，但是，分权竞争体制下制造业在各地遍地开花，重复建设比比皆是，导致市场分割和地方保护。在运输成本进一步下降、市场一体化政策的逐步推进下，追求规模经济与集聚经济收益的资源跨地区流动才会大量发生，这将促进京津冀地区向专业化扩散阶段发展。

本书在基本理论分析的基础上，首先对京津冀地区区域经济发展特征、京津冀地区产业集聚的演变以及京津冀地区区域经济差距的动态变化进行了阐述。其次对京津冀地区产业分工与一体化发展的动因进行分析。改革开放加速推进后，京津冀地区产业均衡发展加快，区域间产业分工程度有所提高，区域间收入差距正在缩小，出现了专业化扩散的特征，其中主要得益于基础设施改善引起的运输成本下降和政府间协调合作推动的区域市场一体化。再次通过对比京津冀城市群与国内外主要城市群在产业集群、基础设施、发展阶段等方面的优劣势，结合发达国家城市群优化升级的主要经验，提出了加快推进京津冀协同发展和城市化进程的思路和建议。复次对京津冀地区经济协调发展的趋势进行了分析。运用前述基本模型，总结了京津冀以及京津冀地区内部各省市工业和制造业集聚和扩散所处的阶段，分析了发展趋势。同时，结合京津冀地区区域经济一体化发展的有利条件，对京津冀地区经济协调发展的趋势进行了展望。最后是基本结论与政策建议。本书的研究发现，京津冀地区的发展初步印证了我们关于产业集聚、分工和区域经济协调发展的阶段论假说，即专业化发展和地区收入差距缩小是可以同时实现的。结合京津冀地区产业集聚的发展阶段和国家关于京津冀地区经济发展的总体战略，因地制宜地提出相应政策建议。

本书对京津冀产业集聚与区域经济协调发展问题的研究大致形成了以下几个观点。首先，随着市场经济和工业化、城镇化的发展，地区间产业分布与收入差距是相互对应的。地区间产业分布经历了从专业化集聚到多样化扩散，再到专业化扩散的波浪形过程。而地区间人均收入差距则呈现一个库兹涅茨所概括的倒 U 形模型。这个过程是通过要素流动和产业转移促成集聚经济与规模经济而实现的，要素流动促进了地区间收入差距的缩小，也促进了地区间分工的深化。其次，产业集聚与区域经济发展之间的联系具有阶段性特征。根据分类，京津冀地区的发展正在由多样化扩散进入专业化扩散的阶段。由于工业化发展机制从行政调拨资源转向以市场配置资源为主，市场配置又是以承认地区间资源禀赋以及国际市场的区位差异为前提的，所以就导致京津冀地区经济发展机会各不相同，京津冀地区区域内部专业化阶段也各具特征。最后，体制与政策因素对京津冀地区在阶段性发展转变中起着重要作用。运输成本和体制与政策两个因素推动了地区间产业分布的变化。新经济地理学强调了运输成本对产业分布变化的影响，京津冀地区自 20 世纪 90 年代以来，交通基础设施得到了较大改善，运输成本明显下降，但是，不仅地区性的产业集聚没有显著地发生，而且出现了多样化扩散现象。这种扩散不是资源流动的结果，而是各地方政府在本地区大力投资的结果。因此，维护统一市场、推进要素流动的区域一体化政策就成为加速进入专业化扩散阶段的重点。

本书的创新之处可以概括为三个方面。首先是理论上的新解释。我们用产业集聚与产业扩散的指标和专业化与多样化的分工指标对京津冀地区间产业分布与分工的类型进行了划分，从而提出了四个阶段的理论观点，即产业集聚与地区经济协调发展之间的非线性关系是通过多样化集聚与专业化集聚、多样化扩散与专业化扩散的四个阶段反映出来的。一些发达的市场经济国家已跨入第四个阶段，京津冀区域内一些较发达地区之间的产业分布也显露向第四阶段转变的迹象。但总体上看，京津冀现阶段还未跨过多样化扩散阶段。其次是方法上的新综合运用。在方法上的新综合运用主要体现为对多个产业部门的描述与分析。在以往的分析中，对地区间产业分布的集聚与扩散的描述与对地区间产业分工现象的专业化与多样化的分析是分开的。虽然这两种空间分布的经济现象是不同的，但也需要在分析基础上进行综合，只有这样才能发现分开描述所不能发现的区域经济问题。比如，制造业部门地区分布与分工变化的阶段性问题就是通过这种综合概括出来的。最后是数据中的新发现。通过对京津冀地区工业和制造业部门地区分布与分工变化的实证描述以及计算发现，近年来，京津冀地区制造业部门及其他一些行业的地区分布与地区收入差距一样，都经历了一个倒 U 形过程。这个实践结果印证了库兹涅茨提出的地区经济发展与收入差距之间的倒 U 形关系与威廉姆斯提出的地区经济发展与收入差距之间的倒 U 形关系。这也表明京津冀地区的发展实践具有国际经验概括出来的一般性。但它也表现出明显的中国特色，产业的空间分布和地区经济发展差距的转折点各不相同。原因在于主要的推动力不同。对于大多数国家或地区而言，转向服务业的结构变动是推进这种地区分布均匀化的主要动力，而我国区域的分权竞争体制则发挥了更重要的作用。

本书是根据笔者博士期间的论文改编的。在本书的写作过程中，我有幸得到了我的博士研究生导师、中共中央党校原副校长张伯里教授的悉心指导，导师工作异常繁忙，却依然在百忙之中悉心指导我的论文修改，他用心之深、效率之高、态度之严谨，使我感悟良多，对此我要深表感谢！同时，我要感谢在百忙之中参与审阅、评议论文的中共中央党校（国家行政学院）马克思主义学院副院长陈江生教授，国防大学军民融合发展研究中心主任罗永光教授，中共中央党校（国家行政学院）经济学教研部区域经济教研室主任李江涛教授，中共中央党校（国家行政学院）纪委委员、经济学教研部党总支副书记贾华强教授，中共中央党校（国家行政学院）经济学教研部徐平华教授，《中共中央党校学报》副主编、中共中央党校（国家行政学院）二级教授刘学侠教授等各位老师，对我论文提出了宝贵修改意见。还要感谢习近平经济思想研究中心相关领导对本书出版的审核。最后，我要特别感谢博士后合作导师、清华大学社会科学学院经济学研究所长聘副教授李帮喜老师，本书能够顺利出版得益于李帮喜老师的大力支持。

目　录

第一章　导论

第一节　研究背景和研究意义

一　产业集聚与区域经济发展差距存在规律性联系

随着京津冀地区经济的快速发展，经济活动的空间分布发生了明显的变化，其中一个变化是以地区专业化为特征的产业集聚的发生与扩展。地区生产专业化是生产在空间上高度集中的表现形式，它是指按照劳动地域分工规律，利用特定区域某类产业或产品生产的特殊有利条件，大规模集中地发展某个行业或某类产品，然后向区外输出，以求最大经济效益。通常用区位熵（后文会详细介绍）来判断一个产业是否构成地区专业化部门。不少学者采用不同的理论工具测算了京津冀地区改革开放以来不同行业特别是制造业中不同行业的地理集中程度，从而证实了这一变化。与改革开放前各个地区忽视比较优势与地区专业化所形成的产业集聚不足相比，改革开放后地区专业化与集聚化的推进与增强对各地区全要素生产率的提高产生了积极影响。在对地区产业空间分布的研究中，除了使用专业化指数等测量手段来衡量地区专业化发展程度之外，对不断兴起的产业集群开展研究也成为人们观察与理解我国集聚经济与地区经济发展的一个重要途径。20 世纪 90 年代以来，外资与民营经济呈现一种集群化的发展特征，这种集群化的发展不仅改变了原有的地区产业集聚不足的空间分布状况，而且成为地区专业化的一种重要方式与推动力量。

在地区专业化有所深化的同时，地区间的生产总值增长速度不大相同，进而使地区间的收入差距不断拉大。在对京津冀地区收入差距的研究中，城乡、省域等经济区都成为人们观察与比较区域收入差距的视角。从城乡收入差距来看，京津冀地区城镇居民人均可支配收入与农村居民人均纯收入之比由20世纪80年代初期的1.87∶1扩大到2016年的2.18∶1，省际差距也在拉大，并不断波动；从京津冀省域的收入差距来看，北京、天津与河北的差距都在拉大，省市内部各市区的差距在缩小。此外，改革开放以来，我国地区收入差距在不同的阶段也有不同的演进特点。Jian等（1996）与Dayal-Gulati和Husain（2000）等指出在改革开放的头十年，中国人均实际GDP的地区差距稳步缩小。他们认为，农村改革是这个时期促进区域性趋同的主要原因：一方面，农业地区直接从农村改革中获得了巨大的推动力，另一方面，改革也促进了乡镇企业的迅速发展。所以，这个时期的省级经济出现了趋同。进入20世纪90年代后，地区之间的经济发展与收入差距开始拉大。21世纪初，地区间的差距持续拉大（王小鲁和樊纲，2004；许召元和李善同，2006）。

虽然地区间收入差距拉大与许多因素相关，诸如区位、资源、经济基础、公共基础设施、教育水平、开放顺序以及地方分权体制等；但是当把地区收入水平与产业集聚的空间分布联系起来时，我们会发现产业集聚是造成地区间收入差距的一个重要因素。范剑勇（2008）通过计量分析实证了我国产业集聚是如何通过扩大和提高地区经济规模与生产率而持续地影响地区之间的收入差距的。除了测量产业集聚对地区收入差距的影响之外，许多学者对产业集聚在地区乃至全国版图上的不均衡分布的考察，也间接地说明了它与地区收入差距之间的相关性。显然，产业集群的地区分布不均衡与地区间收入差距特征是相关的，北京、天津以及河北沿海城市的收入水平较高，产业集群的分布数量也相对较多，虽然产业集群的数量不能完全代表产业集聚的程度，但作为集聚经济的一个结果，它至少能反映产业集聚与地区收入差距之间的联系。这表明，地区之间的产业集群发展规模不同，收入水平也不尽相同。

一些发达国家和地区经济发展的历史实践为我们观察产业集聚与区域经济发展差距之间的关系提供了一个经验性视角。Barro（1991）以及 Barro 和 Sala-i-Martin（1995）在研究了 1880~1988 年美国各州之间经济发展情况和 1950~1985 年西欧 73 个地区之间的经济发展情况后发现，无论是从部门还是从地区的角度考察，地区之间个人收入增长都是收敛的，不同地区的收入趋同都是客观存在的，只不过这种趋同十分缓慢，典型的贫困地区与富裕地区的人均收入差距大约每年缩小 2%左右。虽然他们没有从产业集聚的角度分析其中的原因，但是，随后的一些研究把两者联系了起来，并找出了一些产业集聚带来地区之间经济发展差距变化的证据。Midelfart-Knarvik 等（2000）在计算了欧洲 14 个国家在 1970~1997 年的地区专业化指数后发现，1970~1973 年与 1980~1983 年，欧洲 14 个国家的地区专业化指数是下降的，这意味着各国之间的产业相似程度有所提高。从 1980~1983 年开始，各国之间产业向专业化发展方向转变，平均专业化指数从 0.404 上升到 1994~1997 年的 0.471。显然，随着欧盟一体化的增强，欧盟内部各国之间的专业化程度有所提高。而随着欧盟一体化的推进，人均实际收入的基尼系数平缓下降。邓翔和路征（2009）利用基尼系数、泰尔指数和变异系数等工具考察了 1960~2006 年欧盟各国收入差距的历史演变。他们发现，1960~1983 年，各国收入差距是明显缩小的，经过了 1983~1995 年的波动期，随后又有所缩小。Kim（1998）考察了美国 1860~1987 年地区专业化指数的变动情况。他发现，除了农业专业化指数持续上升外，制造业和批发业的专业化指数都是平缓下降的。其中，制造业从 19 世纪 60 年代的 0.71 左右下降至 1987 年的 0.42，批发业则从 20 世纪 40 年代的 0.60 下降至 1987 年的 0.21 左右。通过多部门的综合平均，美国的地区专业化指数由 19 世纪 60 年代的 0.6 下降至 20 世纪 80 年代后期的 0.2。随着地区专业化指数的下降，美国各部门之间的相对工资出现了收敛走势。1880~1980 年，农业与非农业工资的比值从 0.2 上升到

0.69，美国南部与北部平均工资的比值从0.41上升到0.9，中西部与北部平均工资的比值从0.82上升到1。综上所述，欧盟各国是伴随着地区专业化指数的上升，地区收入差距的基尼系数是缓慢下降的。美国则是在地区专业化指数平缓下降的同时，地区收入差距有所缩小。

显然，产业集聚与地区间收入差距是相关的。当产业由集聚转向扩散时，地区间收入会出现由发散转为收敛。世界银行（2009）在总结了国家之间、各国内部的地区之间、城乡之间以及先进地区与落后地区之间的历史发展进程的基础上提出了地区间收入先分化、后趋同的观点。他们认为，经济发展一般是先从个别地区率先启动的，这会引起这些地区与其他地区的发展差距，由此带来地区间收入的分化。在市场一体化发展的推动下，这种分化又引起人口与资本流动，扩大了贸易范围，有利于先发地区的发展。通过吸引人口与企业，先发地区促进了经济的进一步集聚，进而成为创新与增长的中心。当然，这个过程不会永远持续下去。拥挤、堵塞与污染等因素也会累积成为一些严重的问题，这就构成了反集聚的力量，它与集聚经济相互抵消，致使先发地区的经济集聚趋缓（世界银行，2009）。概括起来，集聚引起分化，扩散产生趋同。

二　产业集聚与区域经济协调发展具有重要的实践意义

区域发展不平衡一直是制约我国地区协调发展的基本问题。“八五”初期，国家就开始把缩小地区差距作为地区经济协调发展的主要任务之一。“九五”计划和2010年远景目标纲要旗帜鲜明地提出“坚持区域经济协调发展、逐步缩小地区经济发展差距”。2016年的“十三五”规划纲要指出：“以区域发展总体战略为基础，以‘一带一路’建设、京津冀协同发展、长江经济带建设为引领，形成沿海沿江沿线经济带为主的纵向横向经济轴带。”[①] 从“经济带”到“经济轴带”，意味

① 《中华人民共和国国民经济和社会发展第十三个五年规划纲要》，人民出版社，2016。

着未来我国将更加注重统筹协调推动区域经济发展，通过培育若干新的增长极，最大限度地发挥辐射带动作用，为经济保持中高速增长开拓广阔的区域经济发展空间。[①] 国务院发展研究中心的一项研究表明，2004年以来，我国各地区人均收入的差异呈现逐年缩小的态势，地区间的基本公共服务供给差异有所缩小，省级人均财政支出的变异系数和基尼系数也分别有所减小。

然而，区域经济发展不平衡的问题依然比较突出。例如，京津冀地区户籍、社保、基本公共服务等方面的制度限制了劳动力在空间上的自由流动，影响了资源配置效率的提高。此外，区域倾斜性优惠政策名目繁多，使得区域政策存在碎片化倾向，在一定程度上也扭曲了价格信号，导致资源难以真正按照效率最优的原则得到配置。京津冀地区濒临渤海，背靠太岳，携揽"三北"，战略地位十分重要，是我国经济最具活力、开放程度最高、创新能力最强、吸纳人口最多的地区之一，也是拉动我国经济发展的重要引擎。目前，京津冀地区的发展面临许多困难和问题，特别是首都北京，集中了过多的非首都功能，导致"大城市病"问题突出，人口膨胀，交通拥堵，房价上涨，社会管理困难，引发一系列经济社会问题，引起全社会广泛关注。同时，北京、天津和河北地区水资源严重短缺，地下水过度开采，环境污染问题严峻，已成为我国东部地区人与自然关系最为紧张、资源环境超载矛盾最为突出、生态联防联治要求最为迫切的区域。另外，区域功能布局不合理，城市系统结构不平衡，北京和天津两极太过"肥胖"，周边中小城市太过单薄，区域发展差距较大，特别是河北与北京和天津的发展差距较大，公共服务水平差距明显。对于以上问题，迫切需要加强国家层面的协调统筹，有序疏解北京的非首都功能，促进北京、天津与河北三省市整体协同发展。

推动京津冀协同发展，是党中央、国务院在新的历史条件下做出的

① 《经济轴带如何转动——聚焦十三五区域发展空间战略布局》，中央人民政府网站，http：//www.gov.cn/xinwen/2015-11/08/content_5006051.htm，2015年11月8月。

重大决策部署，对于协调推进“四个全面”的战略布局、实现“两个一百年”的奋斗目标和中华民族伟大复兴的中国梦，具有深远历史意义和重大现实意义。2013 年，习近平总书记先后到天津、河北调研，强调要推动京津冀协同发展。2014 年 2 月 26 日，习近平总书记在北京考察工作时发表重要讲话，全面深刻阐述了京津冀协同发展战略的重大意义、推进思路和重点任务。此后，习近平总书记又多次发表重要讲话、做出重要指示，强调京津冀协同发展是个大思路、大战略，要通过以疏解北京非首都功能为契机，调整地区经济结构和产业布局空间结构，走出一条内涵集约发展的新道路，探索出一种人口经济密集地区优化开发的模式，促进区域经济协调发展，形成新增长动力和增长极。① 李克强总理也曾多次做出重要指示批示，明确提出推动实现京津冀协同发展是实施区域发展总体战略的重要一环，对于优化生产力布局、提高发展质量和效益具有重要意义。我们要牢固树立大局意识，注重科学规划，围绕科学定位抓紧规划编制，统筹推进基础设施建设、产业转移承接、区域环境治理和民生改善工程等重点任务，把这项战略任务抓实抓好。②

推动京津冀协同发展，是适应我国经济发展新常态，缓解区域发展不平衡问题，应对资源环境压力逐步加大等挑战，加快经济发展方式转型，培育经济增长新动力和新增长极，优化区域发展格局的现实需要，具有非常重大的意义。有利于破解首都发展长期积累的深层次矛盾和问题，优化提升首都核心功能，走出一条中国特色解决“大城市病”的道路；有利于完善城市群形态，优化生产力布局和空间结构，打造具有较强竞争力的世界级城市群；有利于引领经济发展新常态，全面对接重大国家战略，增强对环渤海地区和北方腹地的辐射带动能力，为全国转

① 《京津冀协同发展领导小组办公室负责人就京津冀协同发展有关问题答记者问》，《人民日报》2015 年 8 月 24 日。

② 《京津冀协同发展领导小组办公室负责人就京津冀协同发展有关问题答记者问》，《人民日报》2015 年 8 月 24 日。

型发展和全方位对外开放做出更大贡献。[①]

推动京津冀协同发展，也是探索改革路径、构建区域协调发展体制机制的需要。区域发展不协调、不平衡是一个“老大难”的问题，这些问题的长期存在与京津冀要素流动面临显性和隐性壁垒、区域发展缺乏统筹协调机制等因素密切相关。京津冀地区发展不协调、不平衡的矛盾最为突出、最为复杂，关注度最高、解决最为困难。为推动京津冀协同发展，要根据它们各自的比较优势，在现代产业分工要求的基础上，以区域优势互补的原则为指导，立足合作共赢理念，以北京、天津、河北城市群建设为载体，以优化区域分工和产业布局为重点，以空间统筹规划和资源要素合理利用为主线，以构建长效体制机制为起点，从广度和深度上加快发展，必须通过深化改革，打破行政壁垒，构建开放的区域统一市场，建立区域统筹协调发展新机制。[②]

第二节　研究方法和理论基础

考察京津冀在产业集聚、扩散与地区经济发展中的多种经济、单一产业与地区类型，选定相关的分析对象与测量指标是不可或缺的，不同的分析对象需要不同的测量指标。对京津冀多个产业与经济发展的考察以制造业的多个部门为对象，采用了应用比较广泛的基尼系数考察制造业部门在各省市的分布与变动过程，一方面通过测算各地区的专业化指数来说明京津冀地区制造业部门的分布特征；另一方面把这种产业结构的地区分布与收入水平的地区分布对应起来，观察与分析两者之间的联系。

在对地区间收入水平的衡量上，本书用人均 GDP、城镇居民人均

① 《京津冀协同发展领导小组办公室负责人就京津冀协同发展有关问题答记者问》，《人民日报》2015 年 8 月 24 日。

② 《京津冀协同发展领导小组办公室负责人就京津冀协同发展有关问题答记者问》，《人民日报》2015 年 8 月 24 日。

可支配收入以及农村居民人均纯收入等进行了尝试。结果表明，虽然不同指标的计算结果会有一定的偏差，比如说用人均 GDP 往往会高估地区间的收入差距，而用城镇居民人均可支配收入或农村居民人均纯收入指标，都会由于各地区城市化率、城市发展水平以及农村基础等不同而难以进行综合反映。鉴于现有统计的有限性，在人口流动或不流动的条件下，对地区间收入水平差距的估计是不同的。在人口不流动的条件下，使用人均 GDP 指标能够比较真实地反映地区间收入差距情况。在人口特别是劳动力流动较大的情况下，人均 GDP 指标就容易高估地区之间的收入差距。比如说，在劳动力净流出的省份，流出的劳动力没有对本省的产值做出贡献，但是在统计中这部分人往往没有被减掉，这就容易低估该省人均 GDP。相反，在劳动力净流入的省份，流入的劳动力对该省产值做出了贡献，也获得了一定报酬。但是，在人均统计中，这部分人的贡献与报酬不容易反映出来，还是以过去的常住人口作为人均统计口径，这就容易高估这些净流入地区的人均 GDP。这样，流出地区的低估与流入地区的高估就会使得计算而得的收入差距比实际的地区间收入差距要大。但是，一方面用反映各种收入水平的指标计算出来的结果具有趋同性；另一方面各地区人均 GDP 是相对可获得数据的一个综合性指标。所以，我们更多地采用人均 GDP 基尼系数这一指标来衡量地区收入差距。

考察不同地区在产业集聚与区域经济发展过程中的实践也是一项有示范意义的研究工作。根据我国地区经济发展的实际情况，结合国家最新出台的区域经济发展规划，本书选取京津冀地区作为分析对象，然后用统计工具对这一地区的发展类型进行研究。通过分析，一方面可以发现京津冀地区产业集聚与区域经济协调发展的特征，另一方面根据这种发展类型判断京津冀专业化发展的阶段，为我国其他区域的发展提供理论依据。

一　西方经济学关于产业集聚的测算方法

产业集聚现象在世界范围内大量存在，对产业集聚的研究中，不仅出现了大量的理论观点，诸如资本流动模型（Martin and Rogers，1995）、企业家流动模型（Ottaviano，1996；Forslid，1999；Forslid and Ottaviano，2003）、城市经济理论模型（Fujita et al.，1999）等也大量存在。作为当前区位理论的主流与核心，新经济地理学由于模型比较复杂，往往需要依靠计算机模拟来看两个变量之间的关系。因此，在经验研究方面，对产业集聚的研究在理论上还远远没有成熟，目前还没有找到比较成熟的方法来验证新经济地理学的框架。虽然如此，经济学家还是构建了一些指标和方法来度量产业集聚及其经济绩效。

这里介绍的是研究产业集聚的几种主要的方法。在说明这些测算方法之前，我们首先定义背景变量：

$s_{ij}=q_{ij}/\sum q_{ij}$，表示地区 j 产业 i 的产值在全国产业 i 总产值中所占的比例；

$s_j=q_j/\sum q_j$，地区 j 的产值在全国总产值中所占的比例；

$x_{ij}=q_{ij}/q_j$，地区 j 产业 i 的产值在该地区总产值中所占的比例；

$x_i=\sum q_{ij}/\sum q_j$，全国产业 i 的产值在全国总产值中所占的比例。

其中，变量 q_{ij} 为地区 j 产业 i 的产值，q_j 为地区 j 的总产值。产值变量也可以用就业替代。

（一）区位熵

区位熵是（location quotient，LQ）用来衡量一个地区某一产业的相对专业化程度的，区位熵方法是评价区域优势产业基本的分析方法。区位熵也称为区域规模优势指数或区域专门化率，表示该地区某一行业的规模水平和专业化程度，它由经济学家哈盖特（P. Haggett）首先提出并运用于区位分析中。通过计算某一区域产业的区位熵，可以找出该区域在全国具有一定地位的优势产业（胡丹和晏敬东，2014）。

可以从两个角度对区位熵进行定义。一是从地区地位的角度，考察地区 j 的产业 i 在全国的产业 i 中的地位与地区 j 所有产业在全国所有产业中的地位，计算公式为：

$$LQ = \frac{q_{ij}/\sum_{i} q_{ij}}{\sum_{i} q_{ij}/\sum_{i}\sum_{j} q_{ij}} = s_{ij}/s_j$$

二是从产业结构的角度，涉及产业 i 在区域 j 的产业结构中的地位与产业 i 在全国产业结构中的地位的比较，计算公式为：

$$LQ = x_{ij}/x_i$$

区位熵大于 1，说明产业 i 在该地区的专业化程度较高，超过全国的平均水平，意味着该产业在该地区的生产较为集中，具有相对规模优势和比较优势。因此，也可以根据产业销售收入、企业数量、企业从业人数来计算区位熵。例如，有两个地区，地区 1 的工业总产值占全国的 10%，其中 50%集中在制造业；地区 2 的工业总产值占全国的 50%，但制造业只占 10%，由此可以看出地区 1 的制造业集中程度较高，即专业化水平较高，具有比较优势。因此，可以说，区位熵越大，该地区该产业的比较优势越明显，竞争能力越强。

区位熵指标体系在国内诸多学者对产业的实际研究中得到了广泛运用，如唐垒和曾国平（2004）运用区位熵指标对我国西南和西北地区的产业结构和布局进行了比较分析；李少游等（2005）通过建立区位熵指标体系对广西特色产业进行了研究；刘晓红（2006）利用区位熵方法对陕西的产业进行了测评，分析了区域产业结构；等等。从各实际研究的结论来看，区位熵方法是明确各部门或产业活动在区域经济发展中的功能差异、重点和薄弱环节所在以及评价和判断区域优势产业行之有效的方法。

（二）产业集聚度、赫芬达尔指数与绝对产业集中度

产业集聚是指产业活动在空间上的集中现象，空间的体现主要以地区单位来衡量，因而理论上衡量产业空间上的集中程度与产业经济学中衡量产业的市场集中度的方法类似，在实际应用中有较多借鉴，只是前者从地区单位考察，而后者从企业单位考察。

1. 产业集聚度

在各种产业集聚的测度方法中，产业集聚度是最简单的计算指标。产业集聚度又称为行业集中率或市场集中度，是指某一产业中规模最大的前 n 家企业（如产值、产量、销售额、销售量、职工人数、资产总额等）所占市场份额的总和（李太平等，2007）。该指标的基本思想源于产业经济学中衡量市场结构的市场集中度指标，代表的是产业规模最大的 n 个省份的就业人数或者产值在全国所占的份额，属于对产业集中的绝对测度，并未考虑区域规模对产业集中度的影响，可用于不同产业集中状况的相对比较。产业集聚度表示产值规模最大的前 n 个地区的 s_{ij} 之和，计算公式为：

$$CR_n = \sum_{j=1}^{n} s_{ij}$$

CR_n 的取值在 0 和 1 之间，取值越大，表示该产业越集中。市场集中度能够形象地反映产业市场集中水平，测定出产业在市场上的垄断与竞争程度。但是由于产业集聚更多考虑产业地理位置的集聚程度，所以可能会出现低集中度的行业具有高产业集聚度。因此，将产业集聚度定位于一种产业集聚测度指标而不加分析地使用，容易出现对产业集聚状况的误判。举个极端的例子，某经济体内有四个区域，如果假设某一产业中规模最大的前 4 个企业刚好平均分布于这四个区域，那么在这种情况下，虽然 CR_4 可能取得较大的值，但是这个产业在这四个区域的分布是相对均衡的。另一种极端情况是，假如某一产业内的所有企业全部集中在该经济体四个区域中的某一个区域，这时即使 CR_4 取得了较低的值，但产业集聚的态势依然是显而易见的。CR_n 的另一个不足是，它仅仅考虑了前 n 个规模最大的地区产值份额，因此不能够全面反映产业集聚的所有信息，而后来的赫芬达尔指数恰恰在这一点上实现了局部的突破。

2. 赫芬达尔-赫希曼指数

赫芬达尔-赫希曼指数（Herfindahl-Hirschman Index，HHI），简称

赫芬达尔指数，它是以经济学家赫芬达尔（Orris C. Herfindahl）和赫希曼（Albert O. Hirschman）命名的指标。赫芬达尔指数是一种测量产业集中度的综合指标，在目前国内外大量的关于产业集聚测度的文献中，赫芬达尔指数是使用频率较高的指标之一。赫芬达尔指数的原始用途是衡量市场竞争和垄断的关系，这个指标最初由赫希曼提出，1950 年由哥伦比亚大学的赫芬达尔在博士学位论文《钢铁业的集中》中进一步阐述。赫芬达尔指数由于具有数学上绝对法和相对法的优点，是较为理想的市场集中度的计量指标之一（赵建群，2011）。

赫芬达尔指数是指一个行业中各市场竞争主体所占行业总收入或总资产比重的平方和，用来计量市场份额的变化，即市场中厂商规模的离散度。该指数能区别以企业市场占有率为基础的市场结构，在经济学界和政府部门中使用频率较高，计算公式为：

$$HHI = \sum_{i=1}^{n} (X_i/X)^2 = \sum_{i=1}^{n} S_i^2$$

其中，X 表示市场总规模；X_i 表示第 i 个企业的规模；$S_i = X_i/X$ 表示第 i 个企业的市场占有率；n 表示该产业内的企业数。一般而言，*HHI* 的取值应该界于 0 与 1 之间，但通常之表示方法是将它乘上 10000 而予以放大，故 *HHI* 应该界于 0 和 10000 之间。当市场由一家企业垄断时，该指数等于 10000；当所有企业规模相同时，该指数等于 $10000/n$。显然，*HHI* 的值越大，市场集中程度越高，垄断程度越高。

赫芬达尔指数的理论基础源于贝恩（J. Bain）的结构-行为-绩效（structure-conduct-performance）理论。该理论认为：市场结构会影响到厂商的行为，并最终决定厂商的绩效。随着市场份额的集中，厂商会趋于采用相互勾结策略，导致市场价格偏离完全竞争价格。完全竞争市场上的厂商对自己的产品无定价权，它们是市场价格的接受者。从社会福利角度来看，完全竞争是最理想的市场结构。任何形式的厂商垄断以及随之而产生的高于垄断价格的价格都意味着某种程度的消费者社会福利损失。结构-行为-绩效理论认为，市场集中化程度与市场垄断力之间存在某种正相关关系。有些学者进而认为两者之间是非线性的正相关关系。即：在市场集中化程度较低时，厂商的行为更富有竞争色彩；随着市场集中化程度的提高，市场垄断逐渐取代市场竞争；当市场集中化程度很高时，厂商的行为已经少有竞争色彩，在这种条件下，再提高市场集中化程度，垄断力的增强将非常有限。

从产业集聚测度的局限上讲，*HHI* 和 CR_n 没有本质的区别，这两个指标设计最初的动机都是针对行业或市场集中度的测度，只是由于行业或市场集中度与产业活动的地理集中具有大致相同的趋势而才被“移植”到产业集聚的测度中。*HHI* 虽然在一定程度上克服了 CR_n 信息漏失的缺陷，但由于最初设计目的是衡量行业或市场集中度，作为一种产业集聚的测度指标，同样存在先天性的不足。同 CR_n 类似，较高的 *HHI* 同样不能推导出较高的产业集聚度，较低的赫芬达尔指数也不能断言产业集聚一定不会发生。回到上面的例子，现在设想某一产业内所有企业（数量为 n）的市场份额是相同的，且这些企业全部集中在该经济体中四个区域的某一个区域，在这种情况下，这一产业的集聚无疑是显著的，然而在这一条件下计算出来的 *HHI* 却是最小值 $10000/n$。这说明，赫芬达尔指数与产业集聚度也不总是存在正相关的关系。虽然产业活动的市场空间分布与地理空间分布在多数情况下呈现相近的轨迹，但二者并不是完全平行的。产业集聚的测度需要考虑产业活动的市场空间分布，但更多地要立足于该产业活动自身的地理分布特征（胡健和董春诗，2013）。

3. 绝对产业集中度

哈尔兰等（Haaland et al.，1999）提出与赫芬达尔指数类似的绝对产业集中度，考察的对象为地区单位。该方法利用了所有地区的样本信息，但是忽略了对地区总体产业规模差异的考虑，它是赫芬达尔指数的一个简单正交化变换，计算公式如下：

$$AC_i = \sqrt{\sum_{j=1}^{n} (s_{ij})^2 / N}$$

（三）标准差系数、相对产业集中度和地区专业化指数

1. 标准差系数

标准差系数也叫变异系数或离散系数，它是用 x_{ij} 内部的差异程度来反映产业地区分布差异的，数值越大产业越集中。在工业总产值中占有较高比例的产业将表现出更高的标准差系数，而低比例的将表现出更低的标准差系数。计算公式为：

$$VC_i = STD_i/(1/n) = n\sqrt{\sum_{j=1}^{n}(x_{ij} - \overline{x_{ij}})^2}$$

2. 相对产业集中度

相对集中度是哈尔兰等（Haaland et al.，1999）提出的与绝对产业集中度相对应的一个概念，Sanguinetti 等（2004）用同样的方法分别测量了南方共同体各国的产业分布状况。计算公式如下：

$$RC_i = \sqrt{\sum_{j=1}^{n}(s_{ij} - s_j)^2/n}$$

3. 克鲁格曼的地区专业化指数

该指标与相对产业集中度相似，都是利用 s_{ij} 与 s_j 之间的差异程度来反映产业的地区分布差异。克鲁格曼（Krugman，1991a）用此指标测量了美国和欧洲几个国家典型产业的地区专业化程度，并进行了比较，得出了美国地区专业化水平高于欧洲的结论，阐述了地区专业化和贸易障碍之间的相关性问题。计算公式如下：

$$GC_i = \frac{1}{2}\sum_{j=1}^{n}|s_{ij} - s_j|$$

（四）空间基尼系数

欧美学者借鉴洛伦兹曲线和基尼系数的原理和方法，以地区单位和产业份额为考察对象，对产业的集聚程度进行了较多的实证研究。Keeble 和 Nachum（1986）将洛伦兹曲线和基尼系数用于衡量行业在地区间的分布均衡程度，构建了空间基尼系数。空间基尼系数成为经典的

衡量经济活动地理集中度最为常用的方法。

洛伦兹曲线下凹程度越低，空间基尼系数就越接近于 0，说明产业 i 的空间分布与整个工业的空间分布是平均的；反之，洛伦兹曲线下凸程度越高，空间基尼系数就越接近于 1，说明产业 i 的空间分布与整个工业空间分布不一致，产业 i 可能集中在一个或几个地区，而在其他地区分布很少，或者说产业 i 的集聚程度较高（方永恒，2012）。基于洛伦兹曲线的不同，基尼系数的测量方法也有很多种。

（1）G_{si} 指数。空间基尼系数是把收入分配领域对不平等的测算方法运用到空间经济学分析中，用来度量空间经济分布的不均等。空间基尼系数是衡量产业空间集聚程度指标的一种，克鲁格曼在 1991 年提出时，是用于测算美国制造业行业的集聚程度（克鲁格曼，2000），应用较为广泛。很多经济学家都用这个指标来度量产业的集聚程度，诸如文玫（2004）、Aiginger 和 Rossi - Hansberg（2006）等。文玫（2004）、贺灿飞和刘洋（2006）等将 s_{ij} 在地区之间降序排列，然后把 s_{ij} 累计相加作为纵坐标，以累计的省份个数除以 n 作为横坐标来构造洛伦兹曲线（即将每个地区作为无差异的等同体），构造了基尼系数，计算方法如下：

$$G_{si} = \frac{1}{2n^2 \overline{s_{ij}}} \sum_{k=1}^{n} \sum_{j=1}^{n} \left| s_{ij} - s_{ik} \right|$$

其中，s_{ij} 和 s_{ik} 是地区 j、地区 k 在产业 i 中所占的份额，n 是地区数量；$\overline{s_{ij}} = \frac{1}{n}\sum_{j=1}^{n} s_{ij}$ 是各地区在产业 i 中所占比例的均值。显然，当一个行业完全均匀地分布在所有地区时，G_{si} 为 0，而当一个行业完全集中在一个地区时，则 G_{si} 为 1。这样，基尼系数的上升意味着产业集中度的上升。

（2）G_{ri} 指数。葛嬴（2004）、黄玖立和李坤望（2006）等根据区位熵进行排序并且在纵坐标上对区位熵进行累计，将基尼系数定义为：

$$G_{ri} = \frac{1}{2n^2 \overline{LQ_{ij}}} \sum_{k=1}^{n} \sum_{j=1}^{n} \left| LQ_{ij} - LQ_{ik} \right|$$

（3）G_{hi} 指数。Edgar M. Hoover 在定义基尼系数时结合以上两种做法。在构造洛伦兹曲线时按照区位熵排序，这点与 G_{ri} 指数相似。纵坐标上则与 G_{si} 类似对 s_{ij} 进行累计，而在横坐标则是计算 s_j 的累计百分比，并且在具体计算过程中只有先对区位熵进行排序，然后才能展开计算。公式如下：

$$G_{hi} = 2\sum_{j=1}^{n}\left(s_j \times \sum_{j=1}^{n} s_{ij}\right) - 1$$

总体来看，克鲁格曼等学者是针对 CR_n 和 HHI 在产业集聚方面存在的缺陷，于 1991 年开始利用空间基尼系数测定产业集聚程度的（克鲁格曼，2000）。空间基尼系数的设计灵感来自衡量收入分配公平程度的统计指标——基尼系数。克鲁格曼等学者在测度产业集聚度时发现，产业活动的地理空间分布均衡性与收入分配的均衡性具有相似的特征，借鉴基尼系数的计算原理构造反映产业活动地理空间分布的空间基尼系数在逻辑上是可行的，在实践上也可以得出比较客观的结果。他们最初用于计算产业空间基尼系数的公式为：

$$G = \sum_{i} (s_i - x_i)^2$$

式中，s_i 是地区 i 某产业就业人数占全国该产业总就业人数的比重，x_i 是该地区就业人数占全国总就业人数的比重。

值得注意的是，空间基尼系数是克鲁格曼在检验其中心—外围模型时使用的产业集聚测度方法（克鲁格曼，2000）。根据克鲁格曼的观点，如果两个区域存在完全对称的产业分布（农业和制造业），产业集聚便不会发生；反之，在某种因素的作用下，如果制造业全部转移到某一区域那么就形成了中心—外围结构，这种情况就可以被定义为制造业的产业集聚（Krugman，1991b）。可见，空间基尼系数的大小实际上反映了制造业在区域间的转移（或集聚）态势。当两个区域存在完全对称的产业分布，即根据空间基尼系数的计算公式，制造业的区域分布与总体经济活动的区域分布完全一致时，空间基尼系数为零；而当区域形成了中心—外围结构，制造业的区域分布与总体经济活动的区域分布完全不一致时，空间基尼系数达到最大值。这就说，空间基尼系数只是从产业活动的区域分布与总体经济活动的区域分布一致性的角度测度产业集聚程度，从测度结果来看，仍然存在集聚信息的偏误。下面，让我们通过对两种极端情况的分析来进一步说明这一问题（胡健和董春诗，2013）。

情况 1：当某产业的区域分布与总体经济活动的区域分布完全一致时，即在 G 为零的情况下，是否存在产业集聚？我们通过一个具体的例子来回答这一问题。假如某经济体有 A、B、C、D 四个区域，产业 i 就业人数在这四个区域的比重分布及该经济体全部就业人数在这四个区域的比重分布如表 1-1 所示。

表 1-1　空间基尼系数计算的模拟数据（情况 1）

单位：%

指标	A	B	C	D
产业 i 的区域就业比重	70	10	10	10
总体经济的区域就业比重	70	10	10	10

根据表 1-1 容易算出，空间基尼系数 $G=0$，表明产业 i 没有出现集聚现象，然而，这一测度结果与实际不符。因为这个产业在 A 区域的就业人数占该产业就业总人数的比重达到 70%，我们可以直观地判断出，产业 i 在 A 区域出现了地理上的集中。

情况 2：基尼系数大于零是否不一定表明有集群现象存在？下面，我们对上例中的经济数据略加调整，来回答这一问题。假定产业 i 就业人数在这四个区域的比重分布及该经济体全部就业人数在这四个区域的比重分布如表 1-2 所示。

表 1-2 空间基尼系数计算的模拟数据（情况 2）

单位：%

指标	A	B	C	D
产业 i 的区域就业比重	25	25	25	25
总体经济的区域就业比重	70	10	10	10

在表 1-2 中，该经济体全部就业人数在这四个区域的比重分布没有变化，但产业 i 就业人数在这四个区域的比重皆为 25%。容易算出，空间基尼系数 $G=0.2625$，表明产业 i 出现了集聚现象，但是，从直观上判断，产业 i 在 A、B、C、D 四个区域的就业比重分布均衡，该产业地理上的集中趋势并不明显。

上述分析表明，空间基尼系数与产业集聚度并不是一一对应的关系，空间基尼系数大于零未必表明有集群现象存在，空间基尼系数等于零也不一定意味着集群现象不会发生。虽然在经常情况下，空间基尼系数与产业集聚度具有正相关的关系，但将二者完全等同则有失偏颇。空间基尼系数只是反映了产业活动的区域分布与总体经济活动的区域分布相背离的状况，即区域的中心—外围状况，重点并不是度量产业集聚程度，所以克鲁格曼也只有在检验其中心—外围模型时才运用空间基尼系数，他对空间基尼系数使用界限的把握是非常到位的。突破空间基尼系数的使用界限，将它视为一种“普适性”的产业集聚测度方法而不加分析地照搬，不可能对产业集聚的真实状况做出准确无误的判断（胡健和董春诗，2013）。

（五）产业中心值

产业中心值是由 Traistaru 等（2003）在研究欧洲的专业化和集中化时提出的一种指标，优点在于考虑到了距离在产业集聚中的作用。计算公式如下：

$$C = \frac{1}{N}\left(\sum_{j} \frac{\sum_{j} s_j^k}{\sigma_{ij}} + \frac{\sum_{i} s_i^k}{\sigma_{ii}}\right)$$

其中，k 为产业数量；N 为地区数量；s_i^k、s_j^k 为地区 i、地区 j 的产业 k 的产值占全国该行业产值的比例；σ_{ij} 为地区 i、地区 j 首府之间的直线距离；σ_{ii} 为地区 i 的区内距离，计算公式为 $\sigma_{ii}=\frac{1}{3}\left(\frac{area_i}{\pi}\right)^{0.5}$，而 $area_i$ 为区内面积。该值越大、越接近于 1 表示产业集聚程度越高。

（六）E-G 指数

克鲁格曼利用空间基尼系数测度的产业集聚包括产业的市场空间集聚和地理空间集聚两种类型，前者是由于内部规模经济或资源优势而导致的少数几个大企业生产的集中，后者是由于外部经济而导致的大量中小企业在某一区域的地理集聚。与克鲁格曼不同，1997 年，Ellison 与 Glaeser 在对美国制造业集聚的测度中重新定义了产业集聚的概念。他们认为，产业集聚主要指产业的地理空间集聚，在利用空间基尼系数来测度产业的集聚程度时，必须扣除由于内部规模经济或资源优势而导致的市场空间集聚所引起的虚假成分。他们举例说，如果一个地区存在一个规模很大的企业，可能就会造成该地区在该产业上有较高的空间基尼系数，但实际上并无明显的集群现象出现。为此，Ellison 与 Glaeser 提出了新的集聚指标即 E-G 指数来测定产业的地理集中程度。

Ellison 和 Glaeser（1997）定义了一个总体地理集中度指标 $G=\sum(s_i-x_i)^2$，其中 s_i 代表某产业地区 i 就业人数占该产业全国就业人数的比例；x_i 代表地区 i 全部就业人数占全国总就业人数的比例。然后，证明了 G 的期望值为：

$$E(G)=\left(1-\sum_i x_i^2\right)H_E$$

H_E 为赫芬达尔指数，于是得到：

$$\gamma_{EG}=\frac{\dfrac{\sum_i(s_i-x_i)^2}{\left(1-\sum_i x_i^2\right)}-H_E}{1-H_E}$$

在此基础上，Maurel 和 Sédillot（1999）考虑了企业定位中的企业规模因素，得到：

$$\gamma_{MS}=\frac{\dfrac{\sum_i s_i^2-\sum_i x_i^2}{\left(1-\sum_i x_i^2\right)}-H_E}{1-H_E}$$

E-G 指数区分了企业随机集中与由于外部性和自然优势共享而产生的集中，控制了区域规模和市场集中度的影响，具有更明确的地理含义，弥补了区域基尼系数的缺陷，适合于各区域层次和产业层次的分析。一般认为，$\gamma_{MS}>0.05$ 被视为产业高度集聚，表明某产业在一定空间尺度下的集聚程度超过了产业内企业规模分布导致的地理集中，该产业内企业显著地相互接近而产生了空间集聚（即在某一区域企业的数量增加）；$\gamma_{MS}<0.02$ 被视为产业不存在地理集中，表明某产业在一定空间尺度下的地理集中是由于地区间经济活动分布和产业内企业规模分布而导致的，产业内企业无相互接近性，是随机分布的；$0.02<\gamma_{MS}<0.05$ 则被视为产业在空间分布上相对均匀。

E-G 指数由于完美的数学形式而被众多学者所青睐，成为目前产业集聚测度中应用较为广泛的测算方法之一。但必须看到，E-G 指数是以空间基尼系数为基础的。E-G 指数的设计是在空间基尼系数框架内增加了反映市场集中度（或企业规模）的赫芬达尔指数，由于没有走出空间基尼系数的限定框架，保留了空间基尼系数在产业集聚测度中面临的种种局限。不但如此，由于在设计中扣除了由于内部规模经济或资源优势而导致的产业市场空间集聚成分①，E-G 指数在计算中遗漏了大量产业集聚的信息，从而存在统计不完全问题。通过 E-G 指数测算得到的产业集聚度往往低于实际集聚程度。比如，当 E-G 指数 $\gamma_{MS}>0.05$ 时，一般被认为产业出现了高度集中，其实 0.05 是一个很

① 需要指出的是，在主流的产业集聚理论中，这种由于内部规模经济或资源优势而导致的产业市场空间集聚恰恰是产业集聚的重要形式，详细内容请参阅相关文献。

小的值。人们在直观上很难相信当 $\gamma_{MS}>0.05$ 时，产业会产生较高集中度。Ellison 和 Glaeser 测算的美国集聚程度较高产业的 E-G 指数如汽车制造业为 0.127，电子计算机行业为 0.059；国内学者刘文勇（2011）、杜庆华（2010）、谢里和罗能生（2009）以及詹宇波和张卉（2010）等测算的我国集聚程度较高的通信制造业的 E-G 指数都不超过 0.15。另外，通过 E-G 指数的计算公式不难看出，赫芬达尔指数越大（即市场集中度越高），E-G 指数就越小，E-G 指数和赫芬达尔指数是相矛盾的。

一般来说，E-G 指数仅适合于对一般性制造品产业集聚度的测度，因为一般性制造品产业大多属于完全竞争行业，市场集中度低，这种条件下的产业集聚正是 Ellison 与 Glaeser 所定义的产业集聚——产业的地理集中。对于高度垄断的产业，如石油产业，由于市场集中度高（赫芬达尔指数较大），如果采用 E-G 指数对产业集聚程度进行测度，则会出现该指数偏低的情况。事实上，1997 年，他们在定义 E-G 指数时反复强调该指数反映的是产业的地理集中程度，他们运用该指数测度的就是市场集中度较低的一般性制造品产业。国内部分学者在对我国制造业产业集聚进行测度时也专门剔除掉采掘业以及电力、煤气等市场集中度较高的产业（赵果庆和罗宏翔，2009），说明他们对 E-G 指数的适用条件的认识是到位的。

（七）空间分散度

以上的测量方法都忽略了对空间距离的考虑，Midelfart-Knarvik 等（2000）认为现有的产业地理集中指标只是测量了在某些地区的集中程度，但是并没有告诉我们这些地区是相互接近的还是相互间隔很远，如果两个产业具有相同的地理集中度，而一个主要分布在两个相邻的地区，另外一个则分别布局在两个距离很远的地区，显然这两种集中是不同的。空间分散度的计算公式如下：

$$SP_i = C\sum_{j=1}^{n}\sum_{k=1}^{n}(s_{ij}s_{ik}\delta_{jk})$$

其中，C 是常数，δ_{jk} 是地区 j 和地区 k 之间的距离。

（八）Duranton-Overman 指数

Duranton 和 Overman（2005）采用无参数回归模型分析方法，构造了新的产业集聚测度指标。他们指出，度量产业集聚的系数应该满足：一是产业之间可比；二是能够控制整体经济的集聚程度；三是地理空间的差异与产业分类的差异不会影响系数的估计值；四是能够控制产业的集中程度；五是能够进行估计结果的显著性检验。基于此，他们提出了一种测度方法，具体步骤如下。

第一步，选择观察对象。确定相对阈值，然后按照企业的就业人数对企业进行排序，确保90%的就业人数在被考察的范围内。

第二步，估计 Kernel 密度。产业 i 中有 n 个企业，计算每两个企业的欧几里德距离，共有$\frac{n(n-1)}{2}$个距离，在任意一点 d，双边距离密度估值是：

$$\hat{K}(d) = \frac{1}{n(n-1)h}\sum_{i=1}^{n-1}\sum_{j=i+1}^{n} f\left(\frac{d-d_{ij}}{h}\right)$$

其中，d_{ij} 表示企业 i 和企业 j 的欧几里德距离；h 是窗宽；f 是 Kernel 密度函数。

第三步，构造虚拟产业和企业，从所有地区中随机选择区位，构造虚拟企业，再计算双边距离集。

第四步，构造产业内集中和分散系数。

与前面几种方法相比，这种方法能够评价偏离随机性的统计显著性，避免了与规模和边界有关的问题。由于这种计算是基于企业层面的数据且与企业间的距离有关，该方法存在可操作性比较差的缺点。

二　马克思主义经济学关于产业集中的理论

（一）马克思关于资本集中的内涵

在马克思主义经济学中，产业集中意味着产业资本的集中，资本集中不同于资本积累。马克思的资本集中概念是从他对单个资本增长方式的分析中引出的。单个资本的增长，首先是通过“以积累为基础的或不如说和积累等同的积聚”的方式进行的。但这种增长方式既受到“社会财富的绝对增长或积累的绝对界限的限制”，又受到“新资本的形成和旧资本的分裂的阻碍”[①]，而且无论积累如何进行，它们总是作为独立的相互竞争的部分在各自的分工点上彼此对立。因此，积累一方面表现为生产资料和对劳动力支配权的不断增长的积累；另一方面，又表现为许多单个资本的相互排斥。

单个资本增长的第二种方式是资本“各部分间相互吸引”即资本集中。所谓资本集中，就是“已经形成的各资本的积聚，是它们的个体独立性的消灭，是资本家剥夺资本家，是许多小资本变成少数大资本”[②]，因而这种增长方式不受社会财富绝对增长的制约。可见，这里所讲的资本集中，实际上就是企业之间的并购。

资本积累和资本集中都是单个资本增长的方式，但积累仅是“由圆形运动变为螺旋形运动的再生产所引起的资本的逐渐增大”[③]。这种增长与集中式比起来是一个极其缓慢的过程。“假如必须等待积累去使某些单个资本增长到能够修建铁路的程度，那末恐怕直到今天世界上还没有铁路”，而“集中通过股份公司转瞬之间就把这件事完成了”。[④] 可见，资本集中更能适应生产迅速扩张的需要。此外，“随着资本主义生产方式的发展，在正常条件下经营某种行业所需要的单个资本的最低限量提高了。”[⑤] 所以，资本集中在本质上是适应社会化大生产要求而形成的一种生产和资本的扩张方式。

（二）马克思关于资本集中的机制

资本集中机制是指单个资本是通过什么方式形成大规模资本的。马

① 本段引文都来自：《马克思恩格斯全集》（第23卷），人民出版社，1972，第686页。
② 本段引文都来自：《马克思恩格斯全集》（第23卷），人民出版社，1972，第686页。
③ 《马克思恩格斯全集》（第23卷），人民出版社，1972，第688页。
④ 《马克思恩格斯全集》（第23卷），人民出版社，1972，第688页。
⑤ 《马克思恩格斯全集》（第23卷），人民出版社，1972，第687页。

克思认为，资本集中的机制包括竞争机制、公司制度、信用制度和股票市场制度四个方面。在马克思资本集中理论中，关于资本集中机制的论述有着最直接的指导意义。

马克思研究发现：竞争斗争是通过使商品便宜来进行的。在其他条件不变时，商品的便宜取决于劳动生产率，而劳动生产率又取决于生产规模。因此，较大的资本战胜较小的资本。竞争的结果总是许多较小资本家的垮台，他们的资本一部分转入胜利者手中，一部分归于消灭。除此之外，一种崭新的力量——信用事业，随着资本主义生产方式的出现而形成起来，并逐步壮大，最后变成一个实现资本集中的庞大的社会机构。

对于股份公司的出现，马克思给予了极大的关注，他认为股份资本是对私人资本的扬弃。这种扬弃的实质在于：本身建立在社会生产方式的基础上并以生产资料和劳动力的社会集中为前提的资本，直接取得了社会资本的形式，而与私人企业相对应。因而，这是作为私人财产的资本在资本主义生产方式本身范围内的扬弃。因此，资本和劳动力的社会集中既是股份公司产生的前提，同时股份公司的出现，又为资本集中提供了重要机制。尤其是股份公司和资本市场制度，使得资本的流动和重组成了一件成本低且很方便的事情，因为资本市场除了表现为借贷市场外，还表现为一切有息证券市场，如国债和股票市场。而且，国内市场本身又分为本国股票、本国公债券等市场和外国公债券、外国股票等市场，更为重要的是：交易所正在把所有完全闲置或半闲置的资本动员起来，把它们吸引过去，迅速集中到少数人手中。通过这种办法提供给工业支持的这些资本，实现了工业的振兴。马克思还指出：有价证券可以变换，可以买卖。这实际上是一种观念的流通。这种流通甚至可以通过股票买卖的形式在国外市场上进行。①

另外，马克思分析了所有权与经营权相分离、所有者与经理相分离

① 相关论述参见李炳炎（2000）。

的可能情况，这为分析所有权和经营权的矛盾以及经理在经理市场中的行为与选择开辟了一条道路。他认为：股份公司制度发展的趋势就是使这种管理劳动作为一种职能越来越同自有资本或借入资本的所有权相分离，从而实际执行职能的资本家转化为单纯的所有者，即单纯的货币资本家。①

马克思关于资本集中机制的理论论述是完整的、强有力的。即使在今天看来，这个由商品市场和经理市场所形成的竞争制度、股份公司制度、金融信用制度和股票市场制度等几个方面所形成的整体，也的确是资本得以流动、重组乃至集中的最重要机制。

（三）马克思关于资本集中的方法

资本集中还必须依靠一定的方法。通常把资本集中看成只是一个强制地进行的过程，即所谓“大鱼吃小鱼”。其实，这只是其中的一种方法。马克思认为，资本集中的方法或途径有两种：一种是强制的方法，另一种是平滑的方法。

所谓强制的集中方法，就是兼并，大资本强制性地吞并小资本。马克思说，这种资本集中方法，其“集中是通过强制的道路进行吞并”，即在这种场合，“某些资本成为对其他资本的占压倒优势的引力中心，打破其他资本的个体内聚力，然后把各个零散的碎片吸引到自己方面来”。② 各个资本为了追逐高额利润而展开激烈的竞争，大资本在集中中并吞小资本。这种由若干分散的小资本合并成为少数大资本的过程，就是资本集中。

马克思认为，资本集中的途径之一是小资本家为大资本家所吞并，小资本家失去资本，是劳动条件和生产者的再一次分离。关于这种分离，在《资本论》第三卷中，马克思在分析利润率趋向下降的规律时指出：“资本的源流，或者说资本的积累，将比例于资本已有的量而不是比例于利润率的高度而滚滚向前……利润量甚至在利润率较低时也会

---

① 相关论述参见李炳炎（2000）。

② 《马克思恩格斯全集》（第 23 卷），人民出版社，1972，第 688 页。

随着所投资本量的增加而增加。但是，这同时需要有资本的积聚，因为这时各种生产条件都要求使用大量资本。这同样需要有资本的集中，即小资本家为大资本家所吞并，小资本家失去资本。这不过又是劳动条件和生产者的再一次的分离。这些小资本家还算是生产者，因为对他们来说，本人的劳动还起着作用；总的说来，资本家的劳动和他的资本量成反比，就是说，和他成为资本家的程度成反比。正是劳动条件和生产者之间的这种分离，形成资本的概念；这种分离从原始积累开始，然后在资本的积累和积聚中表现为不断的过程，最后表现为现有资本集中在少数人手中和许多人丧失资本。”[①] 这种形式的资本集中，就是大资本家对小资本家的剥夺。这种剥夺大大加速了资本的集中。马克思又说：“积累既然引起劳动的大规模集中，从而引起资本有机构成的提高，所以又加速利润率的下降。另一方面，利润率的下降又加速资本的积聚，并且通过对小资本家的剥夺，通过对那些还有一点东西可供剥夺的直接生产者的最后残余的剥夺，来加速资本的集中。”[②] 所以，这种集中是资本剥夺资本，强者战胜弱者。

所谓资本集中的平滑的方法，就是比较缓和的而不是强制性合并的办法，这就是通过股份制的办法，把各个资本自愿地组合起来，形成更大的资本。这就是马克思所说的“通过建立股份公司这一比较平滑的办法把许多已经形成或正在形成的资本溶合起来”[③]。通常见到的合资企业或股份制企业，就是不同性质的资本投资组建的一个更大的企业。这种资本融合，不是强制性地进行的，所以是一种平滑的过渡。但是，这种组建股份公司的方法与企业兼并的方法，两者所起的经济作用是一样的。从这里也可以看到，股份制实际上是资本集中的一种手段。既然是一种发展生产力的手段，那就是资本主义可以用，社会主义也可以用，这就像计划和市场都是手段一样。

① 《马克思恩格斯全集》（第 25 卷），人民出版社，1974，第 274～275 页。
② 《马克思恩格斯全集》（第 25 卷），人民出版社，1974，第 269 页。
③ 《马克思恩格斯全集》（第 23 卷），人民出版社，1972，第 688 页。

（四）列宁关于资本垄断的理论

列宁发展了马克思关于资本集中的理论，他通过对当时的资本主义经济制度进行研究，系统地分析了资本主义社会发展到垄断即帝国主义阶段的基本特征。资本主义社会在发展为帝国主义之前，经历了两个历史阶段：一个是自由竞争阶段，一个是垄断阶段。

在自由竞争资本主义阶段，无数的企业在自由的市场当中平等竞争。但是由于规模效应的存在，所有企业都有将生产规模不断扩大的趋势。而就在资本主义生产规模不断扩大的过程中，生产与资本开始不断地向各个企业集中。随着市场竞争的不断进行，在竞争中失败的企业往往会被获胜的企业所吞并，无论是生产资料还是资本都将不断集中于优势企业，使得赢家的状况越来越好，而输家则不复存在。因此，市场上的企业便变得越来越少，而生产与资本也开始逐渐集中于个别的企业手中。其中生产集中是指生产资料、劳动力和商品的生产日益集中于少数大企业的过程，其结果是大企业所占的比重不断增加；而资本集中则是指大资本吞并小资本，或由许多小资本合并而成大资本的过程，其结果是越来越多的资本为少数大资本家所支配。

因此，随着市场竞争的不断进行，社会上的企业开始变得越来越少，而生产与资本也越来越集中于个别企业的手中，这就是垄断资本主义，即少数大企业为了获得高额利润，通过相互协议或联合，对一个或几个部门商品的生产、销售和价格，进行操纵和控制的资本主义经济形态。

生产集中和资本集中是资本家追求剩余价值的结果。马克思指出："竞争斗争是通过使商品便宜来进行的。在其他条件不变时，商品的便宜取决于劳动生产率，而劳动生产率又取决于生产规模。"[①] 这就意味着资本家若想获得更高的利润，那么它就有扩大规模，并将生产与资本集中于自己手中的动机。因此，正如列宁所说："集中发展到一定阶段，

① 《马克思恩格斯全集》（第23卷），人民出版社，1972，第686~687页。

可以说就自然而然地走到垄断。”① 自由竞争引起生产集中和资本集中，生产集中和资本集中发展到一定阶段必然引起垄断，这是资本主义发展的客观规律。

随着生产集中与资本集中的不断深入，对市场的垄断也开始逐渐从私人企业转移到国家。通过以“国家垄断来代替私人垄断”，资本主义国家利用暴力机器将这一生产关系固定到了政治制度中。垄断资本主义正式形成。

自由竞争阶段向垄断阶段的过渡，是在 19 世纪末、20 世纪初完成的。在这一过程中，垄断组织控制了资本主义国家的各个工业部门和银行系统，成为全部社会生活的基础。然而，由于国内市场的逐渐饱和，垄断资本主义的发展也遇到了一个瓶颈。为了继续赚取高额利润，资本家将目光投向了国际市场，希望能够通过对外国市场的开发来满足资本主义发展的需求。而这就是列宁在《帝国主义是资本主义的最高阶段》一文中所讨论的帝国主义。

三　经济发展与地区差距理论

自 20 世纪 80 年代以来，虽然中国经济获得了长期的高速增长，但经济增长在各个地区之间呈现非一致性以及由此造成的地区之间的收入差距日益成为政府、学界和公众关心的重要问题。尽管学者们对地区之间收入差距的程度存在争论，但这种非一致性对中国后续的经济增长乃至社会发展都产生了严重的负面影响，已是学界的共识。综合起来，现有对地区之间收入差距的研究主要集中在两个方面：一是收入差距的实证分析，即采用各种指标和方法来刻画中国区域的收入差距；二是地区间收入差距的理论解释，即地区之间收入差距产生的原因分析。

（一）地区差距的经验研究

对地区差距的关注是从实证分析开始的，实证分析是目前对中国地

① 列宁：《列宁全集》（第 27 卷），人民出版社，1990，第 333 页。

区差距研究的主要形式（杨竹莘和聂彩云，2006）。由于中国省份众多，国土面积较大，各地区之间的经济增长很不平衡，因此，从客观上说，需要一些研究从实证分析的角度来准确刻画地区之间的收入差距，这是对地区差距这一问题研究的起点。但是，由于在发展经济学与增长理论中度量收入差距的变量和方法很多，各种变量和方法对样本的要求也各不相同，因此，采用这些方法对地区收入差距展开研究往往会得出不同的结论。正是因为这样，经济学界就地区之间收入差距产生了持久的争论。

1. 收入差距度量指标及其分解

基尼系数、E-G 指数和泰尔指数是目前用来研究和度量地区收入差距的主要指标。由于基尼系数和泰尔指数可以进一步分解，学者们用这两个指标来观察地区差距的演变和收敛趋势。林毅夫等（1998）是较早利用泰尔指数分解方法来观察改革开放以来中国区域之间收入差距变化的。许召元和李善同（2006）用 1990 年不变价格测算了 1978～2004 年全国各地区的基尼系数，研究发现 1978～1990 年，基尼系数由 0.359 下降到 0.227，而 1991～2003 年，基尼系数不断扩大，由 0.227 上升到 0.35，而 2004 年则由 0.35 下降到 0.34。Kanbur 和 Zhang（2003）采用了 1952～2000 年中国 28 个省区市城市和农村的真实人均消费数据，计算全国真实人均消费的基尼系数和 E-G 指数。结果显示，1984 年以来，中国的真实人均消费基尼系数与 E-G 指数都是在上升的。这些研究无一例外地表明，改革开放以来中国的地区差距加大了。

2. 经济增长方面的实证研究

中国经济保持了 30 多年的高增长，创造了世界经济增长历史上的奇迹。总体而言，中国的经济增长效果是显著的，但考虑到中国各地的人文地理条件、产业结构、市场化程度、经济自由化程度和城市化程度的不同，对于中国的经济增长是否能带来地区之间人均收入的收敛，不同的研究得出了不同的结论。对中国地区之间收入差距的实证研究的争议来自选取样本的差异和研究方法的不同。无论是采用基尼系数、变异系数和泰尔指数的方法来直接度量，还是从经济增长收敛性的视角来审视中国地区间的收入差距，改革开放以来，中国地区间的收入差距扩大都是不争的事实。

（二）地区差距的理论解释

1. 地区差距的静态解释理论

按照刘夏明等（2004）的归纳，在研究区域经济的理论中，存在三种影响较大的理论：扩散效应理论、累积因果循环理论，以及区域的经济增长理论。前两种理论主要强调需求的作用，后一种则主要强调供给的作用。扩散效应理论认为经济发展的资金应该首先投放到局部的某个区域，等这个区域发展到一定程度，它就会对其他地区产生需求，从而对这些地区产生辐射和扩散，最终带动其他地区发展，等该地区的土地和人工成本上升时，地区之间的收入差距就会缩小。但是，现实中往往存在报酬递增的现象，即要素投放到某一地区使得这一地区的需求扩大，这一地区的需求扩大又进一步要求扩大投入规模，如此积累循环会使得地区之间的收入差距变得越来越大，这正是累积因果循环理论的逻辑。区域的经济增长理论认为，各地的要素禀赋、人力资本结构和政策因素不同会导致区域间经济增长的速度不同，经济增长率的差异在一定程度上会使得区域间的人均收入差距越来越大。

由于我国现有的经济制度脱胎于传统的计划经济体制，学者对中国区域收入差距扩大的解释往往带有制度分析的色彩，其中最有影响的当属林毅夫等（1998）的经济发展战略解释。他们认为，中国计划经济时期选择的重工业优先发展战略，使得很多企业的配置与比较优势相背离；改革开放以来，东部率先发展的战略使得东部地区的省市依据靠近市场和优先发展的政策等有利条件迅速兴起了一批符合比较优势的企业，而原有的国有企业也纷纷转型，从而经济得到了迅速的发展。相比之下，中西部的大部分省区市仍然依赖于计划经济遗留下来的国有企业，加上地理的相对劣势，经济增长相对缓慢，从而区域之间的经济差距不断扩大。但是，Demurger 等（2002）研究发现，尽管地理因素和偏向政策因素对沿海地区经济增长的贡献大小不同，但地理因素的影响往往落后于偏向政策因素。如果说发展战略和偏向发展的政策是影响收入差距的主要因素，那么在 20 世纪 90 年代后期的平衡发展的政策应该对区域间的收入差距起到缩小作用，但事实上这些政策收效甚微，区域间的收入差距在进一步扩大。

另外一些理论从对外开放和地理优势的角度来分析中国区域间的收入差距。Demurger 等（2002）认为，地理优势和由此获得的优惠政策是决定区域差距的两大因素，正是由于东部沿海地区靠近国际市场，所以它们获得了优先发展的优惠政策。反过来，由于东部沿海地区优先发展，外商投资企业所创造的集聚效应使得沿海的乡镇企业发展快于内陆。地理优势和由此带来的偏向政策与户籍制度下的劳动力市场分割和金融市场的发育滞后共同造成了中国区域间收入差距的扩大。Zhang 和 Zhang（2003）沿着扩散效应理论的路径，认为区域差距来源于国际贸易和外商直接投资两大因素。他们认为国际贸易和外商直接投资都集中在沿海和政策偏向地区，而这些地区凭借自己低廉的劳动力成本、较好的基础设施和与海外华人的密切联系优先发展起来，这种发展并不以牺牲其他地区的发展为代价，因而对整个经济的发展是有利的。事实上，北京、天津及河北沿海地区的发展依赖于优惠政策，从另一个角度来说，这种偏向政策在一定程度上牺牲了内陆的发展，而且在这些地区发展起来以后，它们对京津冀相对落后地区的扩散效应和外溢效应并不足以缩小双方之间的差距。

诚然，地理优势和贸易自由化确实是影响区域差距的重要因素。在全球化的今天，资本流动日益频繁，不可流动的要素在经济发展的过程中变得越来越重要，由此带来的经济地方化的发展趋势越来越明显。因此，在贸易自由化和资本全球化加深的同时，经济发展越来越依赖于地理位置、制度因素等不可流动要素。现有的研究虽然注意到这些因素在经济发展过程中的重要性，但鲜有文献对地理优势、对外开放和政策如何相互作用，又如何作用于地区经济发展，造成目前区域收入差距扩大进行分析。[①] 政策因素和人力资本往往具有内生性，因此，这些分析并不能对区域收入差距的扩大给出一个比较完整的系统的解释。

2. 地区差距的动态变化理论

如果把区域收入差距的变化看作整个经济发展的一个视角，则区域间收入差距的变化包含丰富的发展经济学的内涵。库兹涅茨（Kuznets，1955）最为著名的贡献就是给经济发展各阶段的收入差距做出了令人信服的判断和理论解释。威廉姆森（Williamson，1965）则把库兹涅茨的理论运用于区域之间差距的分析，结果表明，随着经济的发展，区域之间的差距呈现先扩大后缩小的趋势。如果用工资率来代表人均收入差距，刘易斯（Lewis，1954）的二元经济理论对起飞阶段经济结构的变迁进行了清晰的刻画。

（1）库兹涅茨的倒 U 形假说。对于收入分配和经济增长的关系论述，影响最为深远的当属库兹涅茨提出的收入分配和经济增长呈倒 U 形关系的假说。1955 年，库兹涅茨在美国经济协会上发表了著名的就职演说《经济增长与收入不平等》，对经济增长与收入分配之间的动态关系进行了创见性的分析。他根据处于经济增长早期阶段的普鲁士（1854~1875 年），处于经济发展后期阶段的美国、英国和德国萨克森地区（1880~1950 年）收入的统计资料，提出了随着经济发展，收入差距先扩大后缩小的趋势。他认为“收入分配不平等的长期趋势可以假设为：在前工业文明向工业文明过渡的经济增长早期阶段迅速扩大，而后是短暂稳定，然后在增长的后期逐渐缩小”（Kuznets，1955）。这一假说的提出对收入分配的研究产生了重要影响，成为发展经济学和经济史收入分配研究的核心。

库兹涅茨的倒 U 形假说是工业化过程中收入分配与经济增长的一般关系总结，由于简洁、假设条件少而受到欢迎和使用。但是，对其

① 对于这方面的研究，可以参见黄玖立（2009）所做的尝试性研究。

实用性存在广泛的争议。一些学者的研究结论证实了该假说，如 Barro（2000）根据 84 个国家的面板数据得出了类似倒 U 形的库兹涅茨曲线，王亚芬等（2007）发现我国发达地区的收入分配呈倒 U 形规律，但城镇内部的收入差距还在进一步扩大。另一些研究却对倒 U 形假说提出了质疑，Grossman（2001）运用 Gottschalk 和 Smeeding（1997）提供的 OECD 中 19 个国家数据绘制了图形。结果显示，收入分配的基尼系数与人均 GDP 之间呈 U 形关系，而非倒 U 形关系。在国内，对于倒 U 形假说是否成立，也存在广泛的争议（钱敏泽，2007），这些争议可能忽略了库兹涅茨假说的约束条件和适用性，从而得出了各自不同的结论。

库兹涅茨的倒 U 形假说是对一个国家和地区收入分配随经济增长的变化而变动的总体趋势的判断，没有直接提及区域之间横向关系的变化。在研究中，我们会发现一个大国内部发展往往是不平衡的，这种现象在中国尤为明显，中国幅员辽阔，各省份经济发展的历史条件、资源禀赋和地理条件各不相同。那么，从一个国家内部各地区来看，经济发展与收入差距之间的关系是否也是一种倒 U 形关系呢？这就不得不提到威廉姆森的贡献。

（2）威廉姆森的倒 U 形理论。美国经济学家威廉姆森（Williamson，1965）从地区的视角来观察收入差距随着经济发展的动态变化，提出了著名的威廉姆森倒 U 形理论。在库兹涅茨的基础上，威廉姆森从时间序列和截面两个维度来分析区域差距与经济发展的变化情况。他运用英格兰东部长达 110 年的统计资料，同时根据 24 个国家的截面统计资料进行了“剖面和时间序列分析”，得出随着国家经济发展，区域间增长差异呈倒 U 形变化的结论。在经济发展的初期，随着总体经济的增长，区域之间经济发展的差异会扩大，然后区域差距保持稳定，随着经济的进一步发展，区域差距会逐渐缩小。

威廉姆森认为至少有四个方面的因素导致地区收入差距随经济增长呈倒 U 形变化。第一是地区之间的劳动力迁移。在经济发展的初期，由于交通运输条件落后，劳动力的迁移成本很高，大规模的劳动力迁移是不会发生的。只有那些具有较高水平人力资本和良好企业家精神的劳动力迁移。随着经济的进一步发展，交通运输成本下降，劳动力迁移的成本也会下降，大规模的劳动力迁移就发生了，与此同时，发达地区的劳动力市场渐趋饱和。随着经济的更进一步发展，部分劳动力开始回流到迁出地区。第二是资金的流向。在发展的初期，由于发达地区存在集聚的外部经济，不发达地区市场不健全和缺乏企业家精神，因此资金会流向发达地区，随着资金在发达地区的边际收益率递减，以及全国统一市场的建立，资金开始流向不发达地区。第三是国家政策的选择。在经济发展的初期，国家会集中人力、物力、财力和提供各项优惠政策去发展基础条件较好的地区，优先发展部分地区是当时国家的最有选择。当经济发展到一定阶段时，国家发展目标由经济发展转向社会全面发展。这时，国家投资将转向不发达地区，并出台相关政策引导产业向不发达区域转移，以实现区域经济均衡协调发展。第四是地区之间沟通渠道的改善。在经济发展的初期，由于市场分割严重，各地沟通渠道单一，发达地区的技术、信息等对不发达地区的影响是很有限的。随着经济沟通渠道的改善，发达地区对不发达地区的扩散效应会增大，从而导致地区之间的收入差距缩小。

区域差距随经济发展的动态变化一直是区域经济理论中有争议的话题。威廉姆森的倒 U 形理论则明确表明，随着经济的不断发展，地区差距会呈现先变大后缩小的趋势。通过纵向和横向的数据分析，这一理论得到了较好的验证。但是，这一理论也有明显的缺陷。例如，没有明确理论所指的区域是什么范围，使得不同学者在研究中得到了不同的结论。Barro（1991）和 Solow（1956）的研究得出了穷国的增长率快于富国、经济增长率最终收敛的结论，而 Baumol（1986）和 De Long（1988）先后利用 22 个国家 1870~1979 年的人均收入增长率与 1870 年人均收入水平进行相关分析，结果证明“一国的增长率与人均 GDP 之间并不存在系统的关系”（饶会林，2005）。另外，这一理论也没有考虑到技术进步和报酬递增的作用。

（3）刘易斯的二元经济理论。与库兹涅茨同时期的发展经济学家刘易斯（Lewis，1954）提出的工业化阶段现代部门和传统部门的互动推动经济发展的二元经济模型也同样影响深远。他的二元经济理论明确地提出了各国经济发展都面临的一个阶段，即社会形态是既存在大量的传统部门又存在少量的现代部门的“二元经济”，传统部门劳动的边际生产率为负或为零，而现代部门则为正，从而现代部门与传统部门之间存在的工资差异会导致劳动力由传统部门流向现代部门，直到两个部门的边际工资率相等。刘易斯的这种划分在很大程度上符合发展中国家“传统与现代”经济并存的实际情况，二元经济理论讨论的是发展中国家最为关心的如何实现“经济现代化”问题，因而被广泛地用于分析发展中国家经济发展的问题。

二元经济理论实际上与后来的经济增长理论如出一辙，它把经济发展看作传统部门不断萎缩，而现代部门不断扩张的过程，传统部门为现代部门提供了劳动力，廉价的劳动力为先进部门提供了利润，增加了整个社会的储蓄，从而促进了投资的增加。从收入分配的角度来看（李红霞，2008），二元经济理论实际上是承认了经济发展初期收入的差距会促使劳动力跨部门流动，当经济发展到一定程度，社会中经济的二元结构不明显或消失时，经济社会中的工资差异会消失，从而收入也趋向于平均。与库兹涅茨的倒 U 形假说不同的是，二元经济理论揭示了收入差距与经济发展的机理，即劳动力的跨部门流动。这种流动不仅使得先进部门在整个社会经济中的份额增加，同时也带来了城市化和需求偏好的改变，从而推动了整个社会结构的变化。

总而言之，无论是库兹涅茨的倒 U 形假说，还是威廉姆森的倒 U 形理论，抑或是刘易斯的二元经济理论，它们都没有把空间的概念纳入经济发展的分析框架中。劳动力在刘易斯的理论中是跨部门流动的，但现实中，劳动力在跨部门流动的同时，也进行了区位的转移，如在墨西哥、印度等国家大量的移民涌入城市，改革开放以来中国跨地区的流动劳动力达 1.5 亿人以上（蔡昉等，2009）。因此，后来的经济学家把刘易斯的二元经济理论同新经济地理学结合起来，从空间的角度说明了劳动力流动带来的经济发展和区域差异（Murata，2002，2008）。在经济发展地方化和城市化发展越来越迅速的今天，从空间的角度来观察经济发展将是一个新的视角。

第二章 文献综述

产业集聚是一个古老的经济现象，也是当今世界经济活动表现出的显著特征。关于产业集聚现象和理论的研究已有相当长的历史，不同学科和流派从不同的视角分析了产业集聚和区域经济发展问题，已形成较为丰富的文献，其中对产业集聚理论形成和发展影响较大的主要有新古典学派、韦伯的工业区位理论和新经济地理学等。近年来，由于经济社会的快速发展，我国产业集聚现象在各区域都较为明显。综观国内外学者对产业集聚的研究，本章从产业集聚现象、产业集聚概念、产业集聚理论、产业集聚机制等方面对现有文献进行综述。

第一节 产业集聚的相关现象

产业集聚现象是伴随着经济社会发展而出现的重要现象。从全球经济发展层面来看，1980 年，北美自由贸易区的 GDP 占全世界 GDP 总和的比重为 27%，欧盟、东亚分别占全世界 GDP 总和的 29%和 14%，三个区域 GDP 合计占全世界 GDP 总和的 70%；2000 年，三个区域的 GDP 占世界 GDP 总和的比重分别为 35%、25%和 23%，比重之和达到 83%，世界上绝大部分的经济活动集中在这三个区域（Fujita and Mori，2005）。从国家经济发展层面来看，2001 年，仅占日本国土面积 10.4%的三大城市经济圈，即东京经济圈、名古屋经济圈和阪神经济圈，在人口、国民生产总值、工业总值上占日本的比重分别达到 48.6%、66.2%、68.9%（刘贵清，2006）；2014 年，中国五大城市群（即长三角、珠三角、京津冀、成渝和长江中游）的 GDP 合计占中国 GDP 的 51%。从地区经济发展层面来看，位于美国加利福尼亚的硅谷产业集聚区、位于意大利中北部的艾米利亚-罗马格纳和图斯卡尼等地区、位于法国的奥约纳克斯地区以及位于德国的巴登-符腾堡地区都集中了大量的中小企业。另外，印度班加罗尔的软件产业集聚区、巴西西诺斯谷（Sinos Valley）鞋业产业区以及中国珠三角经济区、长三角经济带等地区在经济增长中起到了发动机的作用。

产业集聚的另一个突出表现在于，人口的流动与城市的兴起。在美国，每年大约有 3500 万的人口更换居住场所和工作城市；在东京，大约 3500 万人口集聚在不足日本总面积 4%的土地上①；而在巴西的里约热内卢，大约集中了 600 万人口；在新加坡，不到 700 平方公里的土地上，大约有 500 万人生活、工作和谋求发展机会；1970～1995 年的 25 年间，韩国的城市人口比例翻了四番，占全国总人口的比重增至 82%；1978～2008 年的 30 年间，中国大约有 1.5 亿的人口涌入珠三角、长三角等经济发达地区，而在仅为 300 平方公里的深圳，人口数量却超过 1400 万人②；近十年间，北京地区的人口急剧增加，常住人口密度最高的西城区，人口密度达到 25767 人/公里^{2}③。

不同程度的集聚在一个整体的经济中，形成一个复杂的系统，在经济发展过程中发挥着重要的作用。对这一重要现象的分析和解释对于设计和制定城市与区域发展政策至关重要。因此，经济学家长期以来一直关注产业集聚的现象，并给出了各种理论解释。以 Johann Heinrich von Thunen、Alfred Weber、W. Christaller、Edgar M. Hoover、August Losch 和 Walter Isard 为代表的传统区位理论经济学家，主要围绕企业的最优选址而展开研究。他们基于假设市场是外生给定的条件，分析如何根据企

① 数据来源：《2009 年世界发展报告：重塑世界经济地理》的报告掠影部分。

② 《广州日报》2010 年 1 月 15 日的报道《深圳人口密度全球第五 成中国最拥挤城市》称：深圳目前常住人口超过 1400 万人，但户籍人口只有 200 多万人。

③ 《北京市人口密度分布图首次公布：超一半人口住五环外》，《北京晨报》2015 年 5 月 22 日。

业的市场分布情况选择最佳的位置。在分析企业为什么集中在一个地区的现象时，经济学家首先关注的是自然条件和资源禀赋的差异，港口、码头、矿产资源等要素在空间分布上的不均匀导致企业将在一个有优势的局部地区集中。然而，在一些自然条件和资源禀赋并不占优势的地方，仍然发生大量的集聚活动。因此，经济学家开始从外生的自然因素转向内生的经济因素寻求解释。其中，马歇尔（Marshall，1920）提出的三种外部经济效应——上游和下游的相互关联、分享劳动力市场和技术外溢效应，构成影响最明显和最深远的区位理论。从外部经济的角度来解释企业空间集中，显然比从自然条件和资源禀赋的角度更加深刻。它表明经济活动的集聚可能是经济活动本身带来的，这一洞见对经济思想起到重大的推进作用，直到现在它仍然是研究空间经济活动的理论基石。但是思想上的推进并不等于经济理论的发展，如何把外部经济纳入经济学的分析框架中来，是经济学家推进经济理论面临的难题。这是因为，在完全竞争的分析框架中找不到分析外部经济的工具。

20 世纪 30 年代，由英国著名经济学家罗宾逊（Joan Robinson）发表的《不完全竞争经济学》，和由美国著名经济学家张伯伦（Edward H. Chamberlin）发表的《垄断经济理论》，在理论上为将不完全竞争融入经济分析开辟了道路。Dixit 和 Stiglitz 1977 年共同发表了著名的文章《垄断竞争和最优产品多元化》，将张伯伦的思想模型化了，该论文将空间维度纳入主流经济学分析框架，并提供了技术工具（其理论模型简称为 D-S 模型①）。D-S 模型将不完全竞争和报酬递增两个因素纳入一般均衡分析的框架中。其中，报酬递增是基于外部规模经济产生的，在此基础上该模型构建了规模经济和消费者多样化偏好之间的垄断竞争均衡。在 D-S 模型中，贸易一方面扩大了市场，增加了市场上生产的产品的种类和数量，使每个厂商获得了更大的规模经济；另一方面，消费者也可以购买更多种类的产品，由此带来了社会福利的增加。克鲁格曼

① D-S 模型是现代国际贸易理论的基础模型。

（Krugman，1991a）在 D-S 模型的理论框架下，将萨缪尔森于 1954 年提出的“冰山成本”概念引入区位理论中，用以表达空间的概念。他认为通过运输成本、需求和多样性偏好的相互作用，厂商将聚集到其他企业周围，形成“中心—外围”格局。这样，马歇尔上游和下游相互关联的思想第一次被模型化了，与分析经济活动集聚的想法相结合，提供了一个理论工具。

第二节　产业集聚的相关概念

产业集聚是同一类型或不同类型的产业在某个特定地理区域内高度集中，产业资本要素在空间范围内不断汇聚的一个过程。产业集聚问题的研究产生于 19 世纪末，马歇尔在 1890 年就开始关注产业集聚这一经济现象，并提出了两个重要的概念即“内部经济”和“外部经济”，后经新经济地理学代表人物克鲁格曼等人的发展，学界逐步深化了对相关概念的认识。

一　产业集聚的概念

产业集聚的概念分为狭义和广义两种。从狭义上说，产业集聚是指一个地区因自身特质（专业供应商、技术外溢和自然优势）吸引了产业（企业）集中在该地区的现象，即产业在空间上的集聚。从广义上说，产业集聚是指产业活动在空间上的集中现象，它既包括产业空间集聚现象也包括由于行业本身的高集中度而引起的市场集中现象。

经济活动空间集聚程度的差异是决定不同国家和地区经济增长率和收入差距的重要因素。然而，经济增长的差异也是影响产业空间集聚的重要维度，空间集聚和经济增长是一个内生过程。然而，两个多世纪以来，主流经济学家一直忽视空间因素对人类经济活动的影响。直到 20 世纪 90 年代初，由克鲁格曼、藤田昌久和维纳布尔斯（Anthony Venables）等人创立的新经济地理学（Adams and Jaffe，1996），开始尝试将长期忽视的空间因素纳入主流的一般均衡分析框架，研究空间分布的经济活动规则，解释不同尺度存在的现实经济活动、不同形式的生产空间集中机制。由此，创造了主流空间经济分析的新时代。他们建立了一系列模型（统称为 FKV 模型）来解释经济活动的空间集聚现象（Baldwin et al.，2003；刘修岩，2009），并通过这一系列模型，解释了集聚的可持续性。

马歇尔（Marshall，1920）认为，产业集聚是同一行业或相关的中小型企业通过专业化分工集中在一起，以获得外部经济优势的过程。在他的分析中，分工和地理集中是产业集聚的主要特征，企业之间通过分工获得外部规模经济，而这种空间分工集中在较小的区域。通过企业之间的专业化分工促进了空间上的接近，反过来，分工带来的外部规模经济将吸引更多的企业进入这个区域。克鲁格曼（Krugman，1991b，1992）认为，产业集聚是基于交通成本和外部经济的。他认为，产业集聚是在货币外部性基础之上的产业空间集中。在垄断竞争的框架下，运输成本的变化包括在产品价格中，而不需要外部市场本身就可以引导行业到一个地区集聚。波特（Porter，1990，1998）认为，产业集聚与许多企业和机构集中在空间并形成可持续的竞争优势的事实密切相关，这种竞争优势主要是因为众多的中小企业在空间上集中带来的激烈竞争，从而带来的创新与革新而产生的，竞争是产业集聚或产业集群最重要的特征之一。

产业集聚的结果是产生集聚经济或集聚优势。根据 Hoover（1948）的理论，它可以分为两种类型：本地化经济和城市化经济。本地化经济是一种通过共享劳动力市场、上游和下游以及特定行业的技术外溢而提高规模报酬水平的一种形式。这种集聚优势不会发生在单个企业之上，而是由一个地区行业内的企业相互作用、共同形成的。城市化经济是一个多元化的外部经济，指通过共享、匹配、学习等途径使空间邻近的不同行业和企业之间，以报酬递增的形式获得报酬。城市是各种产品和服务的提供者，集中于城市中的不同类型的行业将共享基础设施、共享劳动力和共享供应商，同时，知识和技术外溢以及巨大的中间产品和服务市场，都将给城市企业带来报酬递增的规模效应。本地化经济体和城市化经济体在对集聚机制的解释上有些不同，但是它们之间的区别不是绝对的，并且通常同时存在于一个地区或城市中。

二　外部经济

规模经济或规模报酬递增是指这样一种状态，其中，生产的平均成本随着制造商生产的产品数量的增加而减少。从投入产出的角度来看，也就是说，制造商增加1%的投资将获得额外超过1%的产出。在存在规模经济的条件下，厂商生产越多，生产每一单位产品所需要的平均成本就会越低，所获得的利润相应的也就越大。外部经济也叫外部规模报酬递增或外部性，是相对于企业内部规模报酬递增而言的，它并不是指单个厂商生产规模的变化带来成本的节约，而是指同一行业产出水平的提高，带来单个制造商的平均成本的下降。个别厂商平均成本的下降是由于同行业中其他厂商数量的增加和生产规模的扩大，这是由行业内的专业化分工程度决定的。在新经济地理学的理论分析框架中，垄断竞争的市场结构下，每一个厂商的内部规模经济代表了该企业在行业中的市场势力，而外部规模经济则代表同一行业中邻近厂商之间的专业化分工程度。

Scitovsky（1954）区分了纯外部性和货币外部性。纯外部性（也称为技术外部性）指的是同一行业中企业数量和企业产出规模同时增加的条件下，单个企业投入与产出的技术关系变化情况。而技术外部性最常见的例子是通过影响制造商的生产函数来影响产出，如在行业中的技术外溢现象，这种现象意味着随着行业规模的不断扩大，知识和技术的积累将越来越多，这种知识和技术通过工人或企业家之间的交流、模仿、学习，或共享等方式传播到整个行业，从而改变了整个行业范围内的制造商生产函数。技术外部性是城市经济理论（Henderson，1988；Lucas and Rossi-Hansberg，2002）、新增长理论（Lucas，1988；Romer，1986）以及新贸易理论（Krugman，1979，1980）的重要理论基石。货币外部性与技术外部性的不同体现为，货币外部性通过市场的价格效应在企业之间传递。最有名的例子是马歇尔关于上游和下游相互关联和共享劳动力市场的看法。上游和下游相互关联是指在一个地区可以支持一个专门的中间产品市场的巨大的本地市场的存在。中间产品市场的出现使得行业专业化分工深化，从而带来了单个企业报酬递增的好处；劳动力市场的共享增强了工人和制造商之间的匹配，减少了单个企业遭受异质性影响的可能性，从而带来了报酬递增的现象。这种外部性是通过价格效应传导的，是新经济地理学的理论基础，在空间上的作用范围比技术外部性更广泛。

前面所说的这种外部经济是行业内企业相互靠近的结果；此外，还有一种基于行业间的企业相互邻近而发生的外部经济。前一种外部经济通常称为马歇尔外部性，后一种外部经济则称为雅各布斯外部性。

三　集聚与扩散

在中心—外围模型中，经济活动是集聚还是扩散取决于向心力和离心力的对比。向心力和离心力之间的此消彼长关系是随着运输成本的变化而变化的。

在假定工人可以自由迁徙的情况下，当运输成本很高时，单个公司迁移到另一个区域所获得的好处很小，这种情况下不会发生企业迁移现象。当运输成本下降时，一个区域的本地市场效应和价格指数效应变大，如果有机会导致企业迁移到另一个区域，且出现了正反馈机制，对称均衡将被打破，其他公司就会向该区域迁移，最终导致企业完全集中在该中心区域，形成中心—外围空间分布格局。当运输成本进一步降低时，本地市场效应和价格指数效应变小，市场竞争效应变大，此时企业将从中心区域移动到外围区域。[①] 如图 2-1 所示，我们用 T 代表运输成本，并用 λ 表示两个地区的制造业份额。T（S）用于表示维持对称分

① 此处所涉概念，后文会做一解释。

布的支撑点，其中 $T(B)$ 表示终结对称分布的断点，用实线表示稳定性的均衡，用虚线表示不稳定均衡。我们将发现，当运输成本较高（T 较大）时，两个地区的制造业平均分布是稳定和平衡的，每个地区的制造业份额均为 0.5，当运输成本降至变化点 $T(B)$ 时，制造业的分布将集中在一个区域（区域 1 或区域 2），形成中心—外围的空间分布模式；并且这种中心—外围模式在运输成本小于 $T(S)$ 的情况下得以维持。当运输成本进一步下降时，制造业又将由集中走向分散。

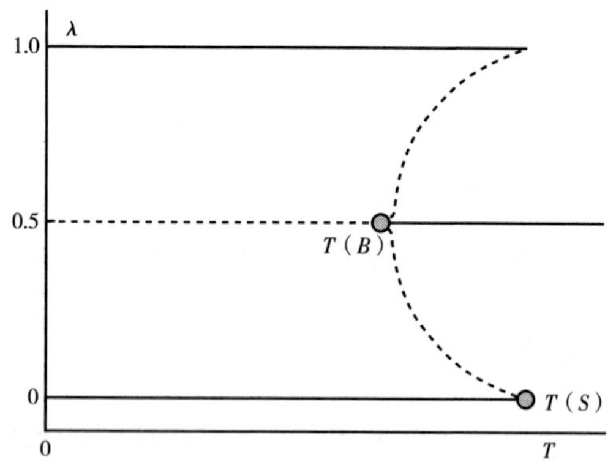

图 2-1　中心—外围分岔点

在此基础上，克鲁格曼（Krugman，1998）认为影响经济活动空间分布的向心力和离心力都至少存在三种。如表 2-1 所示，向心力包括市场规模效应、丰富的劳动力市场和纯的外部经济，离心力包括不可流动要素、地租和纯的外部不经济（Krugman，1998）。目前，克鲁格曼（Krugman，1991a，1991b）与杜兰顿和普加（Duranton and Puga，2004）分别对三种向心力的诱发机制进行了严格的分析。在离心力的分析中，克鲁格曼与普加和维纳布尔斯对不可流动要素进行了分析①，但对地租和纯的外部不经济的分析则大多限于城市经济学

① 克鲁格曼（Krugman，1991a）假定农业劳动力是不流动的，满足农业劳动力的需求构成了经济活动集聚的离心力；普加和维纳布尔斯（Puga and Venables，1996）则假定劳动力在国家之间是不能流动的，满足各地区之间的市场需求构成了集聚的离心力。

(Alonso，1964；Pflüger and Tabuchi，2010)，而在区域层面的分析并不多见。

表 2-1 集聚的向心力和离心力

向心力	离心力
市场规模效应	不可流动要素
丰富的劳动力市场	地租
纯的外部经济	纯的外部不经济

实际上，在区域层面土地这种生产要素同样影响着经济活动的空间分布。遗憾的是，现有的新经济地理学的文献很少把它纳入一般均衡的分析中来（Combes，2005）。Helpman（1998）首先在中心—外围模型的基础上，把住房当作一种产品纳入消费者的效用函数中。他假定住房作为一种产品在地区之间是不能流动的，因此作为一种离心力而存在。当制造业产品之间的替代弹性较大而且住房消费在消费者的消费中占较大份额时，不管运输成本大小，市场规模效应都小于住房成本带来的分散力，经济活动都是分散的；当产品的替代性较小，而且住房消费的份额较小时，在运输成本较高的条件下，市场规模效应大于住房成本带来的分散力，经济活动集聚，而在运输成本较低的条件下，市场规模效应小于住房成本，经济活动分散。

但是 Helpman（1998）的模型只分析了与土地相关的住房供给在集聚中的作用，并没有直接对土地进行分析。实际上，土地作为一种固定生产要素，对它的密集使用会带来地租的上升。这种上升会导致企业生产成本的增加。在 Helpman（1998）的基础上，Pflüger 和 Tabuchi（2010）把土地作为一种生产要素纳入新经济地理学的分析中，在他们的模型当中，土地既可以用于提供住房供给，也可以作为生产要素直接进入企业的生产函数。结果发现，当我们考虑土地作为一种生产要素时，随着运输成本的下降产业集聚呈倒 U 形变化趋势。当运输成本较高时，产业集聚的离心力大于产业集聚的向心力，产业分散分布在两个地区；当运输成本下降时，产业集聚的向心力大于产业集聚的离心力，部分而不是全部产业会集中到一个地区，这是因为作为一种固定的生产要素，土地价格上升阻碍了经济活动的进一步集聚；当运输成本进一步下降时，依赖于市场规模效应的向心力会减弱，而依赖于土地价格的离心力则会增强，这时产业又会分散。

第三节　产业集聚的相关理论

产业集聚一直为国内外学者所关注，他们分别从外部经济、产业区位、竞争与合作、技术创新与竞争优势、交易成本、报酬递增等角度探讨了其形成原因与发展机理。由于研究背景及观察角度的不同，不同学者对产业集聚的研究形成了不同理论，主要包括新贸易理论、新经济地理理论、城市经济理论等。

一　新贸易理论[①]

新贸易理论，是指自 20 世纪 80 年代初以来以保罗·克鲁格曼为代表的一系列经济学家，围绕国际贸易的起因、国际分工的决定因素、贸易保护主义的影响以及最佳贸易政策等问题，提出的一系列理论和观点。最初，新贸易理论的目的是通过经验方法（实证方法）解释贸易模式，填补传统贸易理论的逻辑空白；后来，新贸易理论发展成一个具有规模经济和非完全竞争市场两大支柱的完整的经济理论体系（李俊，1999）。

传统的贸易理论认为国家之间的贸易源于比较优势。生产技术水平不同导致的劳动生产率差异以及要素禀赋差异是比较优势的主要来源。在规模报酬不变，产品具备同质性且市场处于完全竞争条件的假设下，传统的贸易理论认为贸易自由化和市场一体化会导致地区间专业化分

① 限于篇幅，新贸易理论的详细内容，可参见阿普尔亚德等的《国际贸易》（中国人民大学出版社，2012）一书。

工，这种分工是基于比较优势而产生的，并最终导致要素价格均衡。在两个部门两种要素和两个国家的分析框架中，贸易将更多地在劳动生产率的相对差异和国家之间资源禀赋的相对差异较大的国家之间进行。然而，20 世纪 70 年代，这种理论的解释力受到了现实的挑战，即不仅贸易发生在具有相似资源禀赋的国家之间，而且在劳动生产率方面并没有什么区别的发达国家之间的贸易，成为当时国际贸易的主要组成部分。基于比较优势的贸易理论对这种现象的解释是无能为力的，新的贸易理论就应运而生（李一帆，2014）。

克鲁格曼（Krugman，1979）首先在垄断竞争的框架下构建了一个两国基于福利水平提高的贸易模型来解释这种有悖于比较优势的贸易现象。他认为国际贸易之所以会在比较优势相近的国家之间发生，是因为产业内各企业要更好地获得规模经济。在垄断竞争的市场结构下，贸易自由化不仅使得本国消费者能够消费到国外的产品，增加了市场中产品的种类，而且生产每一种产品的企业由于贸易自由化而扩大了市场，从而能够扩大生产规模以获得规模经济，因此降低了生产每一种产品的成本，从而降低了产品的市场价格。规模报酬递增带来的生产规模的扩大提高了工人的实际工资，从而增加了工人的福利。

克鲁格曼（Krugman，1980）在他原有理论（Krugman，1979）的基础上引入了贸易成本，相关理论可以看作新经济地理理论的雏形。在克鲁格曼的初始模型（Krugman，1979）中，两国之间的产品贸易是不存在运输成本的，因此，产品的生产与本地的市场规模没有关系，在消费者偏好多样性的假设下，企业获得的规模报酬递增来自贸易自由化带来的每个产品的市场扩张。在克鲁格曼的后续模型（Krugman，1980）中，企业规模的报酬递增不是来自贸易自由化带来的产品市场扩张，而完全是由于消费者偏好的多样化而带来的。

这与新经济地理学的理论模型相似。同时，贸易成本的引入使得企业的生产取决于市场的空间分布情况，一个国家在贸易中生产什么样的产品取决于其国内市场对该类产品的需求，一般来说，国家倾向于生产国内市场需求较大的产品，这是因为产品卖给当地市场可以节省贸易成本。换句话说，一个国家更有可能出口国内市场需求较大的本国企业生产的产品。这就是著名的本地市场效应，实际上本地市场效应可能导致生产这种产品的企业在某一地区集中。这一效应也是新经济地理学模型中导致企业集聚的向心力之一。但是，新贸易理论与新经济地理理论仍然存在本质的区别。首先，在新贸易理论模型中，消费者（工人）和企业都不能在国家之间流动，生产的集中只是由于产品之间的贸易而形成的，这种集中是由贸易自由化带来的专业化所产生的结果。在中心—外围模型中，消费者（工人）和企业则是可以自由流动的，在本地市场效应和价格指数效应带来的产业集中的作用下，产业集聚逐步形成。其次，在新贸易理论中，在本地市场的作用下，自由贸易所形成的生产集中，并没有形成中心—外围格局，而是各国在贸易过程中相互专业化，而在新经济地理学的模型中，随着贸易成本的下降，产业的集中会形成稳定的中心—外围格局。

新新贸易理论诞生于21世纪初，它突破了新古典贸易理论和新贸易理论以产业作为研究对象的局限，进一步完善了分析变量，将研究对象延伸到企业，研究了贸易并以异质性企业的贸易投资为研究重点。企业的异质性存在两种形式，由于行业内不同企业之间的生产力差异而导致的异质性，以及由组织形式差异引起的异质性，这两种异质性密切相关。新新贸易理论通过建立异质性企业贸易模型，说明了只有部分企业选择出口和对外直接投资的现实原因；通过企业内生边界模型的建立，将产业组织理论与契约理论的概念扩展到贸易模型，对公司内部贸易模式有良好的解释，以及对企业全球化生产研究和理论创新领域做出了重要贡献。

20世纪80年代，克鲁格曼、赫尔普曼（Elhanan Helpman）和兰开斯特（Kelvin Lancaster）提出了一个新贸易理论的静态模型；20世纪90年代，格罗斯曼（Gene M. Grossman）和赫尔普曼提出了一个与内生增长理论密切相关的动态贸易模型；到了 21 世纪，国际贸易理论的最新发展主要体现为，异质性企业贸易模型（trade models with heterogeneous firms，HFFM）和企业内生边界模型（endogenous boundary model of the firm）。国际学者对贸易模式和贸易流量的解释已经越来越深入企业层面，这将原来的 CES 函数[①]偏好假设转化为异质性企业假设，并使用企业层面的数据来进行实证分析。Baldwin 和 Robert-Nicoud（2005）以及 Qiu 和 Zhou（2006）等学者将异质性企业贸易模型和企业内生边界模型称为“新新贸易理论”[②]。

二　新经济地理理论

尽管克鲁格曼（Krugman，1979，1980）的新贸易理论模型具有新经济地理理论的雏形，但这一理论假定要素是不能自由流动的，因此不能给产业集聚的分析提供一个完整的理论基础。克鲁格曼于 1991 年在《政治经济学杂志》上发表了《报酬递增和经济地理学》一文，初步探讨了新经济地理理论，并在一系列后续著作中深化了他的思想。

传统的区域经济理论主要基于新古典经济学，通过没有空间差异、没有交通成本等严格假设，提出相应的区位理论和区域增长理论。克鲁格曼认为，正是由于过去的主流经济学缺乏对“规模经济”和“不完全竞争”的分析工具，空间问题才长期被排除在主流经济学之外。现在，由于“规模经济”“不完全竞争”等分析工具的发展，空间问题才被纳入经济范畴的主流。克鲁格曼（Krugman，1991a，1991b）在 Dixit-Stiglitz 的理论框架下，把要素流动、运输成本和报酬递增结合起来，构建了中心—外围模型，这才真正为产业集聚的分析提供了完整的理论框架。他基于消费者与生产者区位选择的一般均衡分析奠定了空间经济学理论的微观基础，其他集聚模型，如垂直关联模型（Krugman

① CES 函数是微观经济学中的 CES 生产函数，CES 生产函数于 1961 年由阿罗（J. K. Arrow）和索洛（R. M. Solow）等人提出，经过实证检验，逐渐被应用。

② 详细内容参见《国际贸易》（中国人民大学出版社，2012）。

and Venables，1995；Venables，1996；Puga and Venables，1999）、资本流动模型（Martin and Rogers，1995）、企业家流动模型（Ottaviano，1996；Forslid，1999；Forslid and Ottaviano，2002）等无不基于此理论发展而来。理解了中心—外围模型阐述的产业集聚机制，就很容易理解其他产业集聚的机制。

在克鲁格曼的中心—外围模型中，存在两个部门——农业部门和工业部门：农业部门生产同种性质的产品并且是规模报酬不变的，工业部门生产差异化的产品并且是规模报酬递增的，工业部门的每一个厂商所面临的市场都是垄断竞争市场（李一帆，2014）。假定经济社会中，存在两个技术和消费者偏好完全相同的地区，农业劳动力平均分布在这两个地区且不可以自由流动，而工业部门的劳动力可以在两个地区之间自由流动。两个地区可以自由贸易，农业部门的贸易没有运输成本，而工业部门的贸易需要运输成本，运输成本用“冰山成本”表示。克鲁格曼试图回答：均衡的时候，两个地区的人口与经济活动是如何分布的？克鲁格曼认为，企业将选择进入拥有较大市场的地区，因为靠近市场可以节省运输成本，而企业在进入后，也将自身的工人（消费者）带入该地区，这将产生对其他企业产品的需求。因此，进入企业增加了对该地区的需求，市场需求的增加又将吸引新企业逐步进入。进入市场较大的地区，可以节约运输成本，提高劳动力的实际工资，这种效应被称为本地市场效应，而运输成本下降将导致产品价格下降，下降后的产品价格将会提高企业需求水平，这种效应称为价格指数效应。同时，多个企业进入某一个地区会导致竞争的加剧，这时，企业有向企业分布较少的地区转移的动机，这种效应被称为本地竞争效应。

在工业部门劳动力可以自由流动的假设下，工业部门平均分布在两个地区是一种均衡。然而，这种对称均衡是不稳定的。随着运输成本的下降，在本地市场效应的作用下，靠近市场的地区的实际工资较高。这时，劳动力会向着拥有更多企业的地区流去，同时，两个地区的工业产品的价格指数也会发生相应变化，价格指数效应又会进一步吸引企业集聚。随着企业的进一步集聚，劳动力转移会进一步加剧，最终工业部门劳动力集中在一个地区，而另一个地区完全沦为农产品的产区。这个时候的均衡我们称为中心—外围均衡。当运输成本进一步下降时，本地市场效应和价格指数效应变小，而本地竞争效应会变大，从而工业部门在两个地区均衡分布是一种均衡。

新经济地理理论将运输成本纳入分析框架中，因为运输成本的降低将导致集聚经济、规模经济及外部性等现象，把这些要素纳入企业选址、区域经济增长及其收敛和发散问题的分析中，将会得到与传统区域经济理论完全不同的观点。因此，克鲁格曼指出，新经济地理理论是“最新经济理论前沿”，它是继“新产业组织理论”“新贸易理论”“新增长理论”之后的最新理论成果。

克鲁格曼的新经济地理理论主要研究规模报酬递增这一规律如何影响行业的空间集聚，即市场和地理之间的相互关系。他的基本观点是，行业空间分布的异质性是规模报酬递增的结果。现实的经济生活中，规模报酬递增现象是普遍存在的，可以应用于许多领域。例如，如果我们在荒野上建立一个孤立的工厂，无论工厂变得如何更大更强，最终都无法逃避规模报酬递减的命运。然而，如果我们在大城市设立工厂，情况就大不相同，因为城市规模越大，通常情况下，工业基础就越健全。这样，无论设立的工厂在原材料供应上有什么新的要求，在生产过程中有什么新的标准，它都可以在城市这个空间范围内得到满足。随着工厂的扩张和城市的发展，劳动生产率将越来越高，规模收益也将越来越大，从而实现了规模报酬递增。克鲁格曼认为，这就是现代国际贸易的核心。

克鲁格曼使用一个简单的中心—外围模型来分析一个国家内部产业集聚形成的原因。在这个模型中，中心或核心是制造业区域，外围是农业区域，位置因素取决于规模经济和运输成本的相互作用。假设工业生产具有规模报酬递增的特点，而农业生产规模报酬保持不变，则随着时间的推移，工业生产活动将趋向于在特定空间集聚。在资源不可流动的假设下，生产总是集中在市场最大的区域，这样可获得最小的运输成本和最佳的规模报酬递增。但应该指出，经济地理集中的形成是历史过程中的一些力量的积累。中心—外围模型的理论意义在于它可以预测经济地理模式在一个经济体中的逐步演变：初始状态时，一个国家的某个地区可能具有某种优势，它对另一个地区的特定制造商具有一定吸引力，导致这些制造商的生产位置发生改变，一旦这个地区形成了该行业的地理集中，该地区的经济集聚就会快速发展，并获得区域垄断竞争优势。

克鲁格曼还进一步阐述了产业集聚的形成过程。他肯定了马歇尔早期的外部性经济思想，认为这是经济活动在地理上集中的重要原因。在这个基础上，克鲁格曼重新解释了马歇尔的观点，认为有三个因素使产业地区化，即基本生产要素、中间投入品和技术使用，它们产生的供给方面的外部性使产业集聚。第一，劳动力市场的“蓄水池”效应。在同一个地区，同一行业的众多企业不断集聚，可以吸引越来越多的技术工人，“蓄水池”的不断扩大可以帮助企业克服各种不确定性，加上规模经济的作用，报酬递增的效应便出现了。第二，中间投入品效应。一个行业长期集聚在一个地区，可以吸引众多提供特定投入和专业服务的供应商，并逐渐使该地区成为生产中心，由于规模经济和范围经济的作用，这个生产中心越来越大，将吸引更多高效率的供应商进入。上述的范围经济是指，利用单一经营单位内原有的生产或销售过程来生产或销售多于一种产品而产生的经济。或者说，当两种产品一起生产（联合生产）比单独生产便宜时，就有范围经济。第三，技术外溢效应。假设关于新技术、新产品和新流程的信息在一个区域内流动和获取比其他区域更容易，那么集中在该区域的企业就比远离该区域的企业更有可能获得积极的外部经济效应。

作为区域经济理论的最新成果，新经济地理理论也需要不断地发展和完善。在一定程度上，新经济地理学的区位理论，反映的是运输成本、外部收益递增和产业集聚之间的一种取舍。然而，网络经济全球化发展对这一概念提出了挑战，原因是网络经济大大降低了运输成本，整个世界已经变成没有成本、没有重量的世界。其中，受影响最大的行业是那些提供无形产品和服务的行业，如金融与咨询服务业、软件业、健康咨询业、音乐与娱乐业等。国外学者 Quah（1999）提出，在网络经济时代，金融与软件等行业的地理位置特征，会有悖于原有的区位理论而存在。这是网络经济对新经济地理理论提出的新挑战，需要经济学家进一步研究和探索。

三　城市经济理论

在现代社会中，最为常见和最为重要的产业集聚现象是城市的出现，经济活动在空间上的集中最终会带来城市化。von Thunen（1826）构建一个竞租理论模型分析了城市周围土地的使用问题。在存在运输成本的条件下，越是靠近城市的地区土地价格越高，运输成本越低；越是远离城市的地区土地价格越低，运输成本越高。因此，各种行业在城市周围的分布取决于运输成本与土地价格之间的权衡。Alonso（1964）把 von Thunen 的模型应用到城市内部，用通勤成本代替运输成本，用城市中间的商业区代替城市，构建了一个"单中心城市模型"，又一次得出了土地利用圈层分布的结果。

竞租理论模型在假定城市已经存在的条件下分析城市土地空间利用的问题，而并没有对城市是如何出现的，以及为什么会出现在这个地区等问题进行讨论。这在一定程度上归因于无法找到合适的理论工具把城市产生纳入一个统一的分析框架中。Henderson（1974，1988）把外部经济纳入对城市经济的分析中，并把这种分析扩展到多城市体系。不同于竞租理论模型的是，他的分析并没有涉及运输成本和城市外围的空间，换句话说，空间问题并没有被纳入他的分析中。他分析的是在一个城市体系中，最优城市规模和最优城市数量是如何决定的。Henderson 假定通勤成本只在每一个城市的内部存在，而工人在城市之间的迁移成本为零。从消费者效用最大化的角度出发，他认为，规模经济导致人口向城市集聚，而土地成本和通勤成本的上升又促使人们离开城市，这两种力量的均衡决定了城市的最优规模。当城市规模超过最优规模时，人们就会迁往另一个城市。城市的最优规模是由城市的产业决定的，两个毫不相干的产业即使在空间上非常靠近，也不会产生集聚效益而只会带来拥挤，因此某一个城市的产业决定了该城市的最佳规模。

Fujita 和 Ogawa（1982）假设外部经济会随着两个厂商之间的距离增大而减弱，外部经济会促使厂商集中在一个地区，因此是一种向心力；同时，企业在地租和工人通勤成本之间的权衡又会使得企业有远离核心区的动机，这种动机构成了一种离心力。[①] 向心力与离心力之间的相互作用会使企业的组织结构发生变化，导致与消费者直接接触的前向部门留在了城市核心区，而不与消费者直接接触的后向部门则迁移到地租较低的地区。这个模型比单中心城市模型更能准确地描述大都市的多中心城市结构。Fujita 和 Hamaguchi（2001）认为，在城市向心力和离心力的作用下单一的中心城市得以维持的条件是，产品的差异足够大。只要产品的差异足够大，随着人口的增加，单一的城市是唯一的均衡。当产品的差异有限，与人口规模相对应的市场潜力超过某一临界点时，新的城市就会出现。他们构建了一个城市体系模型，把城市体系的演化内生于经济活动当中。并假定生产中间产品的技术是规模报酬递增的，而生产最终产品的技术是规模报酬不变的，当中间产品的运输成本较高时，中间产品与最终产品部门都会留在城市；当中间产品的运输成本较低时，中间产品部门留在城市，而最终产品部门则部分留在城市，部分迁出城市，也即当中间产品的运输成本下降到某一个临界点时，随着中心城市人口的增长，新的城市便会出现。

城市的离心力源于拥挤、运输成本和不可流动要素。城市的向心力源于企业或人之间的邻近带来的外部经济。这种外部经济分为两种：一种是源于行业内部的马歇尔外部经济，另一种是源于行业之间的雅各布

① 在 Fujita 和 Ogawa（1982）看来，企业位于地租较低的地区能够以较低的工资招聘到工人，因为地租较低，工人的生活成本较低，同时工人也不用支付前往核心区的通勤成本，因此地租较低的地区工人工资也相应较低。

斯外部经济。Henderson（1974，1988）和 Fujita 等（1999）的城市模型都是构建在马歇尔外部经济基础上的。Duranton 和 Puga（2001）在雅各布斯外部性的基础上构建了一个城市体系模型，他们认为多样化城市与专业化城市是共存的。由于新企业往往需要不断地试错来找到自己的核心优势。因此，多样化为新企业试错提供了便利从而有利于新企业的诞生，一旦这些新出生的企业在多样化城市中找到了自己的核心优势，它们就会迁移到专业化城市去获得马歇尔外部性。

第四节　产业集聚的相关机制

产业集聚是具有阶段性的，产业集聚的形成和发展都离不开产业转移，产业集聚本身就包含着产业转移的因素，并且产业集聚是产业转移的结果。集聚与专业化是同步进行的，产业的空间分布是先集聚后扩散的，但专业化分工是不断深化的。当前，对产业集聚机制的研究大多是沿着马歇尔总结的三种外部经济展开的。此外，在经济发展的过程中，政府的区域经济发展战略、体制和对外开放政策等都会影响产业的空间分布和专业化。

一　产业集聚的两个阶段

从经济发展的角度来看，劳动力的流动既是跨部门的，同时又是跨区域的。劳动力是从农业部门流向工业部门、从农村走向城市的。这种流动既包含要素重新配置带来效率提高的含义，同时又包含产业集聚与专业化带来效率提高的含义。伴随着经济的全球化，集聚经济和城市经济成为经济发展的主要形式：一方面，一个国家和地区的产业越来越集中在少数的几个区域，地区之间的经济发展不平衡加剧；另一方面，新的都市圈和城市群不断出现，成为新的经济增长极（世界银行，2009）。由于规模报酬递增的作用，劳动力的转移既是企业需求的结果，同时也为企业创造了需求，从而形成了集聚。新经济地理理论把要素流动与贸易统一纳入垄断竞争的分析框架中分析，清晰地揭示了产业之间集聚的机制，得出了随着运输成本下降，产业会出现先集聚后扩散的趋势的结论。但把这一框架放入经济发展的视角去分析需要考虑到需求结构的变化。

Acemoglu 和 Zilibotti（1997）认为从增长的角度来看，投资是由专业化走向多样化的，这是投资者规避风险的结果。虽然他们的分析说明了随着经济的发展产业由专业化走向多样化的发展趋势，但他们没有直接分析产业的变化。Imbs 和 Wacziarg（2003）运用跨国数据研究发现，各国在经济发展过程中，专业化程度与人均收入呈 U 形关系。在经济发展初期，随着人均收入的提高，专业化程度是下降的，经济发展呈多样化状态；当人均收入进一步提高时，专业化程度又会上升，经济发展呈专业化状态。但是，这些分析都没有把产业的空间分布与专业化和多样化结合起来。Lucas 和 Rossi-Hansberg（2002）以及 Rossi-Hansberg（2005）从城市经济学的角度，运用生产的外部性而非货币的外部性构建了一个空间贸易理论模型。这一模型把贸易、要素流动和报酬递增置于同一框架中分析了集聚与专业化的形态。

Rossi-Hansberg（2005）把土地作为一种生产要素纳入生产函数中，并把生产的外部性看作产业集聚的来源。他认为，在存在集聚效应的条件下，土地成本与运输成本之间的权衡决定了产业的空间分布。他假定生产的空间是线性和连续的，社会中存在两个经济部门（最终产品生产部门和中间产品生产部门）以及两种要素（土地和劳动力），生产中间产品需要土地和劳动力两种投入，而生产最终产品则需要土地、劳动力和中间产品三种投入，消费者只消费最终产品。在完全竞争的市场条件下，当中间产品的相对价格高于一个临界价格时，这个地区专业化生产中间产品，反之，则生产最终产品；当中间产品的相对价格等于临界价格时，这个地区就生产两种产品。在劳动力自由流动的条件下①，生产

① Rossi-Hansberg（2005）假设劳动力在地区（国家）之间的流动会受到限制，在这里我们不考虑这种情况。

外部性带来的集聚效应与运输成本之间的力量对比会构成不同地区之间的专业化水平。同类企业集中生产一种产品可以获得生产外部性带来的好处，但要远离其供应商[①]，在中间产品与最终产品的运输都存在成本的情况下，远离供应商会增加企业生产成本。当两地的运输成本很高时，生产外部性带来的集聚效应小于运输成本带来的高成本效应，这时候一个地区既生产最终产品又生产中间产品；当运输成本下降时，集聚效应会大于高成本效应，这时候该地区会专业化生产某一产品。因此，随着运输成本的下降地区之间的专业化水平会上升。对于企业来说，无论是生产中间产品还是生产最终产品，运输成本的下降都会使得企业集聚在一起所获得的生产外部性带来的报酬递增大于进口产品带来的高价格效应，这时候集聚会发生，某种类型的企业在某一地区的密度会增大。当运输成本进一步下降时，高价格效应变得微不足道，而这时企业密度高的地区面临高的地租，当高地租超过生产外部性带来的报酬递增时，企业就会分散分布，集聚最终会走向扩散。Rossi-Hansberg（2005）的模型表明，与中心—外围模型相似，伴随着运输成本的下降，企业分布呈先集聚后扩散的倒 U 形发展趋势，地区之间的专业化水平呈不断上升趋势的。

虽然 Rossi-Hansberg（2005）的分析突破了中心—外围模型，把集聚等同于专业化的局限，但他的分析也没有和经济发展结合起来[②]，而克鲁格曼和维纳布尔斯（Krugman and Venables，1995）、普加和维纳布尔斯（Puga and Venables，1996）从贸易与运输成本视角分析了产业集聚与经济发展的关系，但他们的分析是建立在劳动力不流动的基础上的，而产业集聚则通过前向和后向关联来实现。Murata（2005）从空间的角度分析了经济由前工业社会向工业社会转变的过程中，劳动力流

---

① 当一个地区专业化生产最终产品时，它需要进口中间产品以进行生产，而当该地区专业化生产中间产品时，它需要进口最终产品以供工人消费。

② Desmet 和 Rossi-Hansberg（2010）对经济发展中的产业集聚进行了分析，但在分析中他们区分的是制造业部门和服务业部门，而不是农业部门和制造业部门，分析的是一种后工业化社会的经济发展情况，运用的数据也是美国 20 世纪 80 年代以来的数据。

动、贸易与产业集聚的关系。他认为，随着运输成本的下降，劳动力由农业部门流向工业部门，随着消费结构的变化，这一过程既是劳动力在部门之间的再配置，同时也是产业集聚的过程，在这一过程中企业家的流动起到了重要作用。Murata 的分析在一定程度上是重新构建传统发展经济学的理论，他把空间的维度纳入经济发展分析中，因此他的分析也只限于制造业与农业之间的专业化。

如果把贸易、要素流动与报酬递增结合起来考察，那么随着经济发展与分工的深化，产业集聚会呈现不同的形态。对于一个国家来说，最重要的经济变化是从前工业化社会向工业化社会的转变。在这一过程中存在两个显著性的变化：一是大量的劳动力从传统的农业部门转移到现代的工业部门；二是产业结构将遵循配第-克拉克定理发生变化，即从以农业部门为主转向以工业部门为主，然后再转向以服务业为主。伴随着劳动力的转移，不仅产业在产值上会发生根本性变化，而且在空间分布上也会发生改变，城市化就是这一过程中产业不断集聚的结果。随着经济的进一步发展，市场的扩大会使分工不断加深，在经济发展的初期，伴随着运输成本的下降劳动力的流动带来了城市化的发展，这时候制造业和农业的分工是主要的形式，在城市集中了大量的制造业部门从而构成集聚的核心区，而在农村则保留农业部门作为集聚的外围区。地区之间的分工主要体现在制造业和农业上，当经济进一步发展时，运输成本进一步下降，由于不可流动要素价格和拥挤成本的上升，核心区制造业和服务业以及制造业内部各产业的空间分布出现分化，服务业和能承受高地租的产业会留在核心区，而不能承受高地租的产业会迁到外围区。这也是克鲁格曼（Krugman，1991b）所说的扩散阶段，然而从分工深化和动态的角度来看，尽管制造业在整体上空间分布更加均匀，但核心区集中了能承受高地租的服务业和相关的制造业行业。这时候的产业分工是制造业内部各行业之间分工或制造业各个环节之间的分工，分工更加深化。因此，随着运输成本的下降，产业的空间分布是先集聚后扩散的，但专业化分工是不断深化的。

二　产业集聚的微观机制

目前，对产业集聚机制的研究大多是沿着马歇尔（Marsharll，1920）总结的三种外部经济展开的。他在巨著《经济学原理》中提出了产业集中于一个区域可以带来三种优势：共享劳动力市场、获得中间投入品以及技术外溢。Rosenthal 和 Strange（2003）把三种外部经济优势重新归纳为共享、匹配和学习，Duranton 和 Puga（2004）对这三种微观机制进行了详细描述。

（一）共享

1. 共享中间产品

上下游产业之间的关联是产业集聚的重要机制，因为中间产品生产商和最终产品生产商的靠近可以节约运输成本、提高生产效率（Ethier，1982；Krugman，1980）。在存在众多中间产品生产商和最终产品生产商的地区，共享中间产品容易形成专门的中间产品市场，从而有利于中间产品市场的专业化和规模化。在 Abdel-Rahman 和 Fujita（1990）的模型中，即使最终产品市场是完全竞争的，在垄断竞争的市场结构下中间产品的共享也能带来总体的报酬递增，从而导致集聚的发生。

2. 专业化分工优势

分工可以带来报酬递增。在亚当·斯密的著名的制造针工厂的例子中，工人人数的增长会带来产出的更快增长，这是因为工人人数的增加可以使工人专注于某一环节的工作，节约从一种工作转到另一种工作的时间，从而带来生产效率的提高。Stigler（1951）认为当某一产业处于成长期时，不会存在专门的中间产品市场，这时候的产业没有完全得到专业化分工的好处；当这一产业进入成熟期时，最终产品市场的扩大会导致中间产品市场的出现，从而充分获得了专业化分工的好处；当该产业处于衰退期时，这种分工优势又会丧失。其实，专业化分工带来的好处不仅仅是节约转换时间、提高熟练程度，更重要的是会促进创新从而实现报酬递增。单个工人专业化分工带来的报酬递增的强度决定了总体上的报酬递增（Duranton，1998），也即劳动力分工受限于劳动力市场的容量。但是，劳动力市场的无限扩大并不一定会带来分工的不断深化，分工的不断深化也会带来协调成本的不断增加，从而制约了报酬递增的实现（Becker and Murphy，1992）。

行业地理集中能促进专业化供应商队伍的形成。经济发展水平越高，工业部门对所需设备的专门化水平要求就越高，各个环节的生产设备都要由专门的厂商来生产和供应。而大量的厂商集中在一起，可提供一个足够大的市场来维持专业化供应商的生存；同时，专业化供应商的集聚，也分散了专业化设备的开发和供应成本，单个厂商可以集中精力干自己最擅长的专业性业务。因此，密集的专业化供应商网络的存在，使行业集聚地区的厂商比其他地区的厂商拥有更大的优势，这会进一步强化行业地理集中的趋势。

3. 共享劳动力市场

共享劳动力市场是马歇尔的三种外部经济优势之一。克鲁格曼（Krugman，1991a）把这一思想模型化了，他认为企业由于受到需求市场的冲击经营状况往往会出现波动，在有些企业的经营状况良好的同时有些企业的经营状况会恶化，这时候裁员将是企业应对危机的重要手段。当存在一个较大的劳动力市场时，异质性的冲击使得某一被裁的劳动力不用流动就可以在当地找到一份适宜的工作；同时，当企业的经营需要扩大时，也比较容易在市场上找到新的劳动力。

行业地理集中可促进劳动力市场共享。行业的地理集中会催生一个稳定的人才市场，从而对劳动力的供需双方都有好处。克鲁格曼在1991年建立的一个数学模型中证明了它们之间的关系。克鲁格曼认为当工人总数量一定时，预期工资率与厂商数量成正比；当厂商数量一定时，厂商预期利润率与工人总数量成正比。可见，当其他条件一定时，行业地理集中可提高工人的预期工资率，而劳动力的地理集中可提高厂商的预期利润率。因此，行业地理集中所导致的劳动力市场共享对于工人和厂商都是有益的。

（二）匹配

匹配模型可以分为两种：一种是劳动力市场中雇主与雇员的匹配；一种是产品市场中中间产品与最终产品的匹配。就前一种而言，劳动力大量地集中于某一地区可以减少劳动力的搜寻成本，提高劳动力和企业的匹配程度。在一个较大的劳动力市场中，存在众多的企业（雇主）和众多的劳动力（雇员），相互搜寻的成本就较低，从而使得异质性的企业与异质性的劳动力容易形成匹配（Helsley and Strange，1990）。就后一种而言，在一个存在大量中间产品的市场中，最终产品制造商可以很快找到在适合自己生产的中间产品，从而提高生产效率（Grossman and Helpman，2002）。

在经济全球化背景下，为了迅速成功地适应需求的变化和掌握本地尚未运用的新的专业化技术，那些对当地集聚经济发展起重要作用的中间产品，会更多地从全球市场上采购。中间产品的全球采购，虽然降低了集聚经济对当地产业的依赖程度，但进一步增强了当地集聚经济在全球生产网络（或生产链）中专业化的特殊性和专属性，使当地集聚经济植根于更广阔的全球背景之中，从而拓展了当地集聚经济的成长空间。

（三）学习

在一个邻近的区域，至少有两种途径可以看作技术外溢带来的收益。一种是企业家和劳动力通过正式和非正式的交流与分享知识和技能可能会产生的生产外部性（Marsharll，1920；Lucas，1988；Jovanovic and Rob，1989；Grossman and Helpman，1991；Saxenian，1994；Glaeser，1999）。经验研究表明，这种技术外溢在高新技术产业中的作用更加重要（Saxenian，1994）。另一种是地理上的邻近导致企业之间可以更加容易地分享新技术的信息，从而使得新技术更容易被采用（Griliches，1958）。如果许多厂商都在同一个地区，厂商的专业技术人员有了新设计或新想法就会与别人交流，这种想法就会得到普及，同时该设计者在与其他人的交流中也会获得改进的建议来完善自己的设计。因此，行业地理集中所导致的人才集中有助于技术外溢和普及，节约成本的技术会迅速得到推广，当地厂商在与其他地区同类厂商的竞争中就会居于有利地位。技术外溢带来的外部性被克鲁格曼（Krugman，1998）称为纯外部经济。

三　产业集聚与专业化的动态机制

在克鲁格曼（Krugman，1991a，1993）的模型中，集聚与专业化是同步进行的：随着运输成本的降低，产业集聚同时也带来了专业化；然而，随着运输成本的进一步下降，产业会走向扩散；随着运输成本的不断下降，产业集聚呈倒U形变化。随后的一些研究也发现（Kim，1995），随着运输成本的下降，专业化程度呈先上升和后下降的趋势。在这些研究中，学者们认为产业集聚与专业化即使不是同一的经济现象，也有密切的联系。然而，克鲁格曼（Krugman，1991a，1993）又对欧盟一体化在形成中心—外围结构后，各成员国之间的收入差距是否能够收敛表示担心，认为产业集聚并不能必然缩小收入差距。如果产业集聚能与专业化同步进行，则两地的人均收入是收敛的。显然，在中心—外围模型中，克鲁格曼忽视了产业集聚与专业化的区别①。

很多经验研究发现，产业的集中化并不必然带来专业化。研究发现，就全球而言，经济活动越来越向北方集聚，南北之间的差距越来越大。按照比较优势理论，通过自由贸易实现的专业化会提高国与国之间的生产率水平，使得两国的要素价格均等化，从而使得两国的人均收入水平出现收敛趋势。因此，南北差距不断扩大，而产业却不断地向北方集聚，说明产业集聚并不必然带来专业化，而且在某种程度上说，是产

① 中心—外围模型（Krugman，1991b）之所以无法说明产业集聚与专业化的差异，关键在于它设定存在两个部门（工业部门和农业部门）和两种劳动力（工业劳动力和农业劳动力）。在工业劳动力可以自由流动，而农业劳动力不可以自由流动的假设下，要素流动和贸易同时带来专业化和集聚，这里说的集聚是工业部门的集中，而专业化体现的是工业部门和农业部门在空间区位上的分工，中心区生产工业产品并进口农业产品，而外围区生产农业产品。因此，在这种条件下，专业化总是和集聚是同一的。其实，就专业化而言，关注工业部门与农业部门之间的分工是没有意义的，专业化应该是工业部门内部生产按照各自优势进行配置的结果。

业集聚导致这种差距的扩大。Hallet（2000）研究发现，欧盟一体化的过程中，中心地区的经济活动增加了外围地区的成本，从而使得各国的收入差距有进一步扩大的趋势。Aiginger 和 Davies（2004）发现，欧盟内部各成员国的专业化程度是不断上升的，而集中化程度则是不断下降的，产业的扩散伴随着专业化的加深。Aiginger 和 Rossi-Hansberg（2006）在他们的基础上，运用欧盟各成员国和美国的数据研究发现，随着运输成本的下降，欧盟内部和美国各州的专业化程度都是不断上升的，而产业的集聚水平却呈现先上升后下降的趋势。这些经验研究表明，产业集聚与专业化是两个不同的经济现象，虽然这两种经济现象有着密切的联系，但它们随着运输成本变化的变动方向是不相同的。

四 产业集聚与地区经济协调发展的动态机制

早在 1776 年，亚当·斯密就对分工与生产率增进之间的关系进行了探讨，而后来的发展经济学者，如克拉克（Clark，1940）、刘易斯（Lewis，1954）、库兹涅茨（Kuznets，1966）、钱纳里等（Chenery and Syrquin，1975；Chenery and Srinivasan，1988）在从要素报酬的角度看待经济发展的问题时，却往往缺乏对分工进行深入的分析。这一方面可能是因为找不到一种合适的工具来处理分工带来的报酬递增问题；另一方面或许是因为分工属于国际贸易的范畴，这个议题在发展经济学中被忽略掉。虽然发展理论与贸易理论在地区经济协调发展方面，都把落脚点放在收入水平趋同上，二者对如何实现协调发展却各有侧重。传统的二元经济理论认为劳动力由传统部门流向现代部门会带来效率的提高，两个部门工资水平的差异是劳动力流动的主要原因（Clark，1940；Lewis，1954）。因此，在二元经济理论的框架下，当传统部门的剩余劳动力转移完毕，两个部门工资趋同时，地区之间的协调发展就会实现，地区之间的劳动力自由流动是实现地区协调发展的主要手段。贸易理论是从相对劳动生产率的差异和资源禀赋的差异的角度来说明经济体之间的自由交换可以增进社会福利，因为自由贸易可以增进分工，而分工可以获得专业化优势，且两地的专业化在自由贸易的前提下可以实现要素价格的均等化。当两国要素价格实现均等化之时，协调发展就会实现。因此，从贸易理论的视角来看，自由贸易是地区经济协调发展的主要手段。

新经济地理学的模型表明，随着市场制度的不断完善、交通运输条件的改善和通信技术的进步，运输成本的下降会使得产业的空间分布呈先集聚后扩散的 U 形趋势。如果我们把分工、产业集聚和地区差距结合起来，笔者认为，区域经济协调发展的内涵主要包括两个方面：一是收入水平的趋同；二是地区之间实现分工。区域经济协调发展的目标是收入水平的趋同，而实现这一目标的手段是地区之间实现分工。因此，判断区域经济协调发展的指标有两个：一个是地区之间的人均收入基尼系数；另一个是地区之间的产业相似系数。这两个指标可以用来评价区域经济协调发展的实现程度。当地区产业的空间分布处于集聚阶段时，不均匀的产业分布会带来收入差距的扩大；当地区产业的空间分布处于扩散阶段时，均匀的产业分布会带来收入差距的缩小，这时，分工会进一步深化。

在前工业社会，由于运输成本很高，市场狭小，地区之间的经济联系非常有限，经济中既不存在大规模的劳动力流动，也不存在大规模的贸易往来，企业在空间上的分布是分散的，自给自足的发展是这一阶段的主要特征，少数制造业的空间布局多半以各地的自然优势为基础。这时候的地区差距不大，经济发展处于低水平均衡状况。当现代经济部门得到一定的发展时，交通运输条件相对改善，运输成本下降，这时，具有自然条件优势的地区，如拥有港口、码头等以及比较优势的地区会首先发展起来。另外，地区之间与部门之间收入差距的扩大导致大规模劳动力流动的发生。由于报酬递增的作用，劳动力的流动既是产业集聚的结果又反过来促进了产业的集聚，产业集聚使地区间分化成中心与外围。这一阶段的分工主要体现在农业与制造业之间，是一种产业间的分工。而制造业内部各行业之间的分工并不明显。因此，伴随集聚的发生，这一阶段区域间人均收入的基尼系数会变大。当经济进一步发展，交通运输条件进一步改善，运输成本进一步下降时，劳动力流动会减少，由于集聚的向心力和离心力发生了变化，产业会趋于扩散，地区之间大规模的贸易就会发生，这时的分工是制造业内部或者某一行业各个生产环节上的。随着分工范围的不断扩展，地区之间的收入差距进一步缩小，地区经济协调发展最终实现。

当然，在经济发展的过程中，制度也是影响产业集聚与区域经济协调发展的重要因素。政府的区域经济发展战略、体制和对外开放政策等都会影响产业的空间分布和专业化。如果把制度因素和单纯的运输成本结合起来，产业集聚、专业化和地区收入差距之间的关系可能会发生变化。

第三章　京津冀地区区域经济发展特征与产业集聚及经济差距的演变

根据本书的分析思路，这部分我们首先展示京津冀的经济发展特征，然后从这些特征入手，分析京津冀地区产业集聚以及区域经济差距的变化情况。本部分主要采用历史回顾与实证研究相结合的论证方式，实证部分的数据来自各地区统计局发布的统计年鉴。

第一节　京津冀地区区域经济发展特征

一　京津冀城市群的空间结构特征

京津冀城市群由首都经济圈的概念发展而来，包括北京市、天津市以及河北省的保定、廊坊、唐山、张家口、承德、秦皇岛、沧州、衡水、邢台、邯郸、石家庄共 11 个地级市。以汽车工业、电子工业、机械工业、钢铁工业为主，是全国主要的高新技术和重工业基地，也是中国政治中心、文化中心、国际交往中心、科技创新中心所在地。下面分别从规模结构、形态结构、产业结构、创新结构和制度结构五个方面，对京津冀城市群的空间结构特征进行描述。

（一）规模结构

城市群的规模结构可以由城市首位度和分维数加以描述。描述一个国家或者地区的城市规模分布，最常用的就是首位城市定律和位序—规模规律，这两者分别用城市首位度与分维数来表示。其中，“城市首位度”是美国学者马克·杰斐逊于 1939 年提出的一个概念，指一个国家(或区域）首位城市与第二位城市的人口规模之比。城市首位度在一定程度上代表了城市体系中的城市发展要素在最大城市的集中程度。为了计算简化和易于理解的需要，杰斐逊提出了“两城市指数”，即首位城市与第二位城市的人口规模之比 $S=P_1/P_2$，首位度越高，说明中心城市规模优势越明显。描述城市群规模特征的另一种方法，即位序—规模法则是从城市规模和城市规模位序的关系来考察一个城市体系的规模分布，这种方法于 1913 年由奥尔巴克（F. Auerbach）提出，现在被广泛使用的公式实际上是罗特卡模式的一般化：$P(R)=P_1R^{-q}$，式中 R 为城市规模位序，$P(R)$ 为第 R 个城市的人口规模，P_1 为常系数（在理论上通常为首位城市人口规模，在一定时期为常数），q 为捷夫指数，也称为捷夫维数。1949 年捷夫（G. K. Zipf）提出在经济发达的国家里，一体化城市体系的城市规模分布可用简单的公式 $P(R)=P_1/R$ 表示，捷夫模式是 $q=1$ 的特例。

首先，我们来考察京津冀城市群城市首位度的变化情况。经过计算，从图 3-1 中可以看出，1996~2016 年，城市首位度变化缓慢，而且一直都在 1.55 以下，说明京津冀地区内城市体系中的中心城市优势不够明显，存在北京和天津双中心的情形。

分维数所反映的是城市形态轮廓的规则程度或复杂性程度。一般来说，分维数变小是一种向好趋势，说明城市建设更多地受到规划的控制，建成区边界较为整齐，用地更为紧凑。分维数与经济绩效的关系理论上应该是负相关关系，即分维数越低，城市形态越规整，经济绩效相应越高。由京津冀城市群分维数的变化情况（详见图 3-2）可以看出，1996~2016 年，分维数先增大，然后减小，而后又有所回升，但总体而言分维数一直小于 1，说明城市等级结构分布不均，城市等级体系发育不够成熟，中间位序城市发展较为落后。

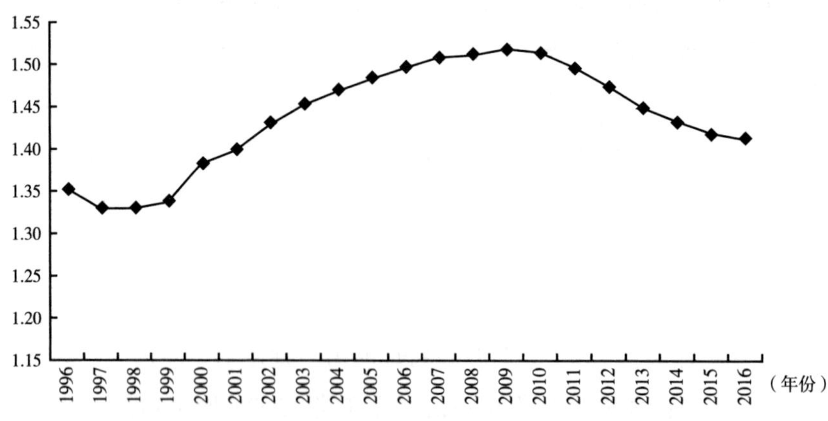

图 3-1 1996~2016 年京津冀城市群城市首位度变化情况

数据来源：根据京津冀地区相关年份各省市统计年鉴数据整理得来。

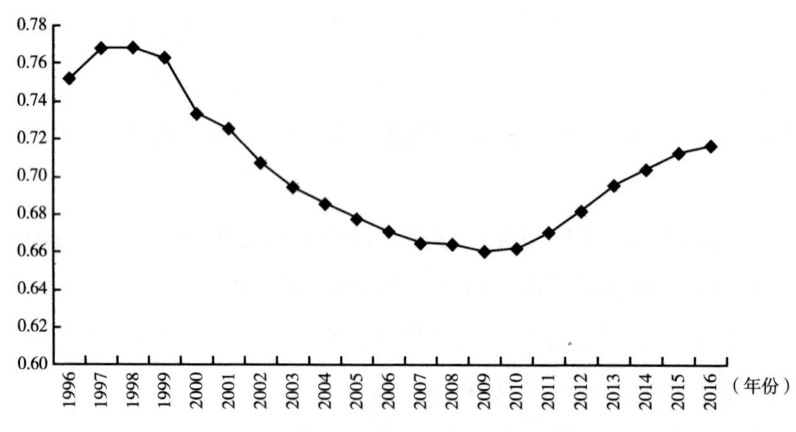

图 3-2 1996~2016 年京津冀城市群分维数变化情况

数据来源：根据京津冀地区相关年份各省市统计年鉴数据整理得来。

（二）形态结构

城市群的形态结构体系是由不同发育程度、不同等级、不同行政隶属关系、不同成因和空间区位的城市，通过各种物质流、能量流、信息流和知识流有机耦合而成的空间聚合体和综合集群体。城市群的形态结构可以从两个方面加以考虑：一是物理网络形态，二是城市群内城市网络的空间分布形态和均衡程度。其中，物理网络形态主要以交通网络密度来衡量，而城市群内城市网络的空间分布形态和均衡程度主要以城市网络均衡度指标来衡量。

由于城市网络均衡度量化起来比较困难，而且没办法对它做一个时间序列，所以本书主要以交通网络密度来衡量京津冀城市群的空间联系强度。交通网络密度是衡量地区交通运输发展状况最普遍的指标，它是地区各类交通线路总长度与地区总面积的比值。交通网络密度越大，说明地区交通运输通达性越强；反之，地区交通运输通达性越弱。交通网络密度指标的缺点是只能用来概略比较地域间运输水平的差异，不能精确回答运输网络中城市的连接状况和它们的通达性。总体来看，京津冀城市群交通网络密度一直在增加，特别是在2005年以后，更是有了较大幅度的提升（详见图3-3），这说明京津冀城市群形态结构的紧密度在提升。

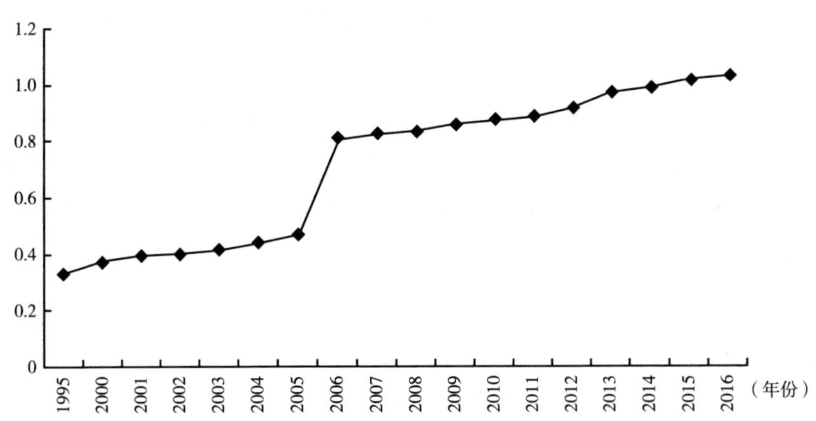

图3-3　1995~2016年京津冀城市群交通网络密度变化情况

数据来源：根据京津冀地区相关年份各省市统计年鉴数据整理得来。

（三）产业结构

地区产业结构一般指一个地区直接或间接生产物质资料的部门之间的关系。如生产资料部门与生活资料部门的结构、工农业内部的结构等。城市群产业结构的合理化，一般应综合体现如下原则。首先，充分发挥地区优势。实行地区分工，重点发展地区优势部门，与其他地区建立起密切的分工协作关系。其次，面向市场。产业的发展及其结构的选择要以市场为条件，以市场供求为转移。再次，发展适当多样化的产业，防止过分专门化。最后，合理利用自然资源，保护生态平衡，保护环境（张平和王树华，2009）。

联合国在研究区域产业结构相似问题时经常使用的方法是产业结构相似系数，该系数从总体上反映了地区间产业结构的相似或者差异程度。其计算公式为：

$$S_{ij} = \sum_{k=1}^{n} X_{ik}X_{jk} / \sqrt{\sum_{k=1}^{n} X_{ik}^2 \cdot \sum_{k=1}^{n} X_{jk}^2}$$

其中，S_{ij} 表示区域 i 和区域 j 的产业结构相似系数；n 表示产业数；X_{ik} 表示在地区 i 中，产业 k 的产值占整个国民经济的比重；X_{jk} 表示在地区 j 中，产业 k 的产值占整个国民经济的比重。从静态方面来看，通常情况下，当 $S_{ij}=1$ 时，表示两个区域产业结构完全相同，当 $S_{ij}=0$ 时，表示两个区域产业结构完全不同。评价区域间产业结构相似程度时，通常以 0.8 为临界值来判断同构性的强弱，当 $S_{ij}>0.8$ 时，说明两个区域的产业结构已严重趋同。而产业结构严重趋同会造成某些产品过剩，削弱企业的市场竞争力，导致企业的经济效益与社会效益逐渐转差。从动态方面来看，如果区域间相似系数上升，则产业结构趋于相同，如果区域间相似系数下降，则产业结构趋于相异。

这种分析方法同样适用于更大范围的三次产业结构分析，利用历史数据从静态到动态考察某一地区产业结构相似程度的变化趋势，有助于为产业结构的调整和优化升级指明方向。根据北京、天津和河北的三次产业结构变化情况，运用产业结构相似系数公式分别算出天津和北京、北京和河北以及天津和河北的产业结构相似系数，再以三者的算数平均数作为整个京津冀城市群的产业结构相似系数。从 1996~2016 年京津冀城市群产业结构相似系数变化情况（详见图

3-4）可以看出，京津冀城市群产业结构相似系数虽然相对较高，但整体呈现下降趋势，说明京津冀城市群产业结构处于不断调整优化之中。

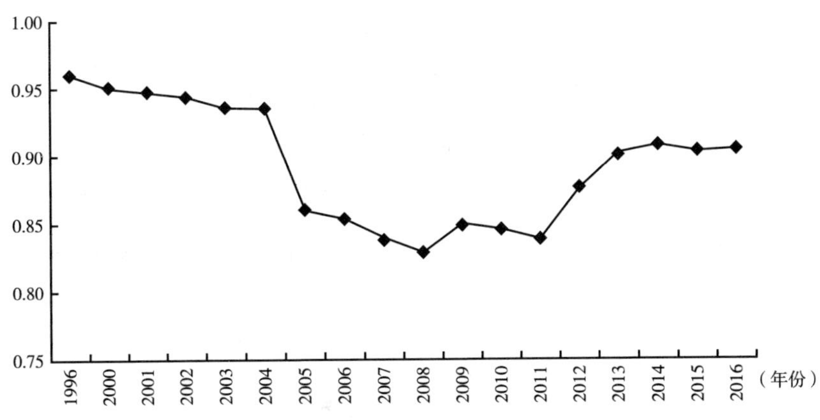

图 3-4　1996~2016 年京津冀城市群产业结构相似系数变化情况

数据来源：根据京津冀地区相关年份各省市统计年鉴数据整理得来。

（四）创新结构

创新结构是指各种创新要素在城市地域上的空间分布和空间组合状态，是创新要素组织结构的一个重要方面，优化城市创新结构是提高城市创新效能的有效途径。李飞等（2007）在对城市创新系统展开理论研究的基础上，提出了城市创新系统的基本内涵应包括以下四个方面：（1）以城市为中心的区域空间范围和开放的边界；（2）城市创新系统构建于五个基本支点之上，即教育科研机构、技术交易市场、创业中心、创业投资和中介服务机构网络；（3）不同的主体要素和非主体要素作为节点以及要素之间的协调因素互相作用形成一个系统空间整体；（4）系统空间内部各要素以及环境网络相互作用形成永续创新发展态势并对社会、经济、生态等产生影响。

创新结构反映的是专业化创新部门在空间上的分布。在城市群中，创新部门通常是集聚在核心城市的，因为核心城市是高等院校、科研院所的主要分布地区，具有集聚的知识资本和人力资本，能充分发挥创新部门的技术外溢效应。由于京津冀城市群是双核结构，我们用北京和天津两大中心城市专利授权量在整个城市群中所占的比例来衡量创新集中度，即京津冀城市群的创新集中度，等于北京和天津的专利授权量除以京津冀城市群的专利授权总量。由图 3-5 可以看出，创新集中度的变化相对比较平稳，且在 70%以上，说明京津冀城市群的创新集聚程度比较高，北京和天津两大城市集聚了京津冀城市群 70%以上的专利授权，北京和天津的创新优势极其明显，这与两个城市高等院校和科研机构的密集分布分不开。

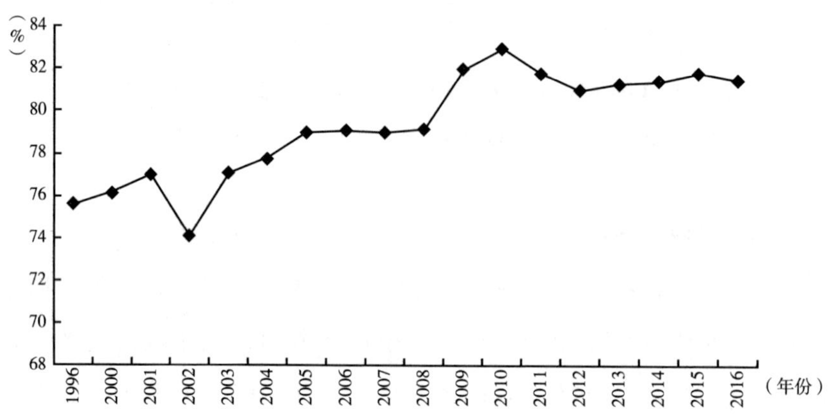

图 3-5　1996~2016 年京津冀城市群创新集中度变化情况

数据来源：根据京津冀地区相关年份各省市统计年鉴数据整理得来。

（五）制度结构

城市群管制的基本目标是模糊行政边界、统一规划布局基础设施、整合优势资源和协调各方利益与矛盾。在我国现有的政治经济制度框架下，大多数地区采用自上而下的行政体制，地级行政单元内部的市区县之间存在较多的利益冲突，地方政府的数量多少间接影响了整个区域的协调效率和经济发展。通常情况下，地方政府数量越多，区域间的协调效率和经济发展调控效率越低，减少区域地方政府数量是推动跨区域协调发展、提高城市群管制效率的直接途径。本书使用每十万人拥有的地方政府数量来衡量京津冀城市群地方政府数量变化，进而反映京津冀城市群制度结构变化情况。从图 3-6 可知，1996~2016 年，京津冀城市群地方政府数量呈现下降趋势，说明在制度结构层面的发展趋势，是有利于京津冀城市群实现跨区域发展和区域内资源整合的。

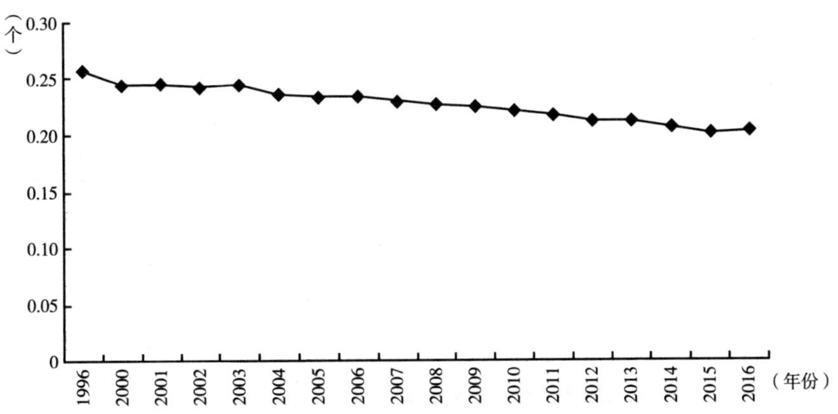

图 3-6　1996~2016 年京津冀城市群每十万人拥有的地方政府数量变化情况

数据来源：根据京津冀地区相关年份各省市统计年鉴数据整理得来。

制度结构是决定城市群经济绩效高低的基础。提高经济绩效的机制在于通过管制和规划、完善政府事权安排和稀缺资源管制等一系列制度创新，降低信息成本、协调成本和策略成本，从而有效激励各个主体协调发展和分工协作。

二　京津冀各省市经济发展特征比较

在此对京津冀地区区域内经济发展情况做一简单比较分析。截至 2016 年，北京、天津、河北人口总和为 1.12 亿人，土地面积为 21.6 万平方公里，分别占全国的 8.1% 和 2.3%；GDP（2014 年）之和为

6.8857 万亿元，占全国的 10.03%。

从 2016 年 GDP 来看，京津冀三省市中，河北经济总量最大，为 31827.90 亿元，北京次之，为 24899.30 亿元，天津最小，为 17885.39 亿元（见图 3-7）。

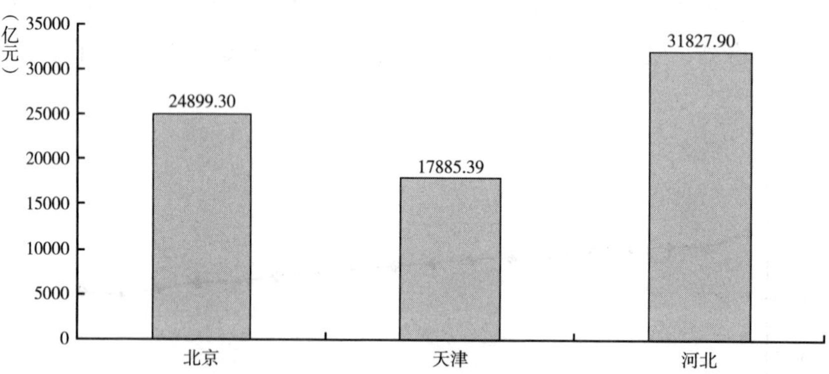

图 3-7　京津冀三省市 GDP 比较（2016 年）

数据来源：根据京津冀地区相关年份各省市统计年鉴数据计算得出。

（一）京津冀三省市经济总量比较

从京津冀三省市经济总量来看，河北省的经济总量是最大的，其次是北京市，天津市经济总量最小。从京津冀地区经济结构来看，河北 2014 年经济总量占到京津冀地区经济总量的 44%，北京占比为 32%，天津为 24%。但从 2013~2016 年经济总量占比变化来看，河北省在京津冀地区中的占比 2013 年为 46%，2014 年下降到 44%，2016 年下降到 43%，下降 3 个百分点；北京市的占比从 2013 年的 31%，提升到 2016 年的 33%，提升 2 个百分点；天津市的占比则从 2013 年的 23%，提升到 2016 年的 24%，提升 1 个百分点（见图 3-8）。说明京津冀地区的经济结构正在发生变化，河北省经济总量所占比重在下降。

河北在京津冀三省市经济总量中的占比在下降，北京和天津在京津冀三省市经济总量中的占比在上升。这种变化还可以从“京津冀

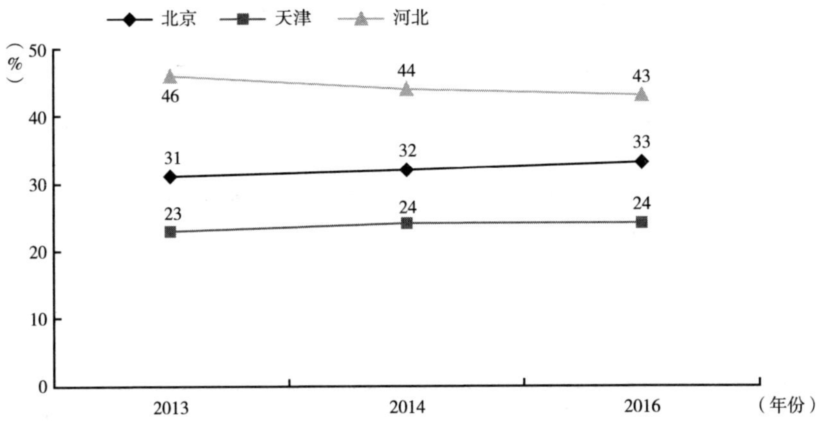

图 3-8　京津冀三省市经济总量在地区经济总量中所占比重变化趋势

数据来源：根据京津冀地区相关年份各省市统计年鉴数据计算得出。

三省市在中国经济中的占比变化”中看出端倪，河北省的经济比重持续下滑，从 2011 年的 5.18%，下降到 2014 年的 4.62%，2016 年第四季度继续下滑至 4.28%，下滑 0.90 个百分点。北京市经济所占比重较为稳定，2011 年为 3.43%，2014 年为 3.35%，略降 0.08 个百分点。天津市在全国的经济比重先稳步上升后有所回落，2011 年经济占比为 2.39%，2014 年上升到 2.47%，提升 0.08 个百分点，2016 年第四季度有所回落，下降到 2.40%，但比 2011 年提升 0.01 个百分点（见图 3-9）。

（二）京津冀三省市经济增速比较

从经济增速来看，天津在京津冀地区中是最高的，其次是北京，河北经济增速 2014 年出现了较大幅度的滑坡（见表 3-1）。从发展趋势来看，北京经济增速较为平稳，天津经济增速出现了一定程度的降幅，河北经济发展在经历了 2014 年第一季度的低谷后，逐渐反弹，从 2015 年第一季度来看，经济增长企稳态势明显。整体分析，京津冀地区的经济增长企稳态势比较明显。

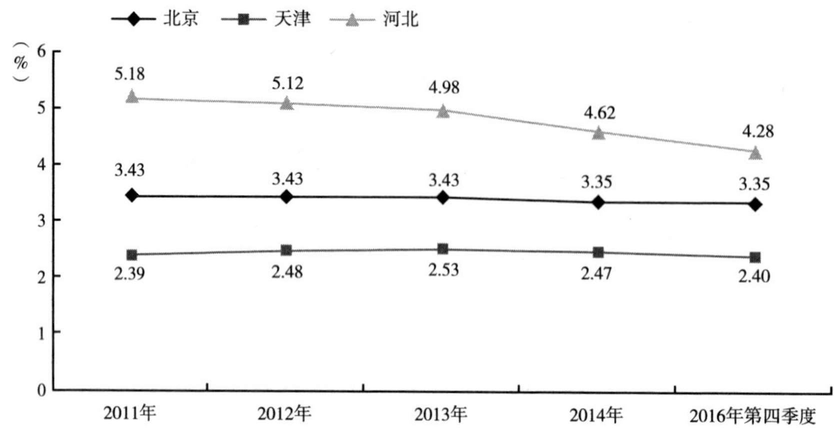

图 3-9　京津冀三省市经济总量在中国经济总量中所占比重变化趋势

数据来源：根据京津冀地区相关年份各省市统计年鉴数据计算得出。

表 3-1　京津冀三省市的经济增长速度

单位：%

省市	2013 年 1～12 月	2014 年 1～3 月	2014 年 1～6 月	2014 年 1～9 月	2014 年 1～12 月	2015 年 1～3 月	2015 年 1～6 月	2015 年 1～9 月	2015 年 1～12 月	2016 年 1～3 月	2016 年 1～6 月
北京	7.70	7.10	7.20	7.30	7.30	6.80	7.00	6.70	6.90	6.90	6.70
天津	12.50	10.60	10.30	10.00	10.00	9.30	9.40	9.40	9.30	9.10	9.20
河北	8.20	4.20	5.80	6.20	6.50	6.20	6.60	6.50	6.80	6.50	6.60

数据来源：根据京津冀地区相关年份各省市统计年鉴数据计算得出。

（三）京津冀三省市投资情况比较

从固定资产投资来看，京津冀三省市的投资形势有所不同。从表 3-2 可以看出，河北省投资是京津冀地区最高的，其次则是天津市，北京市固定资产投资占比最小。其中，河北省固定资产投资占比从 2011 年的 55.00%，提升到 2015 年的 58.31%；天津市固定资产投资占比则从 2011 年的 25.18%，提升到 2016 年第一季度的 32.30%；北京市的投资占比从 2011 年的 19.82%，下降到 2015 年的 15.82%。整体分析，北京固定资产投资力度有所减小，河北和天津的投资力度有所加大。从2016年第一季度的占比来看，天津在投资方面的发力力度正持续增大，北京较为稳定，河北则出现了下滑。

表 3-2　京津冀三省市的固定资产投资占比

单位：%

省市	2011年	2012年	2013年	2014年	2015年	2016年第一季度
北京	19.82	18.47	17.43	16.48	15.82	16.22
天津	25.18	25.35	25.09	25.40	25.87	32.30
河北	55.00	56.18	57.49	58.12	58.31	51.49

数据来源：根据京津冀地区相关年份各省市统计年鉴数据计算得出。

这种态势也体现在京津冀三省市在全国固定资产投资中的占比变化上。从河北在全国固定资产投资中的占比来看，2011年为5.27%，2014年为5.21%，下降0.06个百分点，2015年又上升0.13个百分点，但2016年第一季度则下降到4.50%，比2015年下降0.84个百分点。天津2011年的投资占比为2.41%，2015年为2.37%，略降0.04个百分点，但2016年第一季度占比上升到2.82%，比2015年提升0.45个百分点。北京2011年的投资占比为1.90%，2015年下降到1.45%，下降0.45个百分点，2016年第一季度又下降到1.42%，比2015年下降0.03个百分点（见图3-10）。整体而言，天津在京津冀地区的投资形势是最好的，北京投资下行的局面将持续，河北投资2016年第一季度有所减缓，但从整体发展来看，未来投资将保持稳定增长局面。

从图3-11可以看出，天津2011年投资增速超过30%，2012年下滑明显，2013年达到一个低谷，2014年出现了反弹，并逐渐趋稳。河北投资增速也有所下滑，但从下滑态势来看，速度已经有所减缓。北京的投资增速一度持续下滑，2016年第一季度仅为6.7%，远低于同期的

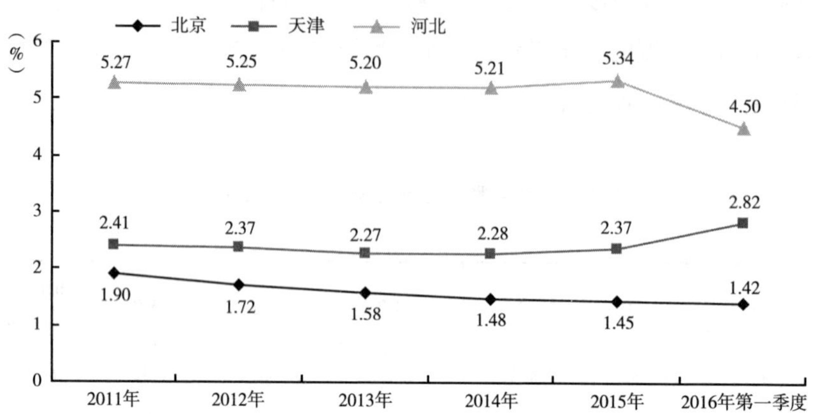

图 3-10　京津冀三省市在全国固定资产投资中的占比变化

数据来源：根据京津冀地区相关年份各省市统计年鉴数据计算得出。

天津和河北。说明在京津冀协同发展的大背景下，当前北京固定资产投资正处于一个相对停滞状态。

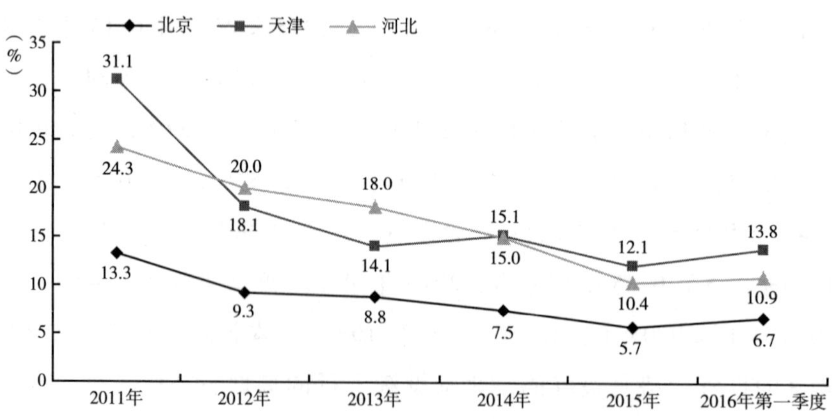

图 3-11　京津冀三省市固定资产投资增速变化情况

数据来源：根据京津冀地区相关年份各省市统计年鉴数据计算得出。

（四）京津冀三省市产业结构比较

为了研究京津冀地区产业发展情况，我们对三省市三产经济与三产投资情况进行分析，由于京津冀地区第一产业所占比重较小，因此我们重点研究第二产业和第三产业。

从京津冀地区 2015 年三产经济结构对比（见图 3-12）来看，北京的第三产业发展最为发达，占比已经达到 79.8%，第二产业占比仅为 19.6%，说明北京经济属于第三产业支撑型；天津第二产业和第三产业经济发展较为均衡，第三产业占比仅比第二产业高 5.3 个百分点，说明天津经济属于第二产业和第三产业双支撑型；河北第二产业占比达 48.3%，第三产业占比为 40.2%，说明河北经济属于第二产业支撑型。

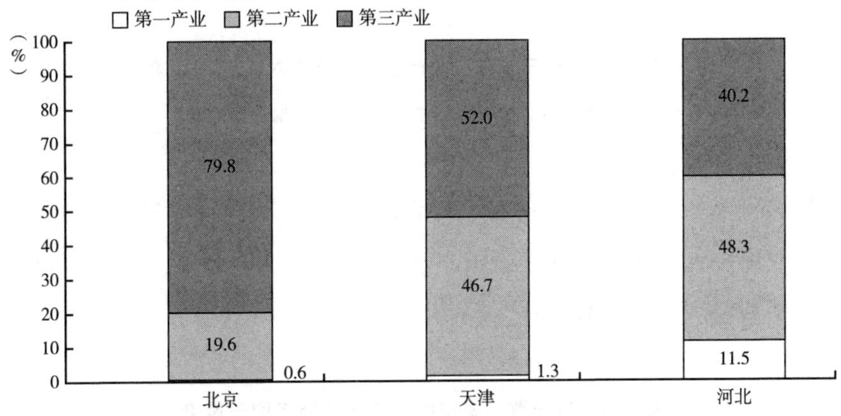

图 3-12　京津冀三省市三次产业结构对比（2015 年）

数据来源：根据京津冀地区相关年份各省市统计年鉴数据计算得出。

从投资结构（见图 3-13）来看，北京第三产业投资最高，占比达到 90.14%；天津第三产业投资占比高于第二产业，高 16.76 个百分点；而河北则是第二产业投资和第三产业投资差距不大，第二产业投资占比略高于第三产业投资。整体分析，北京第三产业最为发达，天津正处于第二产业向第三产业转型的过渡阶段，而河北依然以第二产业发展为主。

从京津冀三省市第二产业经济增长速度对比（见表 3-3）来看，天津第二产业的经济增速最高，但呈现逐渐下滑的态势；北京第二产业经济增速 2014 年要高于河北，但整体下滑的态势较为明显，以至于在

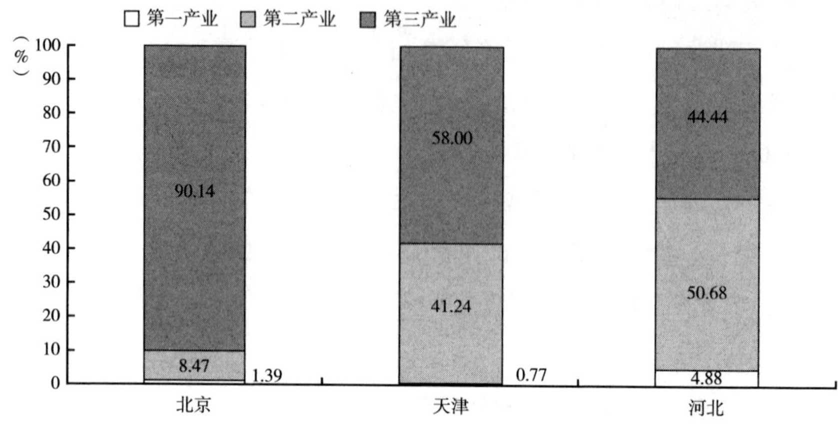

图 3-13 京津冀三省市三次产业投资结构对比（2015 年）

数据来源：根据京津冀地区相关年份各省市统计年鉴数据计算得出。

2015 年第一季度之后增速落后于河北；河北第二产业经济增速 2014 年下降幅度较大，在京津冀三省市中也是最低的，但 2015 年第一季度后第二产业经济增速逐渐回升。

表 3-3 京津冀三省市的第二产业经济增长速度

单位：%

省市	2013 年 1～12 月	2014 年 1～3 月	2014 年 1～6 月	2014 年 1～9 月	2014 年 1～12 月	2015 年 1～3 月	2015 年 1～6 月	2015 年 1～9 月	2015 年 1～12 月	2016 年 1～6 月
北京	8.1	6.1	6.9	7.0	6.9	5.6	4.3	2.4	3.3	3.2
天津	12.7	11.1	10.5	9.9	9.9	9.3	9.4	9.3	9.2	8.6
河北	9.0	3.5	4.5	4.7	5.0	4.9	5.2	4.4	4.7	5.2

数据来源：根据京津冀地区相关年份各省市统计年鉴数据计算得出。

从第三产业经济增速（见表 3-4）来看，北京第三产业经济增长速度较为稳定，但在三省市中是最低的；天津第三产业经济增速虽然保持高位发展，但有下降的趋势；河北第三产业经济增长速度要高于北京，从发展趋势来看，河北第三产业呈现加快发展的态势。

表 3-4　京津冀三省市的第三产业经济增长速度

单位：%

省市	2013 年 1~12 月	2014 年 1~3 月	2014 年 1~6 月	2014 年 1~9 月	2014 年 1~12 月	2015 年 1~3 月	2015 年 1~6 月	2015 年 1~9 月	2015 年 1~12 月	2016 年 1~6 月
北京	7.6	7.5	7.3	7.4	7.5	7.2	7.9	8.1	8.1	7.6
天津	12.5	10.0	10.2	10.2	10.2	9.4	9.6	9.7	9.6	9.9
河北	8.4	5.8	8.6	9.7	9.7	8.8	9.7	10.8	11.2	9.2

数据来源：根据京津冀地区相关年份各省市统计年鉴数据计算得出。

从京津冀三省市第二产业投资增长速度（见表 3-5）来看，北京市第二产业投资增速波动态势明显，2014 年第一季度投资首次出现负增长，下滑 21.6%，第二季度和第三季度虽然有所回升，但从全年来看依然下降 5.1%，2015 年第一季度，第二产业投资依然保持负增长，但全年降幅有所缩小，这与北京市疏解非首都核心功能、加快转移工业产业的经济政策密切相关。到了 2016 年上半年，北京市对第二产业的投资才急剧回升，说明北京市加快了第二产业产业内部结构调整的步伐。天津市第二产业投资增速 2013~2014 年一直较为稳定，并且保持了较高水平，但从 2015 年第一季度开始，第二产业投资增速明显下滑，由两位数骤降至一位数；河北省第二产业投资一直保持着较高发展态势，尽管 2014 年初出现了一次投资增速下滑，但 2014 年以来保持了稳定高速增长，说明河北省对第二产业的投资力度并没有减小。

表 3-5　京津冀三省市的第二产业投资增长速度

单位：%

省市	2013 年 1~12 月	2014 年 1~3 月	2014 年 1~6 月	2014 年 1~9 月	2014 年 1~12 月	2015 年 1~3 月	2015 年 1~6 月	2015 年 1~9 月	2015 年 1~12 月	2016 年 1~6 月
北京	4.9	-21.6	3.4	6.1	-5.1	-25.9	-29.3	-20.6	-5.5	17.7
天津	14.1	16.3	16.4	15.9	15.1	6.2	6.1	5.9	5.1	6.1
河北	18.1	7.7	16.6	18.5	18.5	25.4	18.4	15.4	12.3	9.6

数据来源：根据京津冀地区相关年份各省市统计年鉴数据计算得出。

从京津冀地区第三产业投资增速（见图3-6）来看，北京市第三产业投资保持了中低速的稳定增长；天津市第三产业投资2013~2014年增速一直较为稳定，并且保持了较高水平，从2015年第一季度开始，投资出现了进一步加速，说明天津市进一步加大了对第三产业的投资力度；而河北省第三产业投资则从2014年开始出现了较大幅度的降幅，直到2016年第一季度，河北省才又加大了对第三产业的投资力度。

表3-6 京津冀三省市的第三产业投资增长速度

单位：%

省市	2013年1~12月	2014年1~3月	2014年1~6月	2014年1~9月	2014年1~12月	2015年1~3月	2015年1~6月	2015年1~9月	2015年1~12月	2016年1~6月
北京	9.0	9.8	8.3	7.6	9.5	7.2	11.2	8.7	7.8	6.7
天津	14.3	16.8	16.9	16.3	15.4	21.8	20.4	19.9	18.1	14.0
河北	18.5	21.9	12.5	11.7	10.5	3.3	5.8	6.0	6.5	11.8

数据来源：根据京津冀地区相关年份各省市统计年鉴数据计算得出。

整体分析，北京市第二产业发展正在趋缓，这与京津冀协同发展中，北京市产业外迁的大环境有关，北京市第三产业则保持了稳定发展速度；天津市第二产业和第三产业整体保持了高速增长态势，但从发展趋势来看，天津市对第三产业发展的重视程度正在逐步提高；河北省第二产业和第三产业发展均呈现加快态势，但从投资增速来看，河北省对第二产业的投资重视程度要高于第三产业，未来短期内的发展重点依然是第二产业。

三 京津冀内部产业分工与协作

产业结构的调整和变动，是改革开放以来推动地区经济增长的内在因素。由于资源禀赋和产业政策的影响，京津冀三省市在产业发展水平、产业效益、产业构成和工业布局等方面存在明显的差异。

京津冀一体化在于河北与京津的产业链空间优化分工。北京作为科技创新中心、金融中心、总部经济中心与文化中心，继续强化高端服务业发展态势，同时做大文化创意产业。天津定位于高科技产业基地、先进制造基地与商贸中心，除了加强高科技研发生产，为大型机、新一代运载火箭、特种飞行器、无人机、石油化工、电子信息提供技术支撑外，还应加快国际化港口、商贸物流休闲中心与北方经济中心的发展步伐。河北人均产出相对滞后与河北以钢铁等重化工业、医药、服装纺织、加工制造为龙头产业的既存产业发展模式高度相关，当前在重化工业产能过剩、环境约束趋紧的形势下，其产业结构调整和优化升级的紧迫性和必要性更为凸显。为了加快产业结构优化升级，需要向高新技术产业、新兴成长性产业、生产性服务业转型，淘汰高污染、高投入、落后产能和过剩产能，加快电子信息、新能源汽车、新材料、先进装备制造、生态、现代物流、旅游等产业的发展步伐。

2016 年以来，京津冀三地政府积极贯彻落实中央部署，启动并推进京津冀协同发展，产业、交通、生态一体化初见成效，优势互补、互利共赢、协调发展的趋势开始显现。

（一）产业方面：着力加强产业对接协作，创新发展、转型发展取得新进展

一是对接协作稳步推进，辐射转移初见成效。2016 年，北京搭建产业疏解合作平台 36 个，推进产业疏解项目 63 个；中关村企业在天津、河北累计设立分支机构 1832 个。天津、河北积极推进三地对接协作。天津加快推进未来科技城、京津产业新城等 12 个承接平台建设，全年引进北京项目 638 个。河北从京津引进资金 5757 亿元，占引进省外资金总量的 52%。

二是技术合作力度加大，研发投入较快增长。作为科技创新中心，北京对津冀的科技辐射力度不断加大。2016 年，北京输出到津冀的技术合同共 4575 项，同比增长 9.7%；输出到津冀的技术合同成交额 95.2 亿元，增长 17.8%。同时，三地加大科技研发投入力度，研发实力差距呈缩小趋势。2016 年，京津冀三地研发经费支出之比由 2015 年的 1∶0.36∶0.24 调整为 1∶0.37∶0.25。

三是产业结构继续优化，高端产业加快发展。2014 年，京津冀三地积极推进产业升级，高端产业发展态势良好。其中，北京高端产业引领特征明显。2016 年，规模以上工业中战略性新兴产业增加值同比增长 18.9%，对全市规模以上工业增长的贡献率达到 65.7%；金融业、信息服务业和科技服务业等高端服务业发展较快，3 个行业对全市经济增长的贡献率达到 50.6%。天津高端制造业贡献突出。2016 年，装备制造业产值对全市规模以上工业总产值增长的贡献率达到 42.6%。河北高端制造业发展势头较好。2016 年，规模以上装备制造业增加值增长 8.8%，占规模以上工业的 21.6%。

（二）交通方面：积极推进交通设施建设，构建互联互通交通体系取得新进展

一是交通一体化加快推进。2016 年，京津冀三地交通服务一体化进一步加强，北京与河北之间的公交线路达到 38 条，月客运总量突破 1600 万人次。同时，交通协作稳步推进，互联互通取得积极进展。2014 年末，京港澳高速河北段拓展工程全面完成，京昆高速涞水至北京西南六环段 75 公里“断头路”全面通车。

二是公路里程稳步增加。2016 年末，京津冀三地公路里程合计达到 25.7 万公里，比上年增加 0.46 万公里，增长 1.8%，增速高于全国 0.5 个百分点，占全国的比重为 4.7%。

（三）环境方面：联动开展大气污染治理，生态环境建设取得新进展

一是全面加强污染防治，空气质量有所提升。2016 年，京津冀三地全面加强污染防治工作。北京制定《北京市新增产业的禁止和限制目录》，限增量与优存量并举，全年关停退出一般制造业和污染企业 392 家；改造燃煤锅炉 6595 蒸吨，压减燃煤 280 万吨，淘汰老旧机动车 47.6 万辆，基本淘汰黄标车。天津和河北在淘汰黄标车及老旧汽车、关停污染企业、改造燃煤锅炉、加大高耗能产业限产力度等方面也做了大量工作。在京津冀三地共同努力下，空气质量有所提升。2016 年，京津冀地区细颗粒物（PM2.5）年均浓度降至 92 微克/米^3，比 2015 年下降 11.6%，空气质量年平均达标天数为 159 天。

二是积极实施水资源涵养项目。2016 年，京津冀三地加大生态环境建设力度，签署生态环境建设合作协议，完成 12 万亩京冀生态水源保护林、25 万亩张家口坝上地区退化林改造、森林防火和林业有害生物联防联治等一系列生态项目建设，积极开展生态环境信息共享，形成三地联手开展生态环境修复新局面。2016 年，北京森林覆盖率已超过 40%，天津森林覆盖率在 10%左右，河北森林覆盖率接近 30%。

第二节　京津冀地区产业集聚的演变

一　京津冀地区经济密度的演变

根据产业集聚的概念，产业集聚是指产业活动在空间上存在集中的现象，它既包括产业空间集聚现象又包括由于产业自身较高的市场集中度而形成的集中现象。因此，产业集聚与地区经济密度息息相关，我们用单位面积土地上的经济效益水平来定义经济密度。如果产业活动向某些地区集中，产业集聚水平自然就提高。因此，就某个区域而言，经济密度越高，产业集聚水平也越高。

为了解京津冀内部产业集聚情况，我们首先考察北京、天津和河北这三个地区内部的经济密度，以观察各省市内部产业集聚水平发生变化的情况。以省份为观测单元，用单位土地上的增加值来刻画一个地区内部的经济密度，这里的土地，是指各省市面积。从 2005 年到 2016 年，北京的经济密度由 4152.51 万元/公里^2 上升到 15173.248 万元/公里^2；天津的经济密度从 3066.79 万元/公里^2 增加到 14971.865 万元/公里^2，并于 2014 年首次超过北京，随后 2016 年又被北京反超；河北的经济密度则从 535.84 万元/公里^2 提高到 1685.7998 万元/公里^2（见表 3-7 和图 3-14）。

表 3-7 京津冀三省市的经济密度

单位：万元/公里^2

年份	北京	天津	河北
2005	4152. 51	3066. 79	535. 84
2006	4946. 69	3630. 85	615. 13
2007	6000. 30	4200. 49	734. 30
2008	6773. 09	5318. 86	857. 45
2009	7405. 62	6278. 46	901. 83
2010	8395. 79	7624. 44	1069. 76
2011	9750. 08	9367. 29	1283. 27
2012	10847. 35	10785. 39	1407. 57
2013	12065. 90	12028. 38	1499. 01
2014	12998. 23	13160. 31	1558. 33
2016	15173. 248	14971. 865	1685. 7998

数据来源：根据相应年份《北京市国民经济和社会发展统计公报》《天津市国民经济和社会发展统计公报》《河北省国民经济和社会发展统计公报》和《中国国土资源年鉴》中的原始数据计算得出。

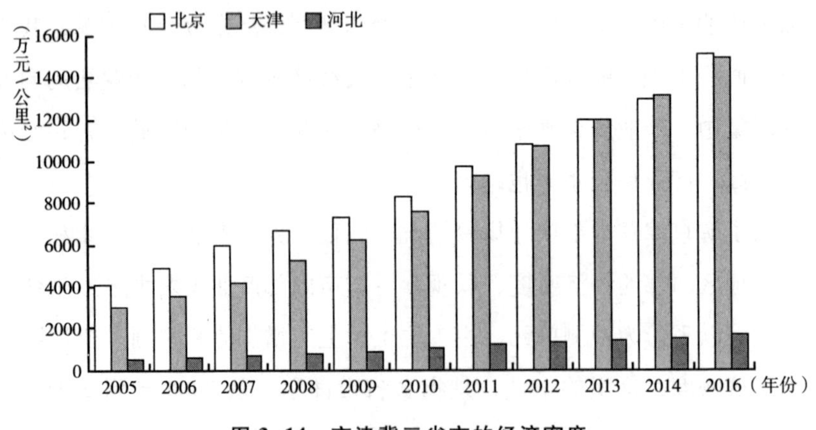

图 3-14 京津冀三省市的经济密度

京津冀地区作为一个整体，更重要的问题在于，2005~2016 年产业集聚水平发生了什么样的变化？为此，以地区间经济密度相对值的变化来考察这个问题。如果各地区间经济密度的差异在不断扩大，说明京津冀地区整体上的产业分布会更加不均匀，这意味着产业集聚；反之，如果各地区间经济密度的差异在缩小，则表明京津冀地区整体上的产业分布变得更均匀，这意味着产业扩散。

如表 3-8 和图 3-15 所示，北京和天津之间经济密度的比值逐渐下降直至平稳；北京和河北之间经济密度的比值处于波动状态，先上升后下降，再逐步上升，总体较平稳；天津和河北之间经济密度的比值逐渐增加。2005 年，北京和天津之间经济密度的比值为 1.3540，到 2016 年，这一数值下降为 1.0135，这说明北京和天津之间经济密度的差异在缩小，产业分布趋于均匀；2005~2016 年，北京与河北之间经济密度的比值从 7.7495 上升到 9.0006，类似地，天津与河北之间经济密度的比值则从 5.7233 增加到 8.8812。这说明北京与河北之间、天津与河北之间经济密度的差异在增大，这几个地区之间产业分布趋于不均匀，产业集聚水平提高。

表 3-8　京津冀三省市的经济密度比较

年份	北京/天津	北京/河北	天津/河北
2005	1.3540	7.7495	5.7233
2006	1.3624	8.0417	5.9026
2007	1.4285	8.1715	5.7204
2008	1.2734	7.8991	6.2031
2009	1.1795	8.2118	6.9619
2010	1.1012	7.8483	7.1272
2011	1.0409	7.5978	7.2995
2012	1.0057	7.7064	7.6624
2013	1.0031	8.0492	8.0242
2014	0.9877	8.3411	8.4451
2016	1.0135	9.0006	8.8812

从上述数据分析中可以看出，在考察阶段，京津冀各省市除了内部的产业集聚水平在提高外，北京与河北、天津与河北地区间的经济密度差距也在不断扩大。因此，从京津冀地区整个区域角度来看，产业活动的分布变得更加不均匀，也就是说，产业集聚水平在提高。整个地区内只有北京和天津之间的产业活动分布趋于均匀。

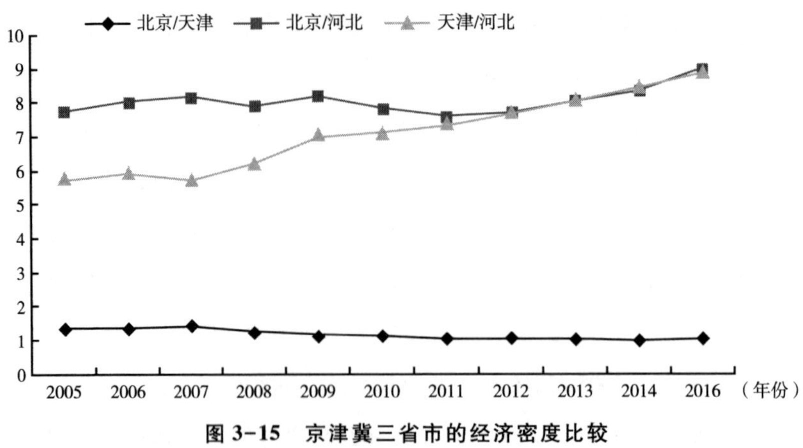

图 3-15　京津冀三省市的经济密度比较

二　京津冀地区工业总体集聚程度的演变

在分析京津冀地区工业总体集聚程度之前，我们首先引入一个评价指标，即空间基尼系数。在计算某个区域或者省份产业分布的空间基尼系数时，通常使用 G_{si} 指数（见第一章第二节第一小节第四部分）进行计算。

根据北京、天津以及河北工业产值分别占京津冀地区工业总产值的份额，我们便可以计算出京津冀地区 2004～2016 年的工业基尼系数。如表 3-9 和图 3-16 所示，2004～2016 年京津冀地区工业总体的集聚程度有一定提高，工业基尼系数从 2004 年的 0.2180847 提高到 2016 年的 0.2789016。2008 年以前的基尼系数上升速度较快，说明工业集聚程度上升；2008～2011 年工业集聚程度变化不大，先下降后回升；2011～2016 年工业集聚程度有所下降。

表 3-9　京津冀三省市工业份额及工业基尼系数

年份	工业产值(亿元)			工业产值占京津冀地区的份额			工业基尼系数
	北京	天津	河北	北京	天津	河北	
2004	1554.7	1549.67	3812.3	0.224775795	0.224048567	0.551175638	0.2180847
2005	1707.0	1957.95	4704.7	0.203951181	0.233934513	0.562114306	0.2387754

续表

年份	工业产值(亿元)			工业产值占京津冀地区的份额			工业基尼系数
	北京	天津	河北	北京	天津	河北	
2006	1821.8	2261.52	5486.1	0.190377264	0.236327803	0.573294933	0.2552784
2007	2082.8	2661.87	6515.2	0.184975493	0.236403262	0.578621245	0.2624305
2008	2131.7	3418.87	7892.3	0.158574769	0.254325899	0.587099332	0.2856830
2009	2303.1	3622.11	7983.5	0.165586888	0.260420269	0.573992843	0.2722706
2010	2764.0	4410.85	9554.7	0.165216638	0.263656225	0.571127137	0.2706070
2011	3048.8	5430.84	11770.0	0.150560701	0.268194398	0.581244901	0.2871228
2012	3294.3	6123.06	12511.5	0.150226688	0.279223817	0.570549495	0.2802152
2013	3536.9	6678.6	13194.1	0.151087588	0.285293213	0.563619199	0.2750211
2016	3884.9	7083.39	13194.4	0.16078094	0.293154032	0.546065028	0.2789016

数据来源：根据相应年份《北京统计年鉴》《天津统计年鉴》和《河北经济年鉴》中的数据计算而得。

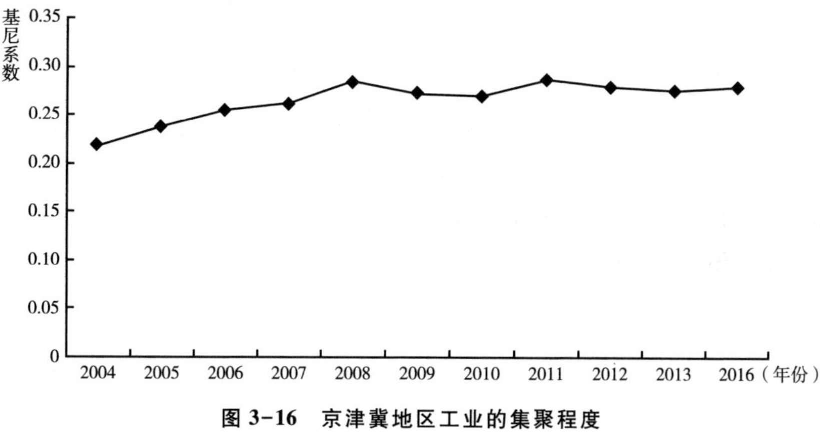

图 3-16　京津冀地区工业的集聚程度

下面考察京津冀三省市工业份额的变化情况。由表 3-10 可以看出，京津冀地区有 1 个直辖市的工业份额上升，2 个省市的工业份额下降。天津的工业份额上升幅度较大，增加了 6.91 个百分点；河北的工业份额有一定程度的下降，略降了 0.51 个百分点，但结合表 3-9 可以看出，河北的工业份额总体是比较平稳的，呈先上升后下降变化趋势；而北京的工业份额是下降的，减少了 6.40 个百分点。总体来看，2004～2016

年，京津冀工业集聚程度的提高实质上表现为天津工业份额的上升和北京工业份额的下降。

表 3-10 2004 年和 2016 年京津冀三省市的工业份额及其变化

省市	工业份额		工业份额的变化
	2004 年	2016 年	
河北	0.551175638	0.546065028	-0.005110610
北京	0.224775795	0.160780940	-0.063994855
天津	0.224048567	0.293154032	0.069105465

数据来源：根据相应年份《北京统计年鉴》《天津统计年鉴》和《河北经济年鉴》中的数据计算而得。

三 京津冀地区工业细分行业集聚的演变

为了更加深入地考察 2004～2013 年京津冀地区的产业集聚情况，现对各行业集聚或扩散的状况进行比较详细的考察。在此以各省市工业销售产值（见表 3-11）为参考依据，计算出 2004 年和 2013 年各行业的基尼系数。根据表 3-12 所列的数据，我们从产业的集聚程度以及 2004～2013 年集聚或扩散的情况两个维度，将 40 个工业行业划分为 4 个类型，进而分类做出分析。

我们将 40 个行业分为两个部分，集聚度高于平均水平的行业，称为较高集聚度行业，如果低于平均水平，则将这部分行业称为较低集聚度行业，这里以基尼系数来衡量集聚程度，一个行业的集聚程度用该行业 2004 年和 2013 年基尼系数的平均值来代表；我们将 2004～2013 年集聚程度上升的行业称为集聚行业，反之，将集聚程度下降的行业称为扩散行业。通过以上两个维度的划分方法，把 40 个行业分成了四类：较高集聚度且集聚的行业（我们以 GJ 表示）；较高集聚度但扩散的行业（我们以 GK 表示）；较低集聚度但集聚的行业（我们以 DJ 表示）；较低集聚度且扩散的行业（我们以 DK 表示）。分类完成后，结果详见表 3-13。

表 3-11　2004 年和 2013 年京津冀地区工业各行业的销售产值（当年价格）

单位：亿元

行业	2004 年工业销售产值			2013 年工业销售产值		
	北京	天津	河北	北京	天津	河北
煤炭开采和洗选业	105.3871	21.9169	208.7600	713.7701	1647.6442	2083.0400
石油和天然气开采业	0.0000	287.4892	175.7000	0.0000	1267.7424	295.7500
黑色金属矿采选业	10.1291	0.0000	73.4700	165.5223	91.3562	2682.2800
有色金属矿采选业	0.0000	34.2165	1.1100	0.0000	0.0000	52.4100
非金属矿采选业	0.9753	7.9140	9.6600	2.2900	11.7417	105.5900
其他采矿业	0.0000	0.0000	0.0000	205.4978	105.2870	0.0000
农副食品加工业	116.8126	133.2153	154.6100	373.6911	785.4986	2087.8100
食品制造业	95.7971	61.2263	117.2300	249.5052	1078.3484	836.5500
酒、饮料和精制茶制造业	88.1981	54.1243	52.8300	208.5668	188.1528	441.6400
烟草制品业	15.0786	9.3709	45.3200	0.0000	0.0000	164.0200
纺织业	52.2472	78.2230	138.1100	34.1508	102.4543	1622.2100
纺织服装、服饰业	56.2224	77.1148	33.2100	136.6547	313.2863	396.0600
皮革、毛皮、羽毛及其制品和制鞋业	4.0334	28.2838	97.0500	12.1499	54.4523	1145.7000
木材加工和木、竹、藤、棕、草制品业	10.1684	16.3037	9.3600	13.3251	16.6855	228.9600
家具制造业	20.6987	33.4787	3.9700	75.3136	87.8273	191.2500
造纸和纸制品业	30.7878	43.0258	55.5700	63.1222	208.3388	491.5100
印刷和记录媒介复制业	65.8638	13.2887	13.6000	123.2828	80.5312	279.3400
文教、工美、体育和娱乐用品制造业	11.1880	24.8893	20.0000	87.6606	348.2598	267.8000
石油加工、炼焦和核燃料加工业	287.4543	233.6126	296.5800	769.1912	1375.7020	2170.0900

续表

行业	2004 年工业销售产值			2013 年工业销售产值		
	北京	天津	河北	北京	天津	河北
化学原料和化学制品制造业	369.5183	376.2488	283.1800	345.4485	1344.2508	2312.2200
医药制造业	118.1476	168.2723	196.5200	593.0381	512.5013	835.8400
化学纤维制造业	1.9961	9.6278	29.7400	0.0000	16.4854	76.3500
橡胶和塑料制品业	55.7644	119.9011	72.8100	110.1689	450.5521	1084.6800
非金属矿物制品业	148.7980	78.9781	143.2000	489.6068	340.1454	1885.6900
黑色金属冶炼和压延加工业	384.2747	732.3516	1992.0300	150.7738	4491.9464	11570.6500
有色金属冶炼和压延加工业	31.1767	87.9500	38.8200	67.1899	942.2608	557.0100
金属制品业	90.6071	226.3300	67.0900	302.8197	1220.9770	2399.9700
通用设备制造业	162.9720	172.8800	62.7800	509.3111	1010.8182	1209.0700
专用设备制造业	170.2253	82.9900	113.3900	600.1527	1084.9519	1279.1300
汽车制造业	0.0000	0.0000	0.0000	3237.1928	1777.8831	1821.1200
铁路、船舶、航空航天和其他运输设备制造业	692.0777	419.7100	187.5600	254.5368	766.9491	439.9700
电气机械和器材制造业	179.8259	257.4200	89.3600	698.9658	965.6839	1714.2200
计算机、通信和其他电子设备制造业	1193.9516	1349.0400	21.7000	2173.5141	3032.7039	387.4400
仪器仪表制造业	110.5965	48.3800	5.4500	243.8715	74.4247	79.8400
其他制造业	0.0000	26.6000	3.6400	64.2080	92.5607	32.5200
废弃资源综合利用业	7.3590	1.9100	0.0000	7.5706	231.1747	72.3300
金属制品、机械和设备修理业	0.0000	0.0000	0.0000	36.2526	13.9993	34.2000
电力、热力生产和供应业	357.0961	114.7200	823.4200	3737.8691	754.5656	2852.8500
燃气生产和供应业	37.2834	11.1900	5.6200	232.0444	97.4425	119.2600
水的生产和供应业	28.1316	8.2700	7.9400	42.0000	43.9420	34.5400

数据来源：相应年份《北京统计年鉴》《天津统计年鉴》和《河北经济年鉴》。

表 3-12 京津冀地区工业各行业的基尼系数

行业	2004 年	2013 年	增长	增长幅度	均值
煤炭开采和洗选业	0. 370649837	0. 205390039	-0. 165259798	-0. 445865023	0. 288019938
石油和天然气开采业	0. 413782244	0. 540560112	0. 126777868	0. 306387888	0. 477171178
黑色金属矿采选业	0. 585891475	0. 587679278	0. 001787803	0. 003051423	0. 586785377
有色金属矿采选业	0. 645719219	0. 666666667	0. 020947448	0. 032440490	0. 656192943
非金属矿采选业	0. 312130377	0. 575703939	0. 263573562	0. 844434190	0. 443917158
其他采矿业		0. 440814766			
农副食品加工业	0. 062273620	0. 351939035	0. 289665415	4. 651494726	0. 207106328
食品制造业	0. 136136143	0. 255295332	0. 119159189	0. 875294293	0. 195715738
酒、饮料和精制茶制造业	0. 120822154	0. 201574054	0. 080751900	0. 668353421	0. 161198104
烟草制品业	0. 343503489	0. 666666667	0. 323163178	0. 940785722	0. 505085078
纺织业	0. 213127649	0. 601942824	0. 388815175	1. 824330052	0. 407535237
纺织服装、服饰业	0. 175745174	0. 204416858	0. 028671684	0. 163143507	0. 190081016
皮革、毛皮、羽毛及其制品和制鞋业	0. 479341492	0. 623359531	0. 144018039	0. 300449766	0. 551350512
木材加工和木、竹、藤、棕、草制品业	0. 129189563	0. 555107757	0. 425918194	3. 296846774	0. 342148660
家具制造业	0. 338320659	0. 218095135	-0. 120225524	-0. 355359689	0. 278207897
造纸和纸制品业	0. 127693670	0. 374315499	0. 246621829	1. 931355164	0. 251004585
印刷和记录媒介复制业	0. 377888107	0. 274320806	-0. 103567301	-0. 274068697	0. 326104457
文教、工美、体育和娱乐用品制造业	0. 162885874	0. 246877585	0. 083991711	0. 515647606	0. 204881730
石油加工、炼焦和核燃料加工业	0. 051340336	0. 216439438	0. 165099102	3. 215777591	0. 133889887
化学原料和化学制品制造业	0. 060300347	0. 327638044	0. 267337697	4. 433435466	0. 193969196
医药制造业	0. 108187927	0. 111034007	0. 002846080	0. 026306817	0. 109610967
化学纤维制造业	0. 447151582	0. 548282169	0. 101130587	0. 226166229	0. 497716876
橡胶和塑料制品业	0. 172080547	0. 394842424	0. 222761877	1. 294520972	0. 283461486
非金属矿物制品业	0. 125470617	0. 379445805	0. 253975188	2. 024180594	0. 252458211
黑色金属冶炼和压延加工业	0. 344791049	0. 469566211	0. 124775162	0. 361886315	0. 407178630

续表

行业	2004 年	2013 年	增长	增长幅度	均值
有色金属冶炼和压延加工业	0.239630626	0.372419552	0.132788926	0.554140046	0.306025089
金属制品业	0.276438824	0.356315835	0.079877011	0.288950046	0.316377330
通用设备制造业	0.184129724	0.170931430	-0.013198294	-0.071679323	0.177530577
专用设备制造业	0.158636186	0.152704356	-0.005931830	-0.037392667	0.155670271
汽车制造业		0.142312063			
铁路、船舶、航空航天和其他运输设备制造业	0.258856912	0.233745137	-0.025111775	-0.097010255	0.246301025
电气机械和器材制造业	0.212758725	0.200314366	-0.012444359	-0.058490476	0.206536546
计算机、通信和其他电子设备制造业	0.345029139	0.315269414	-0.029759725	-0.086252787	0.330149277
仪器仪表制造业	0.426316115	0.283733410	-0.142582705	-0.334453003	0.355024763
其他制造业	0.586419753	0.211460720	-0.374959033	-0.639403825	0.398940237
废弃资源综合利用业	0.529291186	0.479206880	-0.050084306	-0.094625241	0.504249033
金属制品、机械和设备修理业		0.175668500			
电力、热力生产和供应业	0.364772621	0.270768128	-0.094004493	-0.257707096	0.317770375
燃气生产和供应业	0.390231217	0.199967059	-0.190264158	-0.487567754	0.295099138
水的生产和供应业	0.303576476	0.051915188	-0.251661288	-0.828988106	0.177745832

注：平均基尼系数为各行业 2004 年和 2013 年基尼系数的算术平均值。

由表 3-13 可以看出，较高集聚度的行业和较低集聚度的行业分别有 20 个；集聚的行业相对于扩散的行业占比更大，集聚的行业共有 26 个，占比为 65%，扩散的行业共有 14 个，占比为 35%。下面，我们对这四类行业中集聚或扩散幅度较大的行业在空间上的变动情况做具体分析。

表 3-13　四类行业的集聚情况（基尼系数）

类型	行业	2004 年	2013 年	增长	均值
较高集聚度且集聚（GJ）	石油和天然气开采业	0.413782244	0.540560112	0.126777868	0.477171178
	黑色金属矿采选业	0.585891475	0.587679278	0.001787803	0.586785377
	有色金属矿采选业	0.645719219	0.666666667	0.020947448	0.656192943
	非金属矿采选业	0.312130377	0.575703939	0.263573562	0.443917158
	其他采矿业		0.440814766		
	烟草制品业	0.343503489	0.666666667	0.323163178	0.505085078
	纺织业	0.213127649	0.601942824	0.388815175	0.407535237
	皮革、毛皮、羽毛及其制品和制鞋业	0.479341492	0.623359531	0.144018039	0.551350512
	木材加工和木、竹、藤、棕、草制品业	0.129189563	0.555107757	0.425918194	0.342148660
	化学纤维制造业	0.447151582	0.548282169	0.101130587	0.497716876
	黑色金属冶炼和压延加工业	0.344791049	0.469566211	0.124775162	0.407178630
	有色金属冶炼和压延加工业	0.239630626	0.372419552	0.132788926	0.306025089
	金属制品业	0.276438824	0.356315835	0.079877011	0.316377330
较高集聚度但扩散（GK）	煤炭开采和洗选业	0.370649837	0.205390039	-0.165259798	0.288019938
	印刷和记录媒介复制业	0.377888107	0.274320806	-0.103567301	0.326104457
	计算机、通信和其他电子设备制造业	0.345029139	0.315269414	-0.029759725	0.330149277
	仪器仪表制造业	0.426316115	0.283733410	-0.142582705	0.355024763
	其他制造业	0.586419753	0.211460720	-0.374959033	0.398940237
	废弃资源综合利用业	0.529291186	0.479206880	-0.050084305	0.504249033
	电力、热力生产和供应业	0.364772621	0.270768128	-0.094004493	0.317770375

续表

类型	行业	2004 年	2013 年	增长	平均
较低集聚度但集聚（DJ）	农副食品加工业	0.062273620	0.351939035	0.289665415	0.207106328
	食品制造业	0.136136143	0.255295332	0.119159189	0.195715738
	酒、饮料和精制茶制造业	0.120822154	0.201574054	0.080751900	0.161198104
	纺织服装、服饰业	0.175745174	0.204416858	0.028671684	0.190081016
	造纸和纸制品业	0.127693670	0.374315499	0.246621829	0.251004585
	文教、工美、体育和娱乐用品制造业	0.162885874	0.246877585	0.083991711	0.204881730
	石油加工、炼焦和核燃料加工业	0.051340336	0.216439438	0.165099102	0.133889887
	化学原料和化学制品制造业	0.060300347	0.327638044	0.267337697	0.193969196
	医药制造业	0.108187927	0.111034007	0.002846080	0.109610967
	橡胶和塑料制品业	0.172080547	0.394842424	0.222761877	0.283461486
	非金属矿物制品业	0.125470617	0.379445805	0.253975188	0.252458211
	汽车制造业		0.142312063		
	金属制品、机械和设备修理业		0.175668500		
较低集聚度且扩散（DK）	家具制造业	0.338320659	0.218095135	-0.120225524	0.278207897
	通用设备制造业	0.184129724	0.170931430	-0.013198294	0.177530577
	专用设备制造业	0.158636186	0.152704356	-0.005931830	0.155670271
	铁路、船舶、航空航天和其他运输设备制造业	0.258856912	0.233745137	-0.025111775	0.246301025
	电气机械和器材制造业	0.212758725	0.200314366	-0.012444359	0.206536546
	燃气生产和供应业	0.390231217	0.199967059	-0.190264158	0.295099138
	水的生产和供应业	0.303576476	0.051915188	-0.251661288	0.177745832

（一）较高集聚度、集聚的行业

具有较高集聚度、集聚的行业共有 13 个。其中，集聚程度增长幅度最大的前 6 个行业分别是：木材加工和木、竹、藤、棕、草制品业，纺织业，烟草制品业，非金属矿采选业，有色金属冶炼和压延加工业，黑色金属冶炼和压延加工业。下面我们对其中的部分行业分别进行考察。

木材加工和木、竹、藤、棕、草制品业的基尼系数 2013 年比 2004 年增长了 329.7%。2004~2013 年木材加工和木、竹、藤、棕、草制品业空间分布变化的主要特征是，总体上在京津冀地区有大幅度集聚程度提升，但内部产业活动变化情况大相径庭。河北省木材加工和木、竹、藤、棕、草制品业产值占全国的份额有较大幅度提升，在京津冀地区由 2004 年排名第三位跃居为 2013 年排名第一位，带动了整个京津冀地区该产业的集聚，而北京和天津的份额都有较大幅度下降，致使京津冀地区木材加工和木、竹、藤、棕、草制品业的总份额有所下降，由 2004 年占全国的 2.95%下降至 2016 年占全国的 2.15%。其中，天津的下降幅度较大（详见表 3-14）。

表 3-14　木材加工和木、竹、藤、棕、草制品业的分布状况

省市	份额		份额的变化
	2004 年	2013 年	
天津	0.013410184	0.001387927	-0.012022259
北京	0.008363753	0.001108402	-0.007255351
河北	0.007698825	0.019045242	0.011346417
合计	0.029472762	0.021541571	-0.007931191

数据来源：根据相应年份《中国统计年鉴》《北京统计年鉴》《天津统计年鉴》和《河北经济年鉴》中的原始数据计算而得。

纺织业 2013 年的基尼系数比 2004 年增长了 182.4%。产业活动的空间分布特征是，总体上，京津冀地区纺织业产值占全国的比重大幅上升，从 2004 年的 2.87%上升到 2013 年的 4.86%，上升幅度为 1.99 个百分点；局部地区来看，河北纺织业的份额最大，上升幅度也最大，2013 年占京津冀地区的比重达到 92.23%。天津和北京的份额较小，且在 2004~2013 年，份额均有较大幅度下降（详见表 3-15）。由此可见，京津冀地区纺织业主要在河北集聚，在北京和天津扩散。

表 3-15　纺织业的分布状况

省市	份额		份额的变化
	2004 年	2013 年	
河北	0.014776180	0.044861258	0.030085078
天津	0.008368960	0.002833313	-0.005535647
北京	0.005589849	0.000944420	-0.004645429
合计	0.028734989	0.048638991	0.019904002

数据来源：根据相应年份《中国统计年鉴》《北京统计年鉴》《天津统计年鉴》和《河北经济年鉴》中的原始数据计算而得。

非金属矿采选业 2013 年的基尼系数比 2004 年增长了 84.44%。该产业在京津冀地区的集聚情况是，总体份额略有下降，由 2004 年的 3.12%下降为 2013 年的 2.48%；河北非金属矿采选业的份额由 2004 年的 1.63%上升到 2013 年的 2.19%，这是带动该行业在京津冀地区集聚程度上升的主要动因。北京和天津非金属矿采选业的份额均为下降，其中天津的份额下降幅度较大（详见表 3-16）。因此，非金属矿采选业在京津冀地区的集聚表现为在河北逐步集中。

表 3-16　非金属矿采选业的分布状况

省市	份额		份额的变化
	2004 年	2013 年	
河北	0.016273859	0.021861872	0.005588013
天津	0.013332435	0.002431053	-0.010901382
北京	0.001643053	0.000474133	-0.001168920
合计	0.031249347	0.024767058	-0.006482289

数据来源：根据相应年份《中国统计年鉴》《北京统计年鉴》《天津统计年鉴》和《河北经济年鉴》中的原始数据计算而得。

有色金属冶炼和压延加工业的基尼系数 2013 年比 2004 年增长了 55.41%。有色金属冶炼和压延加工业在京津冀地区主要集中在天津，

2004 年天津该产业产值占京津冀地区的比重为 55.68%，2013 年上升到 60.15%。天津有色金属冶炼和压延加工业产值占全国的比重也由 2004 年的 1.64%上升至 2013 年的 2.02%，增幅为 0.39 个百分点；河北有色金属冶炼和压延加工业的产值仅次于天津，在 2004~2013 年，其份额上升幅度较大，由 2004 年的 0.72%增加到了 2013 年的 1.20%，增幅达 0.47 个百分点；北京有色金属冶炼和压延加工业的份额则有一定程度下降（详见表 3-17）。由此可见，有色金属冶炼和压延加工业在京津冀地区的产业活动向天津、河北集聚，特别是在河北有加速集聚的趋势。

表 3-17　有色金属冶炼和压延加工业的分布状况

省市	份额		份额的变化
	2004 年	2013 年	
天津	0.016363552	0.020247867	0.003884315
河北	0.007222662	0.011969366	0.004746704
北京	0.005800586	0.001443817	-0.004356769
合计	0.029386800	0.033661050	0.004274250

数据来源：根据相应年份《中国统计年鉴》《北京统计年鉴》《天津统计年鉴》和《河北经济年鉴》中的原始数据计算而得。

黑色金属冶炼和压延加工业的基尼系数 2013 年相对于 2004 年增长了 36.19%。京津冀地区黑色金属冶炼和压延加工业的主要产地为河北，河北黑色金属冶炼和压延加工业的份额 2004 年为 12.52%，2013 年为 15.16%，在京津冀地区的比重由 64.08%进一步上升到 71.36%。天津的份额也有一定的增长，占全国的比重增加了 1.28 个百分点，且增速比河北高，2013 年相对于 2004 年增长了 27.85%，缩小了与河北的差距。北京的份额下降较多，减少了 2.22 个百分点，在京津冀地区的份额进一步减小（详见表 3-18）。

表 3-18 黑色金属冶炼和压延加工业的分布状况

省市	份额		份额的变化
	2004 年	2013 年	
河北	0. 125228750	0. 151613148	0. 026384398
天津	0. 046039204	0. 058859108	0. 012819904
北京	0. 024157387	0. 001975627	-0. 022181760
合计	0. 195425341	0. 212447883	0. 017022542

数据来源：根据相应年份《中国统计年鉴》《北京统计年鉴》《天津统计年鉴》和《河北经济年鉴》中的原始数据计算而得。

（二）较高集聚度、扩散的行业

具有较高集聚度且扩散的行业共有 7 个，其中基尼系数降幅较大的 5 个行业是：其他制造业、煤炭开采和洗选业、仪器仪表制造业、印刷和记录媒介复制业以及电力、热力生产和供应业。下面，我们对其中的部分行业分别加以考察。

对于煤炭开采和洗选业，2013 年的基尼系数比 2004 年下降了 44. 59%。河北该行业占全国的份额在京津冀地区中排名第一位，且 2013 年比 2004 年比重略有上升；北京的份额有所下降，从京津冀地区的第二名下降到第三名；天津该行业占全国的份额提升幅度较大，由 0. 57%上升到 5. 08%（详见表 3-19）这使得煤炭开采和洗选业在京津冀地区的格局趋于均匀，是行业扩散即基尼系数下降的主要原因。

表 3-19 煤炭开采和洗选业的分布状况

省市	份额		份额的变化
	2004 年	2013 年	
河北	0. 054109816	0. 064281974	0. 010172158
北京	0. 027315945	0. 022026726	-0. 005289219
天津	0. 005680779	0. 050845792	0. 045165013
合计	0. 087106540	0. 137154492	0. 050047952

数据来源：根据相应年份《中国统计年鉴》《北京统计年鉴》《天津统计年鉴》和《河北经济年鉴》中的原始数据计算而得。

仪器仪表制造业的基尼系数2013年比2004年下降了33.45%。2004~2013年，北京该产业在京津冀地区中持续排名第一，但份额有所下降，河北的份额大幅上升，天津的份额大幅下降，北京、天津与河北该行业的差距持续缩小（详见表3-20），仪器仪表制造业在京津冀地区的分布趋于均匀。

表3-20　仪器仪表制造业的分布状况

省市	份额		工业份额的变化
	2004年	2013年	
北京	0.052521691	0.031746330	-0.020775361
天津	0.022975405	0.009688341	-0.013287064
河北	0.002588176	0.010393289	0.007805113
合计	0.078085272	0.051827960	-0.026257312

数据来源：根据相应年份《中国统计年鉴》《北京统计年鉴》《天津统计年鉴》和《河北经济年鉴》中的原始数据计算而得。

印刷和记录媒介复制业2013年的基尼系数比2004年下降了27.41%。河北该产业的份额有较大幅度上升，河北一跃成为2013年京津冀地区的第一位；天津的份额略有上升，北京的份额降幅较大（详见表3-21），三个省市之间的差距在缩小。

表3-21　印刷和记录媒介复制业的分布状况

省市	份额		份额的变化
	2004年	2013年	
北京	0.057897661	0.023299151	-0.034598510
河北	0.011955098	0.052792319	0.040837221
天津	0.011681449	0.015219553	0.003538104
合计	0.081534208	0.091311023	0.009776815

数据来源：根据相应年份《中国统计年鉴》《北京统计年鉴》《天津统计年鉴》和《河北经济年鉴》中的原始数据计算而得。

电力、热力生产和供应业的基尼系数2013年相对于2004年下降了25.77%。该行业在京津冀的布局是北京的比重逐渐增大，天津的份额有所上升，河北的份额下降，三个地区之间的差距缩小（详见表 3-22）。这主要与北京和天津在此期间的城市规模快速扩张有关。

表 3-22 电力、热力生产和供应业的分布状况

省市	份额		份额的变化
	2004 年	2013 年	
河北	0.060711294	0.052035530	-0.008675764
北京	0.026328929	0.068178137	0.041849208
天津	0.008458381	0.013763157	0.005304776
合计	0.095498604	0.133976824	0.038478220

数据来源：根据相应年份《中国统计年鉴》《北京统计年鉴》《天津统计年鉴》和《河北经济年鉴》中的原始数据计算而得。

（三）较低集聚度、集聚的行业

集聚度较低但出现集聚趋势的行业有 13 个，其中基尼系数增长幅度较大的行业为：农副食品加工业，化学原料和化学制品制造业，石油加工、炼焦和核燃料加工业，非金属矿物制品业，造纸和纸制品业以及橡胶和塑料制品业。下面我们分别加以考察。

农副食品加工业 2013 年的基尼系数比 2004 年增长了 465.15%。2004~2013 年，农副食品加工业在京津冀地区的分布格局没有大的变化，河北的份额依然第一，且有进一步上升趋势，北京和天津该产业份额有所下降。京津冀地区的总份额略有提升（详见表 3-23）。

表 3-23 农副食品加工业的分布状况

省市	份额		份额的变化
	2004 年	2013 年	
河北	0.019793956	0.035090942	0.015296986
天津	0.017054898	0.013202296	-0.003852602
北京	0.014954942	0.006280827	-0.008674115
合计	0.051803796	0.054574065	0.002770269

数据来源：根据相应年份《中国统计年鉴》《北京统计年鉴》《天津统计年鉴》和《河北经济年鉴》中的原始数据计算而得。

化学原料和化学制品制造业 2013 年的基尼系数比 2004 年增长了 443.34%。该行业 2004~2013 年主要向沿海地区集聚，天津和河北占京津冀地区的比重之和增加。河北的全国份额上升较快，从京津冀地区的第三位上升到第一位，天津的全国份额有所下降，北京的全国份额有较大幅度下降（详见表 3-24）。

表 3-24　化学原料和化学制品制造业的分布状况

省市	份额		份额的变化
	2004 年	2013 年	
天津	0.031398181	0.017611094	-0.013787087
北京	0.030836517	0.004525737	-0.026310780
河北	0.023631536	0.030292506	0.006660970
合计	0.085866234	0.052429337	-0.033436897

数据来源：根据相应年份《中国统计年鉴》《北京统计年鉴》《天津统计年鉴》和《河北经济年鉴》中的原始数据计算而得。

石油加工、炼焦和核燃料加工业的基尼系数 2013 年相对于 2004 年增长了 321.58%。该行业京津冀地区的总份额由 9.47%增加到 10.61%。该行业也是向沿海地区集聚，河北与天津在京津冀地区的比重之和逐渐上升，河北上升较快，北京有较大幅度下降（详见表 3-25），这与北京的定位相吻合。

表 3-25　石油加工、炼焦和核燃料加工业的分布状况

省市	份额		份额的变化
	2004 年	2013 年	
河北	0.034332588	0.053345680	0.019013092
北京	0.033276182	0.018908445	-0.014367737
天津	0.027043378	0.033817840	0.006774462
合计	0.094652148	0.106071965	0.011419817

数据来源：根据相应年份《中国统计年鉴》《北京统计年鉴》《天津统计年鉴》和《河北经济年鉴》中的原始数据计算而得。

非金属矿物制品业 2013 年的基尼系数相对于 2004 年增长了 202.42%。2004 年该行业在京津冀地区分布较为均衡，北京的份额排名京津冀第一，经过 10 年的发展，该行业逐步向河北集聚，2013 年河北排名京津冀第一，北京和天津的份额均有较大幅度下降，京津冀地区的总份额略有下降（详见表 3-26）。

表 3-26 非金属矿物制品业的分布状况

省市	份额		份额的变化
	2004 年	2013 年	
北京	0. 021481244	0. 009546918	-0. 011934326
河北	0. 020673088	0. 036769357	0. 016096269
天津	0. 011401684	0. 006632546	-0. 004769138
合计	0. 053556016	0. 052948821	-0. 000607195

数据来源：根据相应年份《中国统计年鉴》《北京统计年鉴》《天津统计年鉴》和《河北经济年鉴》中的原始数据计算而得。

对于造纸和纸制品业，2013 年的基尼系数比 2004 年上升了 193. 14%。该行业 2004 年在京津冀地区分布较为均衡，经过十年发展，主要集中在河北和天津，京津冀地区的总份额有所上升。十年之中三省市排名不变，河北在十年间持续保持京津冀地区第一位，并且份额有较大涨幅，天津的份额略有上升，北京的份额大幅下降（详见表 3-27）。该行业在京津冀地区的分布由均衡逐渐向不均衡发展。

表 3-27 造纸和纸制品业的分布状况

省市	份额		份额的变化
	2004 年	2013 年	
河北	0. 018594737	0. 036484956	0. 017890219
天津	0. 014397219	0. 015465060	0. 001067841
北京	0. 010302160	0. 004685583	-0. 005616577
合计	0. 043294116	0. 056635599	0. 013341483

数据来源：根据相应年份《中国统计年鉴》《北京统计年鉴》《天津统计年鉴》和《河北经济年鉴》中的原始数据计算而得。

橡胶和塑料制品业 2013 年的基尼系数比 2004 年增长了 129. 45%。该行业在京津冀地区的分布也是由较均匀变为不均匀，且经过 10 年的发展，主要集中在河北和天津。其中，河北的份额涨幅较大，增长

2.58个百分点，2013年排名京津冀地区第一位，天津和北京的份额都略有下降，京津冀地区的总份额由2004年的4.75%增加到2013年的6.02%（详见表3-28）。

表3-28　橡胶和塑料制品业的分布状况

省市	工业份额		工业份额的变化
	2004年	2013年	
天津	0.022926824	0.016497320	-0.006429504
河北	0.013922325	0.039716418	0.025794093
北京	0.010662960	0.004033922	-0.006629038
合计	0.047512109	0.060247660	0.012735551

数据来源：根据相应年份《中国统计年鉴》《北京统计年鉴》《天津统计年鉴》和《河北经济年鉴》中的原始数据计算而得。

（四）较低集聚度、扩散的行业

集聚度较低且进一步扩散的行业有7个，其中，扩散幅度较大的行业有：水的生产和供应业、燃气生产和供应业、家具制造业以及铁路、船舶、航空航天和其他运输设备制造业。

水的生产和供应业2013年的基尼系数比2004年下降了82.90%。该行业在京津冀地区的份额之和由2004年的9.48%下降为2013年的8.32%。其中，北京的份额有较大下滑，天津的份额上升，河北的份额略有上升（详见表3-29）。该行业在京津冀地区的分布趋于均衡。

表3-29　水的生产和供应业的分布状况

省市	份额		份额的变化
	2004年	2013年	
北京	0.060137241	0.029111365	-0.031025876
天津	0.017678873	0.030274748	0.012595875
河北	0.016973428	0.023797057	0.006823629
合计	0.094789542	0.083183170	-0.011606372

数据来源：根据相应年份《中国统计年鉴》《北京统计年鉴》《天津统计年鉴》和《河北经济年鉴》中的原始数据计算而得。

燃气生产和供应业2013年的基尼系数比2004年下降了48.76%。北京2004年与2013年所占的份额在京津冀地区中均排名第一位，2004年为7.98%，2013年为5.61%。从2004~2013年份额的变化情况来看，河北的份额有较大幅度提升，而北京和天津的份额都有不同程度下降，北京燃气生产和供应业的份额下降幅度较大（详见表3-30），使北京、天津与河北相互之间的差距缩小，是导致该行业扩散的主要原因。

表3-30　燃气生产和供应业的分布状况

省市	份额		份额的变化
	2004年	2013年	
北京	0.079759119	0.056092729	-0.023666390
天津	0.023938389	0.023555045	-0.000383344
河北	0.012022676	0.028829047	0.016806371
合计	0.115720184	0.108476821	-0.007243363

数据来源：根据相应年份《中国统计年鉴》《北京统计年鉴》《天津统计年鉴》和《河北经济年鉴》中的原始数据计算而得。

家具制造业2013年的基尼系数比2004年下降了35.54%。该行业京津冀地区的总体份额有所下降。其中，天津和北京的份额下降幅度较大，而河北的份额上升幅度较大（详见表3-31）。产业布局改变后，家具制造业在京津冀地区的分布主要由集中在天津和北京，逐步向各省市扩散，地区间差异缩小。

表3-31　家具制造业的分布状况

省市	份额		份额的变化
	2004年	2013年	
天津	0.037109904	0.013589774	-0.023520130
北京	0.022943745	0.011653491	-0.011290254
河北	0.004400599	0.029592666	0.025192067
合计	0.064454248	0.054835931	-0.009618317

数据来源：根据相应年份《中国统计年鉴》《北京统计年鉴》《天津统计年鉴》和《河北经济年鉴》中的原始数据计算而得。

铁路、船舶、航空航天和其他运输设备制造业 2013 年的基尼系数较 2004 年下降了 9.70%。该行业总体上京津冀地区的份额有所下降，其中北京的份额下降幅度较大，由 2004 年的第一位下降为 2013 年的第三位，天津和河北的份额则均有不同程度上升（详见表 3-32）。该行业在京津冀内部的布局发生了较大变化，由 2004 年集中于北京，到 2013 年主要集中于天津，但总体分布有所扩散。

表 3-32　铁路、船舶、航空航天和其他运输设备制造业的分布状况

省市	份额		份额的变化
	2004 年	2013 年	
北京	0.052145226	0.015384403	-0.036760823
天津	0.031623433	0.046355001	0.014731568
河北	0.014131879	0.026592131	0.012460252
合计	0.097900538	0.088331535	-0.009569003

数据来源：根据相应年份《中国统计年鉴》《北京统计年鉴》《天津统计年鉴》和《河北经济年鉴》中的原始数据计算而得。

第三节　京津冀地区区域经济差距的动态变化

衡量地区经济差距的方法有很多种，第一章已做过详细的阐述。本部分我们将利用产业结构和人均收入间的动态变化关系，分析京津冀地区的区域经济差距变化情况。

产业结构的变化与收入差距的变动有密切关系。冯素杰（2008）就产业结构、收入分配和收入流向之间的关系进行了实证研究，发现收入分配与产业结构存在双向互动机制和内在累积循环效应。梁小萌（2007）指出产业结构升级短期内会导致收入差距扩大，但从长远发展趋势来看产业结构升级是经济发展的要求，必然伴随着资源配置的优化和产业分工的深化，从而提高效率并提升收入水平，最终有利于缩小收入差距。在城乡收入差距方面，产业机构升级也会在短期内扩大差距，而在长期内起到缩小差距的作用，即产业结构升级与城乡收入差距之间呈倒 U 形关系（郑万吉和叶阿忠，2015；穆怀中和吴鹏，2016）。根据国家统计局的统计资料，中国居民收入差距不断扩大的趋势出现调整，人均可支配收入的基尼系数从 2008 年的 0.491 逐步下降到 2016 年的 0.465，经济增速与基尼系数同时下降，这与产业结构调整有着密切联系（宋锦，2018）。总体而言，探究产业结构相似程度与收入差距的联动关系在实践中具有重要意义。

一　京津冀地区人均生产总值比较

作为产业空间不均衡分布和不合理分工的结果，京津冀地区经济发展失衡，主要表现为京津“中心”与冀“外围”地区之间的经济差距较大。表 3-33 列举了京津冀三省市的人均生产总值情况，从 1978 年的指标来看，北京的人均生产总值最高，达到 1257 元，天津和河北人均生产总值分别为 1133 元和 364 元；北京人均生产总值相当于河北的 3.45 倍。到 2013 年，天津成为人均生产总值最高的地区，达到 99607 元，三个省市的位次有所变化，北京下降到第二位，人均生产总值为 93213 元，河北仍然排名垫底，人均生产总值为 38716 元；天津人均生产总值相当于河北的 2.57 倍。但到 2017 年，京津冀三省市的人均生产总值排名又回到正常次序，人均生产总值最高的北京相当于最低的河北的 2.71 倍。虽然京津地区的人均生产总值排名中途偶尔有所变化，但京津冀地区经济发展的基本格局“发达的中心—欠发达的外围”没有实质性的变化。从总体上看，经济差距还是呈收敛趋势的（比值在降低）。

表 3-33　京津冀三省市人均生产总值（当年价格，1978~2017 年）

单位：元

省市	1978 年	1981 年	1986 年	1991 年	1996 年	2000 年	2004 年	2007 年	2010 年	2013 年	2017 年
北京	1257	1526	2836	5494	14254	24127	40916	60096	73856	93213	128994
天津	1133	1458	2352	3777	11734	17353	30575	47970	72994	99607	118944
河北	364	427	782	1727	5345	7592	12487	19662	28668	38716	47656

数据来源：根据相应年份《北京统计年鉴》《天津统计年鉴》和《河北经济年鉴》中的数据计算得出。

二　京津冀地区相对人均生产总值与产业结构相似系数的变化

如图 3-17 所示，1978 年北京的人均生产总值是天津的 1.11 倍、河北的 3.45 倍；到 1991 年是天津的 1.45 倍、河北的 3.18 倍；到 1996 年是天津的 1.21 倍、河北的 2.67 倍；到 2013 年是天津的 0.94 倍、河北的 2.41 倍，到了 2017 年这一数据分别变为 1.08 倍和 2.71 倍。

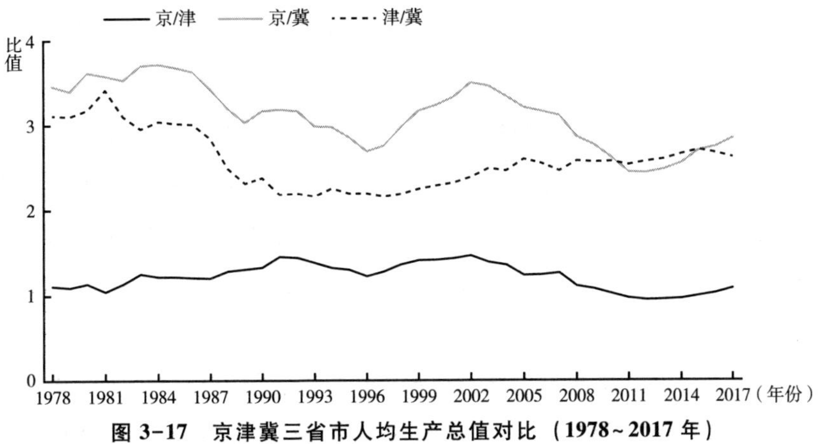

图 3-17　京津冀三省市人均生产总值对比（1978~2017 年）

从图 3-17 可以看出，北京、天津与河北人均生产总值的差距波动较大，但从长期来看有缩小趋势。北京与天津的差距波动较小，总体上是略微扩大而后又缓慢缩小。

下面考察地区之间产业结构相似系数与人均生产总值差距的关系。表 3-34 列出了几个时间点上两两区域之间的产业结构相似系数和人均生产总值比值。

表 3-34　京津冀三省市之间的产业结构相似系数及人均生产总值差距

年份	产业结构相似系数			人均生产总值		
	京津	京冀	津冀	京/津	京/冀	津/冀
1978	0.872	0.745	0.813	1.109	3.453	3.113
1996	0.943	0.775	0.834	1.215	2.667	2.195
2005	0.959	0.359	0.511	1.217	3.138	2.578
2017	0.884	0.794	0.976	1.084	2.707	2.496

总体上看，1978~2017年，京津冀地区区域之间（主要是京冀和津冀）的产业结构相似系数呈先减小后增大的趋势，变化趋势类似于U形结构；人均生产总值差距的变化趋势正好相反，长期来看均有收敛趋势，局部地区呈先上升后下降趋势，即倒U形结构。但每个地区之间的变化趋势又各有特点：京津产业结构相似系数与人均生产总值差距呈同向变化，即京津产业结构相似系数呈先增后减趋势，人均生产总值差距也是先扩大后缩小；京冀产业结构相似系数与人均生产总值差距总体反向变化，即京冀相似系数降低，两地之间的人均生产总值差距就扩大；津冀产业结构相似系数也与人均生产总值的差距呈反向变化，即津冀相似系数总体上先上升后下降然后再上升，两地之间的人均生产总值差距是先缩小后扩大然后再缩小。从长期趋势来看，尽管地区间的相似系数有不同变化，但地区间的人均生产总值差距总体上是呈收敛变化趋势的。

为进一步考察京津、京冀、津冀人均生产总值差距与产业结构相似系数的相关程度，我们对地区之间的人均生产总值差距与产业结构相似系数进行一元回归分析，考察它们之间的量化关系。如果它们存在线性相关关系，通过分析人均生产总值差距受产业结构相似系数的影响程度，我们便可预测在未来地区间人均生产总值差距受产业结构影响的变化趋势。选取1978~2017年的长期数据，分别对京津、京冀、津冀人均生产总值差距与产业结构相似系数的关系进行回归，得到如图3-18所示的线性拟合结果。

回归结果中，京津、京冀、津冀T检验结果的P值分别为0.004353529、1.53136E-09、3.99992E-06，均小于0.05，说明自变量（相似系数）对因变量（人均生产总值差距）的影响具有线性显著性。从地区两个变量之间的紧密程度来看，京津的拟合系数 R^2 = 0.677062576，说明模型拟合的精确度较高，京津的相关系数Multiple R = 0.822838122，说明京津人均生产总值差距（即相对人均生产总值）与产业结构相似系数高度正相关，人均生产总值差距受产业结构影响较

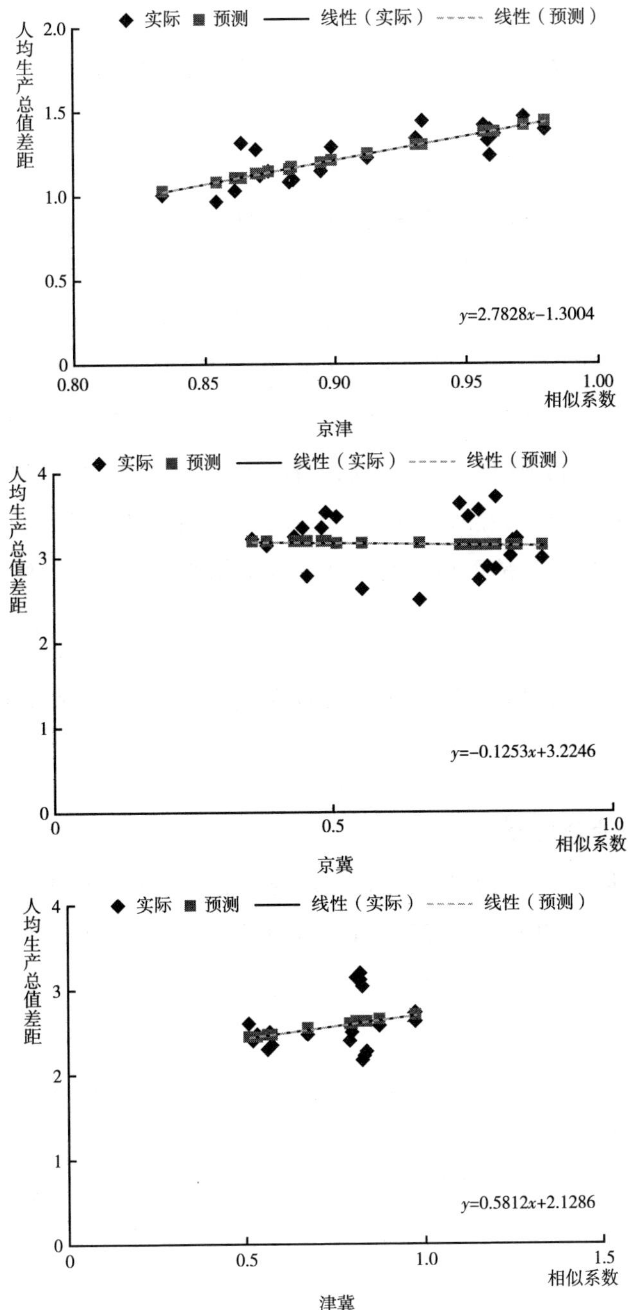

图 3-18　京津冀地区人均生产总值差距与产业结构相似系数的线性拟合

数据来源：根据京津冀地区相关年份工业统计年鉴和经济年鉴数据整理得出。

大，产业结构相似程度越高人均生产总值差距越大。由于京津近几年产业结构相似系数有增大势头，所以短期内京津的人均生产总值差距会扩大，要缩小两地之间的人均生产总值差距，就要利用疏解北京非首都功能产业的契机，扩大地区分工，降低产业结构相似程度。京冀的拟合系数 $R^2=0.004068443$，模型的拟合精确度较低，京冀相关系数 Multiple R= 0.063784346，也远小于 1，这表明京冀人均生产总值差距与产业结构相似系数的相关关系较弱，人均生产总值差距受产业结构的影响较小，说明京冀之间还要加强经济联系，打破制约资源流动的政策壁垒，增强市场一体化。津冀的拟合系数 $R^2=0.087467904$，预测模型的精确程度也较低，津冀的相关系数 Multiple R = 0.295749733，再结合回归方程我们可以看出津冀人均生产总值差距与产业结构相似系数是正相关的，产业结构相似程度高的时候人均生产总值差距就大。

三　相对人均生产总值和相对人均工资与产业结构相似系数的变化

（一）京津比较

城镇职工人均工资的变化也可以与工业的产业结构相似系数进行比较。如图 3-19 和表 3-35 所示，京津人均工资的差距在波动中先缓慢缩小后逐步扩大。值得我们注意的是，京津之间产业结构相似系数与人均工资差距总体上反向变化，相似系数总体上呈先上升后下降的倒 U 形趋势，人均工资差距的变化却呈先略微缩小后逐步扩大的趋势。1978 年二者相似系数为 0.872 时，北京城镇职工人均工资为天津城镇职工人均工资的 104.7%；到 2005 年二者相似系数为 0.959 时，北京城镇职工人均工资为天津城镇职工人均工资的 135.3%；到了 2017 年当二者相似系数为 0.884 时，北京城镇职工人均工资是天津城镇职工人均工资的 159.0%。

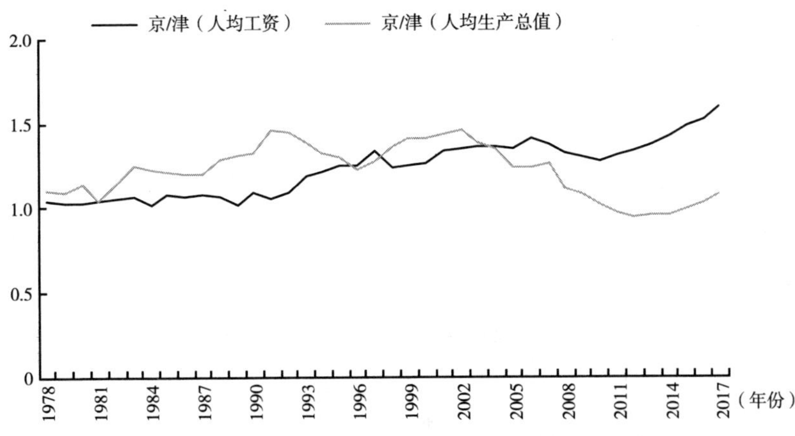

图 3-19　京津相对人均生产总值和相对人均工资变化
（1978~2017 年）

数据来源：根据京津冀相应年份统计年鉴及相应地区人力资源和社会保障局（劳动局）的数据计算得出。

表 3-35　京津相对人均生产总值、相对人均工资与产业结构相似系数

年份	相似系数	人均生产总值(京/津)	人均工资(京/津)
1978	0. 872	1. 109	1. 047
1996	0. 943	1. 225	1. 253
2005	0. 959	1. 233	1. 353
2017	0. 884	1. 084	1. 590

数据来源：根据京津冀相应年份统计年鉴及相应地区人力资源和社会保障局（劳动局）的数据计算得出。

总结起来，京津产业结构相似系数与人均工资差距反向变化，相似系数处于较高水平时，两地之间城镇职工人均工资差距较小，相似系数下降时，两者的城镇职工人均工资差距反而拉大。京津地区人均工资差距与人均生产总值差距变化略有不同，人均生产总值差距的变化趋势总体上呈倒 U 形。

我们再来考察京津人均工资差距与产业结构相似系数之间的相关程

度，我们对京津人均工资差距与产业结构相似系数进行一元回归分析，考察它们之间的量化关系。我们依然选取 1978~2017 年的长期数据，作为回归分析的观察对象，通过数据分析得到线性拟合结果。从图 3-20 中可以看出，人均工资差距与产业结构相似系数是负相关的，相似系数下降时人均工资差距拉大。但由于相关系数 Multiple R 仅为 0.014334903，所以从历史数据来看它们的关联性并不是很强，人均工资还受其他因素的较大影响。

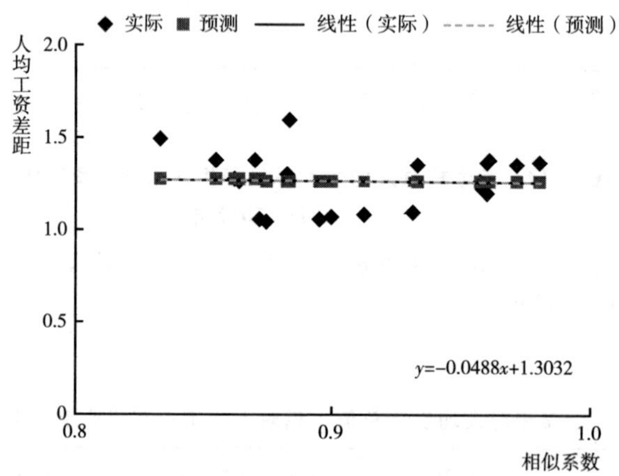

图 3-20　京津人均工资差距与产业结构相似系数的线性拟合

（二）京冀比较

京冀相对人均生产总值和相对人均工资的变化如图 3-21 所示，总体上看，相对人均生产总值在波动中下降，而相对人均工资在波动中上升。从 1978 年到 1996 年，北京与河北人均生产总值的差距基本上是逐步缩小的，然而到了 1997 年，这一差距急剧扩大，到 2002 年达到波动顶峰，2003~2011 年人均生产总值的差距才逐步缩小，不过 2012~2017 年差距又有扩大趋势；北京与河北的相对人均工资差距 1978~2006 年总体上处于扩大状态，到 2007 年后才逐渐缩小，预计呈先扩大后缩小的倒 U 形趋势，只是截至 2017 年还处于缩小调整期，相对于改革开放初期人均工资差距是有所扩大的。

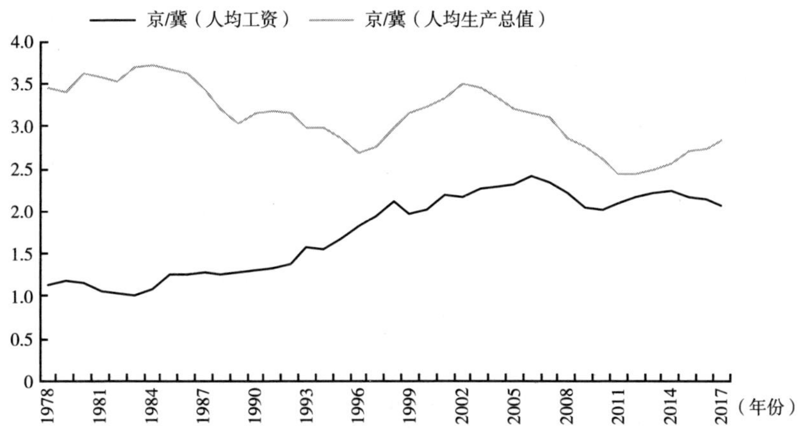

图 3-21　京冀相对人均生产总值和相对人均工资变化（1978~2017 年）

数据来源：根据京津冀相应年份统计年鉴及相应地区人力资源和社会保障局（劳动局）的数据计算得出。

把京冀的相对人均生产总值、相对人均工资与产业相似系数结合起来考察（如表 3-36 所示），产业结构相似系数在改革开放初期较高，然后逐渐下降再逐步上升，呈 U 形变化，与人均生产总值差距的变化相反，人均生产总值差距呈现先扩大后缩小的反复趋势。相似系数先下降后上升呈 U 形变化趋势，人均工资差距总体扩大，直到 2007 年后才有下降趋势，我们预计人均工资差距的变化会呈倒 U 形趋势，未来有望进一步缩小。

表 3-36　京冀相对人均生产总值、相对人均工资与产业结构相似系数

年份	相似系数	人均生产总值(京/冀)	人均工资(京/冀)
1978	0.745	3.453	1.137
1996	0.775	2.667	1.812
2005	0.359	3.138	2.325
2017	0.794	2.707	2.068

数据来源：根据京津冀相应年份统计年鉴及相应地区人力资源和社会保障局（劳动局）的数据计算得出。

我们再对京冀人均工资差距与产业结构相似系数进行一元回归分析，考察两者之间的相关程度和量化关系。依然选取 1978~2017 年的长期数据作为回归分析的观察对象，通过数据分析得到线性拟合结果。从图 3-22 中我们可以看出，京冀人均工资差距和产业结构相似系数是负相关的，即产业结构相似系数较大时人均工资差距较小。由于两者之间的相关系数 Multiple R = 0.702059507，且 T 检验结果的 P 值等于 2.81162E-09，远小于 0.05，因此它们之间具有线性显著性关系，两个变量的相关程度较高。由于近几年京冀的产业结构相似程度有所上升，所以京冀的人均工资差距将进一步缩小。

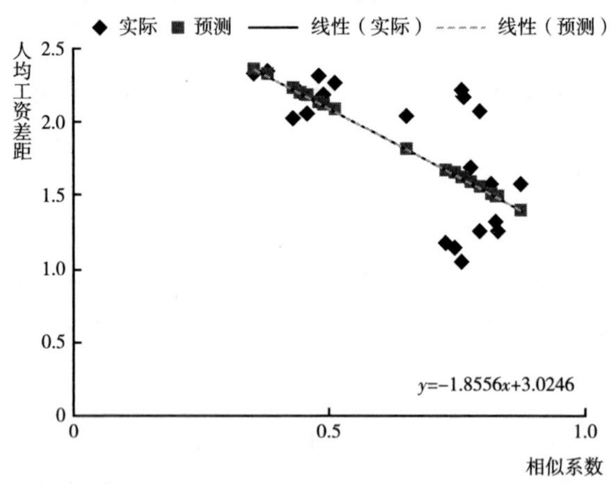

图 3-22　京冀人均工资差距与产业结构相似系数的线性拟合

（三）津冀比较

津冀相对人均生产总值和相对人均工资的变化如图 3-23 所示，人均工资的差距总体上先扩大后缩小，而人均生产总值的差距总体上先缩小后扩大，到 2014 年后这两种差距的变化趋势均呈现缩小势头。

如表 3-37 所示，津冀产业结构相似系数与人均生产总值差距同向变化，产业结构相似系数是先下降后上升，人均生产总值差距是先缩小后扩大。随着津冀区域经济的发展，虽然产业结构相似系数相对于改革开放初期有所增加，但布局更有效，市场效率更高，两地区人均生产总值差距总体是缩小的。另外，津冀产业结构相似系数与相对人均工资是呈反向变化的。伴随着工业化、城市化进程的不断深入，津冀产业结构

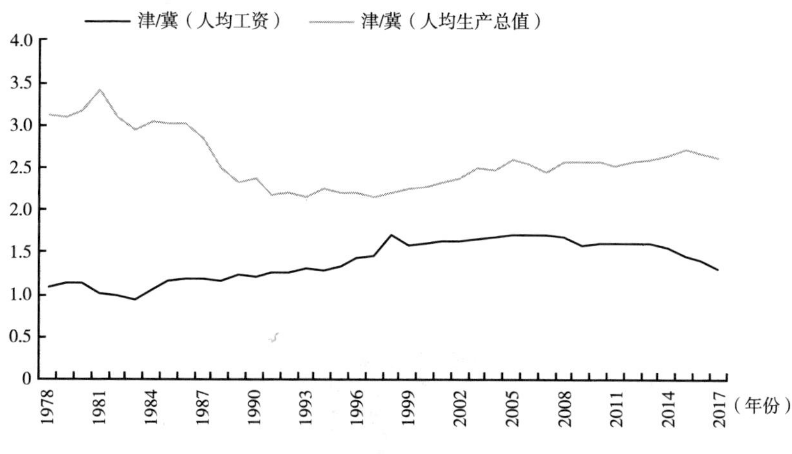

图 3-23　津冀相对人均生产总值和相对人均工资变化（1978~2017 年）

数据来源：根据京津冀相应年份统计年鉴及相应地区人力资源和社会保障局（劳动局）的数据计算得出。

相似系数总体上是呈 U 形变化的，但城镇职工人均工资差距的变化则呈倒 U 形。

表 3-37　津冀相对人均生产总值、相对人均工资与产业结构相似系数

年份	相似系数	人均生产总值(津/冀)	人均工资(津/冀)
1978	0.813	3.113	1.086
1996	0.834	2.195	1.446
2005	0.511	2.578	1.718
2017	0.976	2.621	1.300

数据来源：根据京津冀相应年份统计年鉴及相应地区人力资源和社会保障局（劳动局）的数据计算得出。

我们再来对津冀的人均工资差距与产业结构相似系数进行一元回归分析，考察两者之间的相关程度和量化关系。依然选取 1978~2017 年的长期数据作为回归分析的观察对象，通过数据分析得到线性拟合结果。从图 3-24 中我们可以看出，津冀人均工资差距和产业结构相似系数是负相关的，即产业结构相似系数较大时人均工资差距较小。由于两者之间的相关系数 Multiple R = 0.552164499，且 T 检验结果的 P 值等于 2.51365E-08，远小于 0.05。因此，两个变量之间的关系具有线性显著性，不过因为相关系数不算太大，所以津冀人均工资差距的变化还受其他因素较强的影响，但变化趋势与上述分析一致。近几年津冀产业结构相似系数持续上升，说明两地的人均工资差距还会持续缩小。

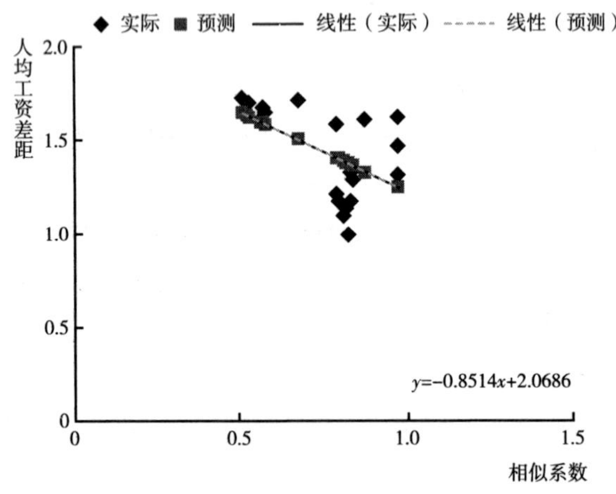

图 3-24　津冀人均工资差距与产业结构相似系数的线性拟合

综合以上分析可知，产业结构相似系数与人均工资差距的变化呈如下关系：京津相似系数呈先上升后下降的倒 U 形变化趋势，人均工资差距虽然从改革开放至今逐渐拉大，但我们预计它仍将出现倒 U 形变化趋势，只是因为人均工资差距变化的拐点相比人均生产总值差距变化的拐点滞后；京冀相似系数呈先下降后上升的 U 形变化趋势，京冀人均工资差距变化呈倒 U 形；津冀相似系数变化呈 U 形，津冀人均工资差距变化呈倒 U 形。

第四章
京津冀地区产业分工与一体化发展动因

下面我们进一步分析京津冀地区产业集聚与扩散的动态变化，并以上面的框架建立起内在机制来说明这种演变的逻辑基础。首先，我们从理论出发，论述京津冀地区产业集聚发展阶段性演进的总体因素，分析京津冀地区产业结构的内在变化机制；其次，我们从事实出发，实证考察促成京津冀地区产业集聚和扩散的几个重要推动力。

第一节　京津冀地区产业集聚发展阶段性演进的总体因素

产业集聚与地区分工的影响因素主要包括两个方面：一是运输成本；二是体制与政策。一方面，集聚在一起是有收益的，例如，可以分享自然禀赋和外部性，这构成了经济活动的向心力；另一方面，集聚也带来了拥挤，由于对不可流动要素的竞争加剧，地租上升，这构成了经济活动的离心力。经济活动的集聚与否，取决于向心力和离心力的净效应。运输成本以及政策因素的变化将影响向心力和离心力的合力，从而决定了经济活动的集聚程度；不仅如此，运输成本以及政策因素的变化还将影响地区间的贸易情况和投资方向，这将在地区分工上反映出来。

第一，运输成本是产业集聚和地区分工的关键性驱动力量。

随着运输成本的降低，制造业集聚的长期趋势通常是一个倒 U 形趋势。运输成本很高的时候，阻碍了地区间的贸易，为了满足本地市场的需要，每个地区都是自给自足的，产业的地区分布是分散化的；当运输成本下降时，地区间可以以较低的成本进行贸易，这时，企业在市场较大的区域集聚能够发挥规模经济，而且，较低的成本也使得供应外地成为可能，可能形成“中心—外围”结构，这时，拥挤程度和地价都将提高，但是，向心力和离心力的合力仍然是正的，因此，集聚程度就提高了；当运输成本足够低时，基于生产成本和运输费用的权衡，制造业可能会再一次分布到内陆地区。

随着运输成本的降低，地区间贸易更易于开展，这对专业化是有利的，消费者可以以更低的价格从外地购买产品以满足需求，这时，就不必自行生产所有的产品，而且，通过专业化生产某一种或几种产品用以出口，企业可以有效利用外部规模经济带来的好处。因此，运输成本的下降将促进地区间分工的发展，这点对京津冀地区也是有效的。

从一个国家经济发展的动态角度看，随着经济的发展，运输成本将呈现下降的趋势。出现这种趋势的原因：一方面是运输技术的发展，另一方面是基础设施的改善。因此，在其他条件不变的情况下，产业资源会先集聚，后扩散，专业化水平则持续提高。

从欧洲和美国的实际情况看，其产业集聚与地区分工的发展趋势印证了这一点。20 世纪 80 年代以来，欧盟内部各国之间的一体化程度不断提高，阻碍产品流通的壁垒逐渐消失，运输成本逐渐下降。与此相适应，从 20 世纪 80 年代初到 90 年代末，欧盟的制造业布局表现出扩散的趋势，而各地的专业化水平在提高。Aiginger 和 Rossi-Hansberg（2006）考察了美国的情况，研究发现，1987～1996 年，美国的产业集聚水平在最初略有上升，此后一直都在下降；地区专业化水平则表现出上升的趋势。

第二，运输成本的作用是重要的，但是，一个国家或地区的区域发展通常还依赖于本国的体制和区域政策，对于我国这样一个转型国家来说更是如此。

作为一个转型经济体，我国经历着微观决策权从政府转移到企业和家庭以及经济权力从中央下放到地方的过程。对于我国的区域发展而言，微观决策权的转移意味着从计划到市场的转变，让市场在资源配置中起决定性作用，“把价格搞对”；在财政分权和人事任免上的政治集权，则造就了地方政府之间的“标尺竞争”。

在市场化改革的过程中，中央政府的作用不在于决定资源如何分配，而在于制定地区发展战略，引导资源的流向。在改革开放的前期，中央政府的理念是“让一部分人先富起来”，采取的是不平衡的发展战略；当不平衡的发展战略加强了沿海和部分地区的比较优势，拉大了沿海及主要城市和内陆省份之间的收入差距，使地区差距问题突出时，中央政府开始采取平衡的发展战略。

在地方财政分权的情况下，地方政府为了在“标尺竞争”中胜出，纷纷出台了各种政策，这是塑造我国经济地理的重要因素。根据政策对产品流通的影响，我们可以将其划分为两类：一体化的政策和非一体化的政策。非一体化政策是对产品的区际流动设置障碍，不利于市场整合的政策；一体化政策则是促进产品在地区之间自由流通，有利于形成全国范围内统一产品市场的政策。

因此，不同的运输成本和政策对经济地理有不同的影响。为了展示这一点，我们可以将运输成本和政策的各种组合情况绘制在图 4-1 中。其中，象限 A 表示运输成本高，同时采取一体化政策的情形；象限 B 表示运输成本高，同时采取非一体化政策的情形；象限 C、D 的意义依此类推。

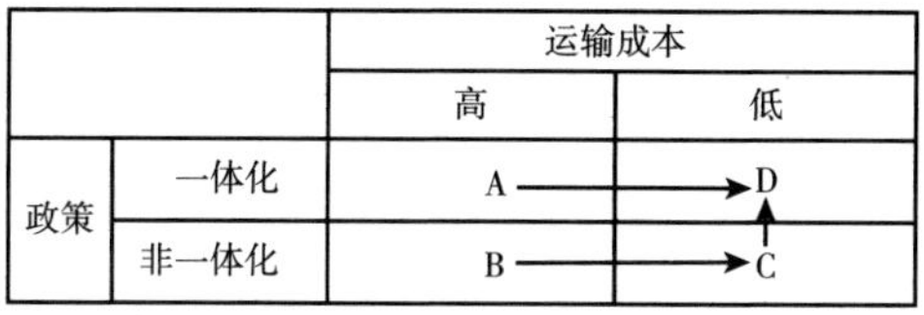

		运输成本	
		高	低
政策	一体化	A ⟶	D
	非一体化	B ⟶	C ↑

图 4-1　运输成本和政策的各种组合

相应的结果则可以用图 4-2 表示。这里，专业化（或多样化）以及集聚（或扩散）都是针对动态变化而言的：专业化指的是分工水平在不断上升，多样化则指的是分工水平下降；集聚指的是产业集聚水平在不断提高，扩散则指的是产业集聚水平下降。在图 4-2 中，象限 1 表示产业集聚水平和分工水平都在上升的情形；象限 2 反映的是产业集聚水平上升，而分工水平下降的情形；象限 3 表示的是产业集聚水平和分工水平都在下降的情形；象限 4 则表示产业集聚水平下降，而分工水平上升的情况。

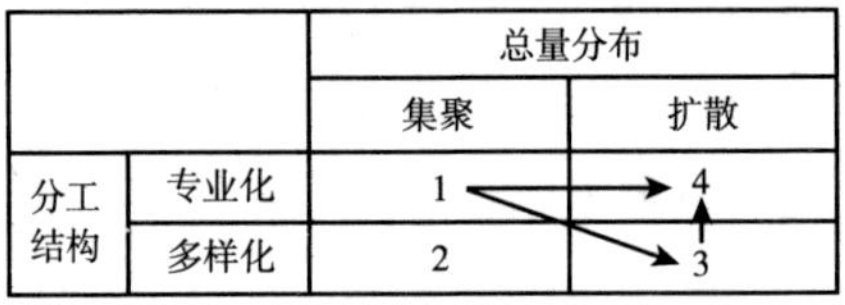

<table>
<tr><td colspan="2" rowspan="2"></td><td colspan="2">总量分布</td></tr>
<tr><td>集聚</td><td>扩散</td></tr>
<tr><td rowspan="2">分工结构</td><td>专业化</td><td>1</td><td>4</td></tr>
<tr><td>多样化</td><td>2</td><td>3</td></tr>
</table>

图 4-2　产业集聚的发展阶段

例如，在 20 世纪 80 年代以来欧洲一体化的过程中，欧盟（欧共体）采取了一系列有利于市场整合的政策，提高了内部各国之间的一体化程度。此外，运输技术等方面的进步也降低了运输成本。也就是说，欧盟（欧共体）产业资源地理分布的变化是在一体化政策和运输成本不断降低的条件下完成的。在图 4-1 中，欧盟表现为从象限 A 直接过渡到象限 D 的一种发展途径。在这种情况下，欧盟的产业集聚水平表现出先上升、后下降的趋势；而分工水平则不断上升。在图 4-2 中，欧盟表现为从象限 1 直接过渡到象限 4，经历了从产业集聚到产业扩散的发展历程。在我国很多区域的产业集聚与地区分工发展过程中，产业集聚水平是先上升、后下降的；但是，分工水平则先上升，然后下降。

那么，如何解释京津冀地区产业集聚与地区间分工的演变呢？

京津冀地区地理优势和由此带来的地区不平衡战略的结果是地区间收入差距的扩大，为此，中央政府采取了一些旨在缩小地区间收入差距的平衡发展政策，这在一定程度上影响了区域的经济地理。但是，多级财政分权和单一的政治集中相结合的分权模式把公共部门的“多任务目标”治理转换为地方政府之间以 GDP 为单一目标的“标尺竞争”机制，构成了地方政府“为增长而竞争”的激励体制，这是当前重塑地区经济地理的主要因素。一方面，对于地方政府而言，标尺竞争的一个重要策略是为地方经济“招商引资”，尤其是竞相吸引外部资本；另一方面，在以经济指标为核心的考核制度下，地方政府官员有动力去模仿其他省区市成功的经济发展战略和产业政策，容易忽视本地的比较优势，从而非理性投资于高附加值、资本密集型产业，结果是重点产业遍地开花，这种重复建设又会导致市场分割和地方保护，不利于地区分工。大体上，这个阶段的运输成本在降低，因此，为了平衡集聚在少数地区带来的拥挤效应和地价的上升，如北京和天津，产业资源会逐渐扩散；但是，地方政府的分权竞争产生了强大的非一体化力量（见图 4-1 中象限 C），在使产业资源扩散的同时也阻碍了分工的发展，因此，京津冀地区产业资源的地理分布表现为一个多样化扩散的过程（见图 4-2 中象限 3）。这是目前京津冀地区正在经历的发展阶段。

然而，在这个阶段，产业资源在地区间的配置是缺乏效率的：没有形成有效分工，地区之间也缺乏有效协作。我们的目标是一种高水平的均衡，即整个产业在地理上形成一种有分工的均衡分布，对应图 4-2 中的象限 4，是专业化扩散的阶段，那么我们能否从目前的发展阶段过渡到这种高水平的均衡呢？从地区的长期经济发展看，分工提高效率，只有市场整合才能发挥规模经济的作用，这将促使京津冀地方政府放弃地方保护主义和市场分割的政策，切实执行京津冀协同发展的一系列政策。可以预期，随着运输成本不断降低和一体化政策的推进（见图 4-1 中的象限 D），京津冀地区经济发展将从多样化扩散的阶段过渡到专业化扩散的阶段，最终达到高水平的均衡（见图 4-2 中的象限 4）。

第二节　京津冀地区产业集聚与扩散的具体原因

从20世纪90年代后期起，京津冀地区产业和人口高度集聚所引致的拥挤效应开始显现，产业向外转移的现象逐渐增多。随着京津冀协同发展战略的提出，由工信部等制定的《京津冀产业转移指导目录》目前也已发布[①]，该指导目录会定格京津冀产业扩散的基本态势。指导目录大致有八类重点产业，需要河北、天津来承接，分别是信息技术、装备制造、商贸物流、教育培训、健康养老、金融后台、文化创意、体育休闲。作为京津冀协同发展三大突破口之一的产业转移正在提速。还有一些新的高端合作项目，如天津滨海新区中关村科技园、北京新机场临空经济区、曹妃甸循环经济示范区、京津（未来科技城）合作示范区等，也在陆续开展。从一般产业到高端产业合作，以园区作为点来支撑，到京津、京冀产业带合作，由点到面，形成全方位的产业转移和产业合作。

之所以确定这八类重点扩散产业，一方面是立足源头疏解北京非首都功能，另一方面是与三地产业发展基础和优势相结合。产业转移和三地功能定位、发展目标有关，疏解北京非首都功能，就要考虑哪些产业在北京但不符合北京作为首都的定位，如商贸物流、健康养老、教育培训等产业就属此类。同时，这也是发挥三地产业比较优势的过程，考虑哪些产业津冀能够承接以及其未来发展方向、交通保障等因素，从而确保产业转移能够落地生根。信息技术、装备制造、商贸物流等产业，在天津、河北已经形成一定规模的产业集群。以河北为例，

① 2014年6月7日至8日，工信部时任总工程师朱宏任就引导产业合理有序转移等工作，赴河北省进行了专题调研。调研期间，朱宏任召开了京津冀产业协同发展和产业转移工作专题座谈会，决议制定京津冀地区产业转移指导目录，搭建产业对接平台，引导产业合理布局和有序转移。参见《京津冀产业转移指导目录将发　津冀承接八大产业》，中国中小企业河北网，http：//gxt. hebei. gov. cn/sme/zx/snxw34/699346/，2015年6月2日。

河北现在已有三大高端装备制造业基地、三大新能源汽车基地、四大电子信息产业基地、六大新材料基地、九大新能源基地和九大生物工程基地来对接北京、天津的产业转移，为京津冀产业的全面布局做好了准备。阿里巴巴、当当网、凡客、亚马逊、京东、唯品会等电商也已先行转移到天津武清。上述产业的转移重新凝练了产业链，是区域资源整合的过程。

另外，以园区和基地作为承接产业转移的载体，确保了转移产业的落地与发展，因为园区已形成一定的产业集群，并且配套了较为完善的设施。河北筛选了多个平台进行重点打造，从而进行产业对接。2014~2015 年，河北重新规范和整合了开发区布局，形成 196 个省级开发区平台，用于承接北京的产业转移。在指导目录未出台之前就已经开始通过园区进行对接，2014 年，北京经信委和河北工信厅通过负面清单的形式，已经组织北京的 27 个园区与河北的 57 个园区分批进行了 4 次产业对接。[①]

产业转移作为京津冀协同发展的三个突破口之一，和三地总体规划契合，也与三地本身规划相衔接。例如，作为产业转移的承接方，河北以横向功能区加纵向产业清单的模式承接产业转移。在功能区划分上，作为京津水源地的冀西北张（家口）承（德）地区侧重于对接绿色产业、高新技术产业；秦（皇岛）唐（山）沧（州）沿海地区特别是曹妃甸和渤海新区，侧重于承接重化工业、装备制造业；廊（坊）保（定）地区侧重于承接新能源、装备制造以及电子信息产业，冀中南地区侧重于承接战略性新兴产业、高端产业制造环节和一般制造业的整体转移（张梦洁，2015）。产业转移园的建设大大加快了京津冀地区产业扩散的步伐。

在工信部与北京、天津、河北三地人民政府的强力推动下，仅 2015 年京津冀产业转移系列对接活动，就促成了一大批重点产业转移项目公布并签约。51 个重点合作项目签约，总投资约 2900 多亿元。其

① 《京津冀产业转移指导目录将发　津冀承接八大产业》，中国中小企业河北网，http：//gxt. hebei. gov. cn/sme/zx/snxw34/699346/，2015 年 6 月 2 日。

中包括京冀通航产业园项目等10个工业园区类项目、廊坊市政府与浪潮集团合作建设云计算中心项目等10个以大数据为重点的电子信息产业类项目，承德市政府与北汽福田汽车股份公司合作建设福田汽车新能源智能化产业基地项目等10个高端装备制造类项目，中关村（大兴）生物医药产业基地固安合作园项目等10个生物医药、新能源、新材料类项目，承德市政府与汇源果汁集团合作建设食品饮料生产项目等11个传统产业转型升级类项目。①

截至2015年上半年，北京地区向河北疏解转移的工业项目超过80个，总投资超过1200亿元，正式运营以后将形成2500亿元的产能。北京现代汽车四工厂4月已在沧州黄骅正式开工，2016年投产后，预计年产小汽车30万辆，发动机20万台。首钢京唐二期将于近期开工，为曹妃甸协同发展示范区再次助力。② 另外，引人关注的是两地结合不同区域资源禀赋特点，厘清了对接思路和重点。例如，曹妃甸协同发展示范区联席会议制度已经建立，两地完成建设投资公司组建，先行启动区开发建设方案制定完成，基础设施建设启动实施，《北京（曹妃甸）现代产业发展试验区产业发展规划》正式发布。③

一　京津冀交通基础设施改善迅速

从交通基础设施的流量上看，京津冀地区交通运输基础设施建设速度较快，这促使京津冀两市一省之间的运输成本快速下降。北京、天津和河北在交通运输、仓储和邮政业方面的投资额在2005~2013年均有较大幅度的增长，其中河北的增长速度最快，2005年投资额为4204527万元，2013年增加到21098013万元，北京和天津在2005年的投资额分

① 《京津冀产业转移提速 51个重大项目集中签约》，河北新闻网，http://zhuanti.hebnews.cn/2015/2015-11/22/content_ 5177093.htm，2015年11月22日。

② 《官方：北京行政事业单位等将向城外疏解》，央广网，http://news.cnr.cn/native/gd/20150716/t20150716_ 519231161.shtml，2015年7月16日。

③ 《2015京津冀产业转移系列对接活动：51个重点合作项目签约》，央广网，https://china.cnr.cn/ygxw/20151120/t20151120_ 520555766.shtml，2015年11月20日。

别为 2262023 万元和 1722811 万元，到 2013 年分别增长至 6814391 万元和 7415500 万元（见表 4-1）。

表 4-1　2005~2013 年京津冀地区交通运输、仓储和邮政业投资额

单位：万元

地区	2005 年	2006 年	2007 年	2008 年	2009 年	2010 年	2011 年	2012 年	2013 年
北京	2262023	4367602	5708471	6360362	7276835	7337036	6988805	7347423	6814391
天津	1722811	2117386	3508328	3386800	6628900	6383800	5497100	6122000	7415500
河北	4204527	5485592	6767294	6239653	10263593	15212226	13991075	15226742	21098013

数据来源：根据相应年份《北京统计年鉴》《天津统计年鉴》《河北经济年鉴》中的数据计算得出。

从交通基础设施的存量上看，近年来京津冀地区的交通基础设施条件不断改善，这为产品流通提供了便利。京津冀地区公路里程由 2004 年的 95342 公里增加到 2013 年的 211883 公里，增长 122.23%。另外，铁路、水运、民航和管道等基础设施建设也取得了长足的发展，从这些渠道的货运量就能反映出来：2004 年京津冀货运量为 156899 万吨，2013 年货运量增长到 357737 万吨，增长 128%。近年来京津冀港口建设也如火如荼，2004 年京津冀港口货物吞吐量为 43134 万吨，2013 年增长到 139047 万吨（见表 4-2），增长 222.36%。根据 2015 年发布的《京津冀协同发展交通一体化规划（2014~2020 年）》，京津冀四大港口将加快一体化发展步伐，秦皇岛、唐山、天津、黄骅四大港口将从竞争走向合作，逐步实现港口码头建设和布局规划"一盘棋"。2014 年，天津港集团和河北港口集团共同出资，组建渤海津冀港口投资发展有限公司，以资本为纽带，促进津冀港口协同发展。2016 年，天津港集团与唐山港集团合资组建津唐国际集装箱码头公司。2018 年，天津至曹妃甸综合保税区码头环渤海内支线开通。天津、河北港口逐步从无序竞争走向竞合。[①]

① 《京津冀协同发展"七年新变" | 京津冀，描绘一下世界级港口群的样子吧》，中国新闻网，https://news.cctv.com/2021/02/25/ARTI7r4r2B5W8W1IfezbqYpk210225.shtml，2021 年 2 月 25 日。

表 4-2 京津冀地区公路里程、货运量及港口货物吞吐量

年份	公路里程(公里)	货运量(万吨)	港口货物吞吐量(万吨)
2004	95342	156899	43134
2005	101426	164102	51410
2006	175597	173194	59565
2007	179550	176296	70908
2008	181903	188333	79658
2009	187205	202375	88985
2010	190290	242631	101669
2011	193475	283830	116638
2012	199928	319234	123931
2013	211883	357737	139047

数据来源：根据相应年份《北京统计年鉴》《天津统计年鉴》《河北统计年鉴》中的数据计算得来。其中，公路里程为京津冀三省市数据之和，含村道数据；货运量包括京津冀地区铁路货运量、公路货运量、水运货运量、民航货运量及管道输油气量；港口货物吞吐量包括天津港、秦皇岛港、黄骅港、唐山港（包括京唐港和曹妃甸港）货物吞吐量。

近 10 年来，京津冀地区交通基础设施建设改善的速度整体上高于全国平均水平或与全国平均水平持平，公路里程密集度、货运量密集度及港口货物吞吐量密集度则较全国水平高出不少。由公路里程增长率可以看出，2004~2013 年中有 4 年京津冀的增长率要高于全国增长率（见表 4-3），2004~2013 年京津冀地区平均增长率为 9.28%，全国的为 9.85%，基本持平。对于各种渠道货运总量的增长率，2005~2013 年，有 4 年京津冀的增长率高于全国平均水平（见表 4-4），2004~2013 年京津冀地区平均增长率为 9.59%，全国为 10.23%，接近全国平均水平。另外，京津冀地区每平方公里土地面积的公路里程、货运量及港口货物吞吐量，即公路里程密集度、货运量密集度及港口货物吞吐量密集度均高于全国水平（见表 4-5），其中，港口货物吞吐量密集度与全国平均水平差距最大，2004 京津冀地区港口货物吞吐量密集度是全国水平的 7.79 倍，2013 年为全国水平 8.49 倍；2004 年京津冀地区公路里程密集度和货运量密集度分别是全国水平的 2.27 倍和 4.09 倍，2013 年这一数值分别为 2.16 倍和 3.88 倍（见图 4-3）。

表 4-3　2004~2013 年全国和京津冀地区公路里程及其增长率

单位：公里，%

年份	京津冀		全国	
	公路里程	增长率	公路里程	增长率
2004	95342	5.92	1870700	3.37
2005	101426	6.38	3345200	78.82
2006	175597	73.13	3457000	3.34
2007	179550	2.25	3583700	3.67
2008	181903	1.31	3730200	4.09
2009	187205	2.91	3860800	3.50
2010	190290	1.65	4008200	3.82
2011	193475	1.67	4106400	2.45
2012	199928	3.34	4237500	3.19
2013	211883	5.98	4356200	2.80

数据来源：根据相关年份《中国统计年鉴》《北京统计年鉴》《天津统计年鉴》《河北经济年鉴》中的数据整理得来。

表 4-4　2004~2013 年全国和京津冀地区货运量及其增长率

单位：万吨，%

年份	京津冀		全国	
	货运量	增长率	货运量	增长率
2004	156899	—	1706412	—
2005	164102	4.59	1862066	9.12
2006	173194	5.54	2037060	9.40
2007	176296	1.79	2275822	11.72
2008	188333	6.83	2585937	13.63
2009	202375	7.46	2825222	9.25
2010	242631	19.89	3241807	14.75
2011	283830	16.98	3696961	14.04
2012	319234	12.47	4100436	10.91
2013	357737	12.06	4098900	-0.04

数据来源：根据相关年份《中国统计年鉴》《北京统计年鉴》《天津统计年鉴》《河北经济年鉴》中的数据整理得来。

表 4-5　2004~2013 年全国和京津冀地区公路里程密集度、货运量密集度以及港口货物吞吐量密集度

单位：公里/公里^2，吨/公里^2

年份	公路里程密集度		货运量密集度		港口货物吞吐量密集度	
	京津冀	全国	京津冀	全国	京津冀	全国
2004	0.4414	0.1948	7263.84	1777.35	1996.94	256.30
2005	0.4696	0.3484	7597.31	1939.45	2380.09	304.94
2006	0.8129	0.3601	8018.24	2121.72	2757.64	356.41
2007	0.8313	0.3733	8161.85	2370.40	3282.78	404.33
2008	0.8421	0.3885	8719.12	2693.40	3687.87	447.45
2009	0.8667	0.4021	9369.21	2942.63	4119.68	495.24
2010	0.8810	0.4175	11232.92	3376.53	4706.90	571.15
2011	0.8957	0.4277	13140.28	3850.60	5399.91	641.90
2012	0.9256	0.4414	14779.35	4270.84	5737.55	692.89
2013	0.9809	0.4537	16561.90	4269.24	6437.36	758.36

数据来源：根据相关年份《中国统计年鉴》《北京统计年鉴》《天津统计年鉴》《河北经济年鉴》中的数据整理得来。

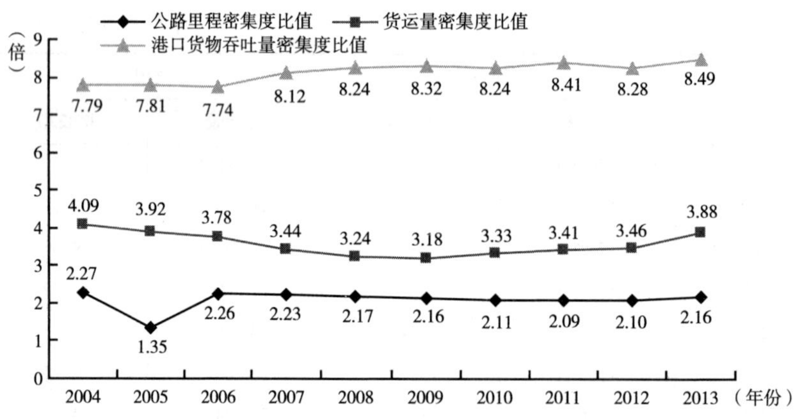

图 4-3　2004~2013 年京津冀地区与全国公路里程密集度、货运量密集度以及港口货物吞吐量密集度的比值（京津冀/全国）

数据来源：根据相关年份《中国统计年鉴》《北京统计年鉴》《天津统计年鉴》《河北经济年鉴》中的数据整理得来。

此外，2015 年 12 月 8 日，国家发展改革委和交通运输部发布了《京津冀协同发展交通一体化规划（2014～2020 年）》。根据该规划，京津冀地区将以现有通道格局为基础，着眼于打造区域城镇发展主轴，促进城市间互联互通，推进“单中心放射状”通道格局向“四纵四横一环”[①] 网格化格局转变。截至 2020 年，多节点、网格状的区域交通网络基本形成，形成京津石中心城区与新城、卫星城之间的“1 个小时通勤圈”、京津保唐“1 个小时交通圈”，相邻城市间基本实现 1.5 个小时通达。[②] 交通基础设施的进一步改善，更加有利于京津冀地区的产业分工与扩散。

二　京津冀要素价格的影响和推动

京津冀地区集中了较多经济发展迅速的城市，但在这些城市中，北京、天津与河北的省会城市石家庄以及工业重地唐山是劳动力和资本集中的中心，而北京和天津则无疑是中心城市中的核心城市。作为中国两座著名的城市，历史积淀、区位特征和政策优势使其在京津冀地区各城市的发展中起着领跑者的作用。而这两个核心城市在吸引大量劳动力和投资的过程中，要素价格上升的趋势和压力日渐明显，最为明显的就是北京作为一线城市急剧上升的土地价格。北京、天津、石家庄、唐山和廊坊五个城市的土地价格在 2005～2014 年 10 年间的变动情况[③]如表 4-6 至表 4-9 所示。

---

① “四纵”即沿海通道、京沪通道、京九通道、京承—京广通道；“四横”即秦承张通道、京秦—京张通道、津保通道和石沧通道；“一环”即首都地区环线通道。

② 《〈京津冀协同发展交通一体化规划〉出台　构建“四纵四横一环”骨架　统一机动车排放标准》，新华网，http://xinhuanet.com/politics/2015-12/14/c_128528368.htm，2015 年 12 月 14 日。

③ 京津冀地区更多城市土地价格的变化情况详见中国地价监测网（https://www.landvalue.com.cn/）。本书选取了北京、天津、石家庄、唐山和廊坊的地价数据，并进行整理得到相关表格。

表 4-6　2005~2014 年北京、天津、石家庄、唐山和廊坊土地价格变化（综合用地）

单位：元/米²

年份	北京	天津	石家庄	唐山	廊坊
2005	4549	3234	1130	—	—
2006	5236	3333	1219	—	—
2007	6191	3694	1245	—	—
2008	7017	3987	1263	1124	1729
2009	7198	4263	1265	1203	1760
2010	8795	4844	1489	1374	1819
2011	8986	5012	1708	1445	1783
2012	9080	5205	1857	1465	1750
2013	9771	5443	1954	1497	2016
2014	28030	5630	3335	1508	2040

数据来源：中国地价监测网，根据北京、天津、石家庄、唐山和廊坊相关年份城市土地价格数据整理得来，其中唐山和廊坊缺少 2005~2007 年的数据。

表 4-7　2005~2014 年北京、天津、石家庄、唐山和廊坊土地价格变化（商业服务用地）

单位：元/米²

年份	北京	天津	石家庄	唐山	廊坊
2005	7292	5437	1575	—	—
2006	7834	5609	1688	—	—
2007	9145	6244	1723	—	—
2008	10402	6869	1744	1750	3393
2009	10316	7154	1747	1827	3561
2010	12207	7814	2004	2014	3572
2011	12787	7866	2277	2186	3563
2012	12944	8263	2490	2250	3583
2013	13878	8580	2626	2321	3840
2014	44946	8859	5010	2332	3851

数据来源：中国地价监测网，根据北京、天津、石家庄、唐山和廊坊相关年份城市土地价格数据整理得来，其中唐山和廊坊缺少 2005~2007 年的数据。

表 4-8　2005~2014 年北京、天津、石家庄、唐山和廊坊土地价格变化（住宅用地）

单位：元/米^2

年份	北京	天津	石家庄	唐山	廊坊
2005	5544	3272	1174	—	—
2006	7000	3398	1286	—	—
2007	9111	3763	1319	—	—
2008	10386	3997	1328	1345	2611
2009	10785	4369	1330	1460	2662
2010	13357	5123	1639	1704	2778
2011	13473	5402	1932	1777	2702
2012	13587	5575	2120	1790	2627
2013	14688	5862	2245	1823	3059
2014	46426	6073	3836	1837	3097

数据来源：中国地价监测网，根据北京、天津、石家庄、唐山和廊坊相关年份城市土地价格数据整理得来，其中唐山和廊坊缺少 2005~2007 年的数据。

表 4-9　2005~2014 年北京、天津、石家庄、唐山和廊坊土地价格变化（工业用地）

单位：元/米^2

年份	北京	天津	石家庄	唐山	廊坊
2005	811	632	620	—	—
2006	873	635	661	—	—
2007	1054	687	661	—	—
2008	1187	695	667	443	395
2009	1198	713	667	455	376
2010	1397	756	668	480	382
2011	1520	768	669	504	384
2012	1569	780	671	519	387
2013	1623	802	672	531	421
2014	2256	822	690	535	431

数据来源：中国地价监测网，根据北京、天津、石家庄、唐山和廊坊相关年份城市土地价格数据整理得来，其中唐山和廊坊缺少 2005~2007 年的数据。

从表 4-6 至表 4-9 可以看出，北京市无论是在综合用地、商业服务用地、住宅用地还是在工业用地方面，土地价格都一直保持在这些城市中的最高水平，尤其是在与经济发展直接相关的商业服务用地和住宅用地方面，土地价格上升较为迅速；另外，综合用地的土地价格上升也较快，由于工业的逐步迁出以及北京市关于产业发展的禁限目录政策，工业用地价格增长率相对较低，但价格依然领先于京津冀地区其他城市。这种要素集聚所产生的拥挤效应无疑构成了京津冀三地产业结构调整转移的重要推动力。由于用地价格高启，只有那些集约用地和单位面积产值较高的金融和总部经济以及高新技术产业[①]才会继续集中在北京发展，而那些密集使用土地的产业和低端服务业则因为难以承担不断上涨的土地价格而不得不转到周边地区发展。这种土地价格的差异构成了推动京津冀地区产业结构进一步调整的重要动力。

三　疏解非首都核心功能以及人口和节能减排压力

产业和人口的高度集聚使得京津冀地区的北京、天津等城市的环境承载力已达到极限，形成了巨大的环保压力，威胁本地区的可持续发展，迫使本地区执行更为严格的人口、社会福利和环保政策以及更高的节能减排标准，使得企业在工艺革新和减少排放方面的投资压力加大，部分企业因而产生了向外转移的动机。

所谓北京非首都功能，指的是城市的一般功能，甚至连城市的一般功能都算不上，它们不体现首都特点，也不发挥首都的功能和作用。[②] 目前北京非首都功能主要包括一般性制造业、区域性物流基地和区域性批发市场、部分教育医疗等公共服务功能以及部分行政性、事业性服务机构。北京作为全国超大型城市，在城市快速发展过程中，由于资源不合

① 金融、总部经济和高新技术产业科技园区在北京已发展形成一些重要的区域，相关信息可参见中共北京市委党史研究室等编《京津冀概况》（北京出版社，2019）。

② 《北京经济发展报告（2014~2015）》《北京公共服务发展报告（2014~2015）》和《北京社会治理发展报告（2014~2015）》三份报告，均对北京非首都功能做出过定义和提出过疏解建议。

理的集聚，非首都功能与首都功能掺杂在一起，对北京造成了较大的人口、资源和环境压力，也影响了京津冀地区经济一体化和可持续发展。在京津冀一体化政策的推动下，这些非首都功能行业将逐步向河北扩散。

（一）人口压力

下面我们考察京津冀地区产业扩散的另一个重要动因，即人口压力。与疏解北京非首都功能相联系的是引导这些产业的人员到产业转移地区就业。首先来看京津冀三地人口密度的比较。北京的人口密度在2003~2013年由887.45人/公里^{2}增长到1288.65人/公里^2，增长率为45.21%，2003年北京人口密度是河北的2.46倍，2013年则为河北的3.30倍；天津的人口密度从2003年860人/公里^{2}增长到2013年的1252人/公里^2，增长率达45.58%，2003年天津市人口密度为河北省人口密度的2.38倍，2013年达到了3.20倍；而河北省的人口密度增长非常缓慢，只是从2003年的360.64人/公里^{2}略微增长到2013年390.69人/公里^2（见表4-10），增长率仅为8.33%。

表4-10　2003~2013年京津冀地区人口密度

单位：人/公里^2

年份	北京	天津	河北
2003	887.45	860	360.64
2004	909.57	870	362.77
2005	937.18	887	365.01
2006	963.41	914	367.52
2007	995.09	948	369.91
2008	1032.87	1000	372.36
2009	1069.43	1044	374.76
2010	1195.48	1105	383.29
2011	1230.03	1152	385.79
2012	1260.92	1202	388.29
2013	1288.65	1252	390.69

数据来源：根据相关年份《北京统计年鉴》《天津统计年鉴》《河北经济年鉴》中的统计数据整理得来。

人口增长的差异，一方面能反映城市的膨胀和产业的集聚差异，另一方面也能反映北京、天津与河北经济发展的不平衡，以及北京、天津巨大的人口和资源环境压力，这些压力促使政策调整和产业转移扩散。

以北京为例，2014 年，北京市常住人口为 2151.6 万人（见图 4-4），比上年末增加 36.8 万人。其中，常住外来人口 818.7 万人，占常住人口的比重为 38.1%。在常住人口中，城镇人口 1859 万人，占常住人口的比重为 86.4%。常住人口出生率 9.75‰，死亡率 4.92‰，自然增长率 4.83‰。常住人口密度为每平方公里 1311 人，比上年末增加 22 人。年末全市户籍人口 1333.4 万人，比上年末增加 17.1 万人。

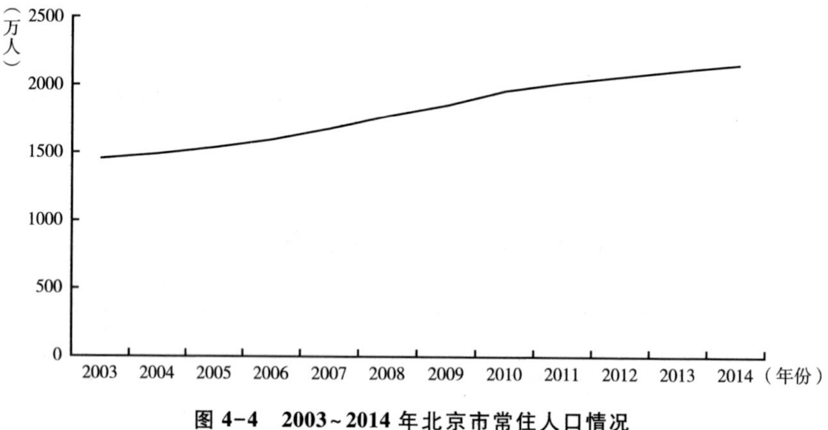

图 4-4　2003~2014 年北京市常住人口情况

数据来源：根据相关年份《北京统计年鉴》中的数据整理而得。

北京中心城区压力到底有多大？通过梳理北京城市发展新区和中心城区在人口、面积、交通、空气、教育和医疗等方面的指标可知，北京中心城区人口总和是城市发展新区（不含亦庄经济开发区）① 的两倍，而面积还不到它的 1/5。人口密度大，行政机关、企业密集，这些都给中心城区带来了更大的交通压力，以至于西城区的交通指数长期保持在

① 城市发展新区被定义为“首都经济发展的新增长极，是承接产业、人口和城市功能转移的重要区域”。

“严重拥堵”状态。另外，城市发展新区的基础设施配套还未跟上，教育、医疗等都远远落后于中心城区。

1. 人口密度：首都功能核心区是生态涵养发展区的百倍

北京市常住人口密度从首都功能核心区向外围逐渐降低。排在第一、第二位的是首都功能核心区和城市功能拓展区，其中2013年首都功能核心区人口密度高达每平方公里2万多人（见表4-11），是生态涵养发展区的110倍。2014年西城区最高，为25767人/公里^2，延庆县最低，只有158人/公里^2。《北京城市总体规划（2004年~2020年）》中提出，到2020年中心城（区）人口规划控制在850万人以内，新城人口约570万人。这也意味着，东城区、西城区平均每年要疏解4万人。而新城人口则需要增长一倍，通州、顺义等被列为重点发展城区。2015年发布的《京津冀协同发展规划纲要》中明确北京的人口控制目标为2300万以内，因此北京城六区人口争取减少15%左右。

表4-11　2005~2013年北京市各功能区人口密度

单位：人/公里^2

年份	首都功能核心区	城市功能拓展区	城市发展新区	生态涵养发展区	全市平均
2005	22210	5862	654	198	937
2006	22308	6063	675	202	963
2007	22394	6312	709	200	995
2008	22546	6549	748	206	1033
2009	22849	6810	781	210	1069
2010	23407	7488	958	213	1195
2011	23271	7731	1001	214	1230
2012	23758	7902	1037	216	1261
2013	23942	8090	1067	217	1289

注：北京四大功能区分别为：首都功能核心区，包括东城区和西城区；城市功能拓展区，包括朝阳、海淀、丰台、石景山四个区；城市发展新区，包括通州、顺义、大兴、昌平、房山五个区和亦庄经济开发区；生态涵养发展区，包括门头沟、平谷、怀柔、密云、延庆五个区。将首都功能核心区和城市功能拓展区定义为北京中心城区。

数据来源：根据相关年份《北京统计年鉴》中的数据整理得出。

2. 医疗服务：近7成医院在中心城区

北京中心城区还集中了大量教育和医疗资源。在过去若干年中，教育资源、医疗资源过于集中于北京等大城市的讨论已经不绝于耳。例如，《北京市医疗卫生设施专项规划（2020年~2035年）》表明，北京市优质医疗卫生资源主要集中在中心城区，区域分布不均衡。全市三甲医院中超过80%布局在中心城区。大兴、顺义等平原多点地区和密云等生态涵养发展区优质医疗卫生资源相对不足。部分三甲医院长期处于超负荷运转状态。学科结构不合理，儿科、肿瘤、精神、康复护理等资源配置相对不足。公共资源的集聚和分布不均，又反过来带来了交通、环境等多方面的社会压力。

从上面的分析可以看出，京津冀地区的人口主要分布在京津地区，而影响京津两地人口规模的主要因素是人口迁入，主要表现在流动人口的大规模流入方面。这两个超大城市除了人口总数大、人口增长快之外，其内部人口空间分布也很不均衡。市场的逐利性使得人口规模持续膨胀以及空间分布失衡，因此，国家在制度设计方面要更加注重引导京津冀城镇化向纵深发展，力求转变经济发展方式，制定合理的产业发展规划，积极调整产业结构，在地区间形成产业梯度。

（二）节能减排压力

高能耗、高污染的传统行业在产业发展过程中对资源、能源消耗比较大，所带来的环境污染治理压力也比较大。京津冀地区由于是华北的工业重地，汽车工业、钢铁、黑色金属等产业在集聚发展的同时，也给环境造成了巨大压力。北京市统计局、国家统计局北京调查总队的分析显示，京津冀地区大气污染严重，燃煤、机动车和工业等是主要污染因素。三地产业结构不同，因此对大气污染的主要影响也各不相同。①

1. 京津冀空气质量超标天数居三大经济圈首位

从2013年5~12月环保部监测数据看，京津冀13个城市空气质量

① 《京津冀空气月均六成超标　北京主要源自机动车尾气》，人民网，http：//env.people.com.cn/n/2014/0412/c1010-24887374.html，2014年4月12日。

月平均超标天数占比达 65.7%，远远高于长三角地区 25 个城市、珠三角地区 9 个城市的平均水平（见表 4-12）。

表 4-12　2013 年三大经济圈月平均空气质量状况

单位：%

地区	平均超标天数占比	重度污染天数占比	严重污染天数占比
京津冀	65.7	11.6	4.5
长三角	38.6	4.3	1.4
珠三角	32.8	0.7	0

数据来源：中国环保网。

PM2.5 是首要污染物，其中燃煤、机动车和工业排放为其最主要来源。从相关数据分析，京津冀三地的主要污染源不尽相同。

（1）北京机动车尾气排放对大气影响最明显。从 2012 年情况看，京津冀机动车氮氧化物排放量为 68.2 万吨，占氮氧化物排放总量的 30%，其中北京机动车氮氧化物排放量占本市氮氧化物排放总量的比重达 45%，分别高于天津 28.8 个百分点和河北 13.9 个百分点。

（2）天津、河北工业污染对大气影响较突出。2012 年，京津冀工业二氧化硫排放量占二氧化硫排放总量的 91.2%；工业氮氧化物排放量占氮氧化物排放总量的 68.4%；工业烟（粉）尘排放量占烟（粉）尘排放总量的 82.6%。分省市看，天津工业污染影响最大，工业二氧化硫占比、工业氮氧化物占比均高于北京和河北；河北工业烟（粉）尘占比高于北京和天津（见表 4-13）。

表 4-13　2012 年京津冀工业废气排放情况

单位：%

省市	工业二氧化硫占比	工业氮氧化物占比	工业烟(粉)尘占比
北京	63.2	48.1	46.2
天津	96.0	82.4	70.2
河北	92.4	67.8	85.4

数据来源：中国环保网。

（3）河北燃煤消费对大气影响很严重。2012 年，京津冀燃煤消费总量 38927 万吨。河北煤炭消费量占其能源消费总量的 88.8%，远远高于北京的 25.4%和天津的 59.6%。煤炭消费排放大量二氧化硫，对大气环境造成很大影响，2012 年河北二氧化硫排放量占京津冀的 80.8%。

2. 产业结构不合理加重京津冀大气污染

（1）天津、河北产业结构以工业为主，单位能耗高。从三次产业结构看，北京以第三产业为主，2012 年第三产业增加值占 GDP 的比重为 76.5%；天津和河北以工业为主，工业增加值的占比分别为 47.5%和 47.1%。从工业能耗情况看，津冀工业综合用能占比均超过 69%；天津和河北单位工业增加值能耗分别为 0.95 吨标准煤/万元和 1.64 吨标准煤/万元，明显高于北京 0.69 吨标准煤/万元的能耗水平，严重影响区域大气环境。

（2）河北高耗能行业占比大，能耗增长快。从工业内部结构看，2012 年，北京工业高耗能行业工业总产值所占比重为 31.8%，综合能耗占比为 75.6%。河北工业高耗能行业工业总产值所占比重为 51.6%，综合能耗占比达 90.8%。从能耗增幅看，2012 年，北京工业高耗能行业综合能耗同比下降 2.1%；河北工业高耗能行业综合能耗同比增长 48%。

（3）京津汽油的生活消费多、京津冀柴油三产消费占比大，津冀油品质量差。从油品消费看，汽油终端消费中，2012 年北京生活消费占 62.6%；天津生活消费占 52.5%；河北以三产消费为主，占 50.2%。柴油终端消费中，京津冀三产消费均超过 50%。从油品质量看，只有北京使用国 V 标准的柴油和汽油，天津和河北主要是国Ⅲ标准。另外，京津冀柴油消费量是汽油的 1.4 倍，柴油油质较差，含硫标准是汽油的 2 倍左右。[①]

针对上述问题，京津冀出台了更为严格的环保和节能减排标准，以

① 《京津冀空气月均六成超标　北京主要源自机动车尾气》，人民网，http://env.people.com.cn/n/2014/0412/c1010-24887374.html，2014 年 4 月 12 日。

及产业改造升级和转移的相关措施，严格限制高耗能行业发展，逐步淘汰、疏解北京高耗能行业，提升京津冀地区高技术制造业份额及能源使用效率。2014 年 6 月 7 日至 8 日，工信部等部门联合召开了京津冀产业协同发展和产业转移工作专题座谈会，强调三地主管部门要加强协调配合，研究制定京津冀地区产业转移指导目录，搭建产业对接平台，引导产业合理布局和有序转移。2014 年 7 月 25 日，环境保护部印发了《京津冀及周边地区重点行业大气污染限期治理方案》，旨在进一步贯彻落实《大气污染防治行动计划》（国发〔2013〕37 号）、《2014～2015 年节能减排低碳发展行动方案》（国办发〔2014〕23 号）和《京津冀及周边地区落实大气污染防治行动计划实施细则》（环发〔2013〕104 号），推进重点行业大气污染治理。2015 年 5 月 19 日，京津冀及周边地区大气污染防治协作小组第四次会议审议并原则通过了《京津冀及周边地区大气污染联防联控 2015 年重点工作》，[①] 明确京、津、冀、晋、鲁、内蒙古六省区市联手继续深化协调联动机制，并在机动车污染、煤炭消费、秸秆综合利用和禁烧、化解过剩产能、挥发性有机物治理、港口及船舶污染六大重点领域协同治污。2015 年 4 月 14 日，北京市科委联合天津市科委、河北省科技厅组织成立了京津冀钢铁行业节能减排产业技术创新联盟，[②] 该平台将助力京津冀节能减排。这些措施都为产业的升级和转移提供推动力，有力地促进京津冀地区产业在区域内部扩散和向外部转移。

四　京津冀参与国际分工的影响

基础设施的改善和运输技术的进步降低了运输成本，这使全球生产成为可能。国际贸易的发展和外国直接投资的增加，推动京津冀地区日

① 《京津冀及周边六省区市六大重点领域协同治污》，人民网，http：//env. people. com. cn/n/2015/0527/c1010-27062297. html，2015 年 5 月 27 日。

② 《北京市科委发起成立京津冀钢铁行业节能减排产业技术创新联盟》，北京市科学技术委员会、中关村科技园区管理委员会网站，http：//kw. beijing. gov. cn/art/2015/4/14/art_ 6344_ 464438. html，2015 年 4 月 14 日。

益深入地参与国际分工，逐步融入全球经济。京津冀地区的产业分工既是改革开放的成果，又是顺应经济全球化趋势的成果。

（一）外商直接投资

20 世纪 80 年代以来，大量外商直接投资流入京津冀地区。在改革开放后相当长的一段时间内，劳动力充沛以及资本缺乏是我国要素禀赋的一种基本结构。外资在我国进行直接投资，将部分生产环节设置在中国，中国能够从垂直分工中获得好处。当我国的经济发展起来后，巨大的市场需求也进一步吸引外资进入。

从京津冀的经济发展看，外商直接投资增长迅速（见表 4-14）。1985~2013 年，北京实际利用的外商直接投资从 9534 万美元增加到 852418 万美元；天津实际利用的外商直接投资从 1990 年的 8315 万美元增加到 2013 年的 1682897 万美元；河北实际利用的外商直接投资则从 1985 年的 1423 万美元增加到 2013 年的 667250 万美元（见图 4-5）。尤其是天津，从 2008 年开始增速远远超过北京、河北。

表 4-14　1985~2013 年京津冀实际利用外商直接投资情况

单位：万美元

年份	北京	天津	河北
1985	9534	—	1423
1990	27696	8315	4447
1995	140277	152064	108620
2000	245799	256000	139378
2001	177000	322000	93521
2002	178964	380591	104793
2003	214675	163325	155800
2004	308354	247243	197856
2005	352638	332885	227890
2006	455191	413077	238274
2007	506572	527776	300722
2008	608172	741978	363395
2009	612094	901985	369316
2010	636358	1084872	436597
2011	705447	1305602	526016

续表

年份	北京	天津	河北
2012	804160	1501633	603168
2013	852418	1682897	667250

数据来源：根据对应年份《北京统计年鉴》《天津统计年鉴》《河北经济年鉴》中的相关数据整理得来。

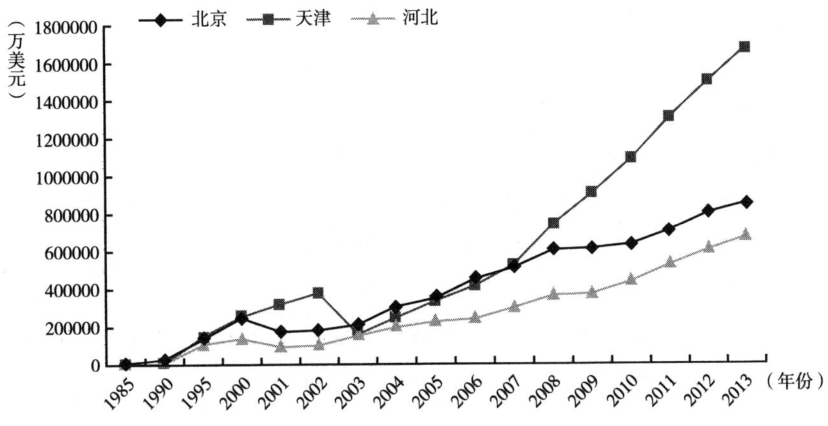

图 4-5　1985~2013 年京津冀实际利用外商直接投资情况

数据来源：根据对应年份《北京统计年鉴》《天津统计年鉴》《河北经济年鉴》中的相关数据整理得来。

大量外商直接投资流入京津冀地区，是促进该地区专业化分工的重要推动力量。2004~2013 年，通过利用外商直接投资，京津冀形成专业化分工的产业数量大幅增加，参与国际分工的能力不断增强。2004 年、2013 年京津冀地区工业各行业的区位熵见表 4-15 和表 4-16。

表 4-15　2004 年京津冀地区工业各行业的区位熵

项目	2004 年工业销售产值（当年价格，亿元）				2004 年京津冀工业各行业的区位熵		
	北京	天津	河北	全国	北京	天津	河北
项目总计	4772.19	5494.62	5650.43	187814.77	—	—	—
煤炭开采和洗选业	90.49	21.92	208.76	3858.08	1.00	0.19	1.80

续表

项目	2004年工业销售产值（当年价格，亿元）				2004年京津冀工业各行业的区位熵		
	北京	天津	河北	全国	北京	天津	河北
石油和天然气开采业	0.00	287.49	175.70	4291.91	0	2.29	1.36
黑色金属矿采选业	10.10	0.00	73.47	590.22	0.61	0	4.14
有色金属矿采选业	0.00	34.22	1.11	740.62	0	1.58	0.05
非金属矿采选业	1.85	7.91	9.66	593.59	0.12	0.46	0.54
其他采矿业	0.00	0.00	0.00	1.96	0	0	0
农副食品加工业	111.58	133.22	154.61	7810.97	0.52	0.58	0.66
食品制造业	94.93	61.23	117.23	2688.96	1.27	0.78	1.45
饮料制造业	86.82	54.12	52.83	2434.61	1.23	0.76	0.72
烟草制品业	15.17	9.37	45.32	2573.71	0.22	0.12	0.59
纺织业	50.27	78.22	138.11	9346.80	0.20	0.29	0.49
纺织服装、鞋、帽制造业	58.05	77.11	33.21	3879.81	0.55	0.68	0.28
皮革、毛皮、羽毛(绒)及其制品业	4.05	28.28	97.05	2577.18	0.06	0.38	1.25
木材加工及竹、藤、棕、草制品业	10.16	16.30	9.36	1215.77	0.31	0.46	0.26
家具制造业	19.10	33.48	3.97	902.15	0.84	1.27	0.15
造纸和纸制品业	31.55	43.03	55.57	2988.48	0.38	0.49	0.62
印刷业和记录媒介的复制	64.89	13.29	13.60	1137.59	2.13	0.40	0.40
文教体育用品制造业	10.87	24.89	20.00	1116.95	0.35	0.76	0.60
石油加工、炼焦及核燃料加工业	276.89	233.61	296.58	8638.44	1.21	0.92	1.14
化学原料及化学制品制造业	372.87	376.25	283.18	11983.14	1.13	1.07	0.79
医药制造业	120.01	168.27	196.52	3213.00	1.36	1.79	2.03

续表

项目	2004年工业销售产值（当年价格，亿元）				2004年京津冀工业各行业的区位熵		
	北京	天津	河北	全国	北京	天津	河北
化学纤维制造业	2.04	9.63	29.74	1885.01	0.04	0.17	0.52
橡胶和塑料制品业	53.71	119.90	72.81	5229.73	0.40	0.78	0.46
非金属矿物制品业	146.39	78.98	143.20	6926.88	0.80	0.39	0.69
黑色金属冶炼及压延加工业	476.48	732.35	1992.03	15907.13	0.95	1.57	4.16
有色金属冶炼及压延加工业	30.89	87.95	38.82	5374.75	0.20	0.56	0.24
金属制品业	86.51	226.33	67.09	5023.20	0.65	1.54	0.44
通用设备制造业	158.27	172.88	62.78	7433.40	0.80	0.80	0.28
专用设备制造业	160.96	82.99	113.39	4509.82	1.28	0.63	0.84
交通运输设备制造业	688.73	419.71	187.56	13272.12	1.92	1.08	0.47
电气机械及器材制造业	174.49	257.42	89.36	10055.65	0.63	0.88	0.30
通信设备、计算机及其他电子设备制造业	1086.37	1349.04	21.70	21463.18	2.01	2.15	0.03
仪器仪表及文化、办公用机械制造业	108.66	48.38	5.45	2105.73	1.91	0.79	0.09
工艺品及其他制造业	6.72	26.60	3.64	1466.64	0.00	0.62	0.08
废弃资源和废旧材料回收加工业	—	—	—	—	—	—	—
电力、热力的生产和供应业	117.37	114.72	823.42	13562.88	0.35	0.29	2.02
燃气生产和供应业	16.14	11.19	5.62	467.45	1.30	0.82	0.40
水的生产和供应业	28.81	8.27	7.94	467.79	2.21	0.60	0.56

注：相对专业化的产业，指的是区位熵在1以上的产业，下表同。

数据来源：根据京津冀地区相关年份统计年鉴数据整理得来。

表 4-16　2013 年京津冀地区工业各行业的区位熵

项目	2013 年工业销售产值（当年价格，亿元）				2013 年京津冀工业各行业的区位熵		
	北京	天津	河北	全国	北京	天津	河北
项目总计	17186.60	27078.43	46340.92	1029149.76	—	—	—
煤炭开采和洗选业	713.77	1647.64	2083.04	32404.73	1.32	1.93	1.43
石油和天然气开采业	0.00	1267.74	295.75	11691.11	0.00	4.12	0.56
黑色金属矿采选业	165.52	91.36	2682.28	9828.34	1.01	0.35	6.06
有色金属矿采选业	0.00	0.00	52.41	6158.86	0.00	0.00	0.19
非金属矿采选业	2.29	11.74	105.59	4829.87	0.03	0.09	0.49
开采辅助活动	205.50	105.29	0.00	1882.08	6.54	2.13	0.00
农副食品加工业	373.69	785.50	2087.81	59497.12	0.38	0.50	0.78
食品制造业	249.51	1078.35	836.55	18164.99	0.82	2.26	1.02
酒、饮料和精制茶制造业	208.57	188.15	441.64	15185.20	0.82	0.47	0.65
烟草制品业	0.00	0.00	164.02	8292.67	0.00	0.00	0.44
纺织业	34.15	102.45	1622.21	36160.60	0.06	0.11	1.00
纺织服装、服饰业	136.65	313.29	396.06	19250.91	0.43	0.62	0.46
皮革、毛皮、羽毛及其制品和制鞋业	12.15	54.45	1145.70	12493.09	0.06	0.17	2.04
木材加工和木、竹、藤、棕、草制品业	13.33	16.69	228.96	12021.90	0.07	0.05	0.42
家具制造业	75.31	87.83	191.25	6462.75	0.70	0.52	0.66
造纸和纸制品业	63.12	208.34	491.51	13471.58	0.28	0.59	0.81
印刷和记录媒介复制业	123.28	80.53	279.34	5291.30	1.40	0.58	1.17
文教、工美、体育和娱乐用品制造业	87.66	348.26	267.80	12037.80	0.44	1.10	0.49
石油加工、炼焦和核燃料加工业	769.19	1375.70	2170.09	40679.77	1.13	1.29	1.18

续表

项目	2013年工业销售产值（当年价格，亿元）				2013年京津冀工业各行业的区位熵		
	北京	天津	河北	全国	北京	天津	河北
化学原料和化学制品制造业	345.45	1344.25	2312.22	76329.77	0.27	0.67	0.67
医药制造业	593.04	512.50	835.84	20592.93	1.72	0.95	0.90
化学纤维制造业	0.00	16.46	76.35	7281.76	0.00	0.09	0.23
橡胶和塑料制品业	110.17	450.55	1084.68	27310.62	0.24	0.63	0.88
非金属矿物制品业	489.61	340.15	1885.69	51284.28	0.57	0.25	0.82
黑色金属冶炼和压延加工业	150.77	4491.95	11570.65	76316.93	0.12	2.24	3.37
有色金属冶炼和压延加工业	67.19	942.26	557.01	46536.30	0.09	0.77	0.27
金属制品业	302.82	1220.98	2399.97	32842.94	0.55	1.41	1.62
通用设备制造业	509.31	1010.82	1209.07	42789.01	0.71	0.90	0.63
专用设备制造业	600.15	1084.95	1279.13	32057.48	1.12	1.29	0.89
汽车制造业	3237.19	1777.88	1821.12	60540.00	3.20	1.12	0.67
铁路、船舶、航空航天和其他运输设备制造业	254.54	766.95	439.97	16545.12	0.92	1.76	0.59
电气机械和器材制造业	698.97	965.68	1714.22	61018.14	0.69	0.60	0.62
计算机、通信和其他电子设备制造业	2173.51	3032.70	387.44	77226.31	1.69	1.49	0.11
仪器仪表制造业	243.87	74.42	79.84	7681.88	1.90	0.37	0.23
其他制造业	64.21	92.56	32.52	2307.84	1.67	1.52	0.31
废弃资源综合利用业	7.57	231.17	72.33	3340.04	0.14	2.63	0.48
金属制品、机械和设备修理业	36.25	14.00	34.20	930.48	2.33	0.57	0.82
电力、热力生产和供应业	3737.87	754.57	2852.85	54825.04	4.08	0.52	1.16

续表

项目	2013年工业销售产值（当年价格,亿元）				2013年京津冀工业各行业的区位熵		
	北京	天津	河北	全国	北京	天津	河北
燃气生产和供应业	232.04	97.44	119.26	4136.80	3.36	0.90	0.64
水的生产和供应业	42.25	43.94	34.54	1451.44	1.74	1.15	0.53

数据来源：根据京津冀地区相关年份统计年鉴数据整理得来。

根据上述两个表格，结合京津冀地区实际利用外商直接投资情况，可以分析实际利用外商直接投资与产业布局的关系。如表4-17所示，2004~2013年，北京、河北实际利用外商直接投资年均增幅较低，相应的，这两个省市相对专业化的产业数量变化不大，北京从13个增加到15个，河北仍然是9个；而这十年间，天津实际利用外商直接投资的增幅较大，相应的，天津相对专业化的产业数量从9个增加到15个。这说明引进外商直接投资是推动天津甚至京津冀地区参与国际分工的重要因素。在这个时期，北京、河北实际利用外商直接投资的年均增长率分别为11.96%和14.46%，而天津实际利用外商直接投资的年均增长率达到了23.75%。

表4-17 京津冀实际利用外商直接投资与产业布局

数据	2004年			2013年		
	北京	天津	河北	北京	天津	河北
引进直接投资额(亿美元)	30.8354	24.7243	19.7856	85.2418	168.2897	66.7250
占全国的比重(%)	4.8126	3.8588	3.0880	7.1800	14.1752	5.6203
相对专业化的产业(个)	13	9	9	15	15	9

数据来源：根据相关年份《中国统计年鉴》《北京统计年鉴》《天津统计年鉴》《河北经济年鉴》中的数据计算而得。

（二）对外贸易

从进出口总额看，京津冀地区的对外贸易增长迅速，参与国际分工的程度逐步加深（见图4-6）。1990年，北京、天津、河北的进出口总额分别是236.45亿美元、85.95亿美元和22.68亿美元；到了2013年，进出口总额分别增长到4299.42亿美元、1285.28亿美元和548.83亿美元（见表4-18）。

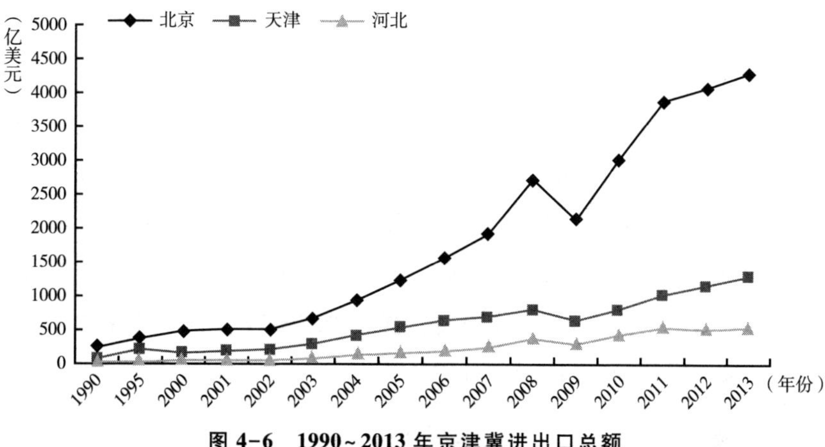

图4-6　1990~2013年京津冀进出口总额

数据来源：根据相关年份《北京统计年鉴》《天津统计年鉴》《河北经济年鉴》中的统计数据整理得来。

表4-18　1990~2013年京津冀地区进出口总额

单位：亿美元

年份	北京	天津	河北
1990	236.45	85.95	22.68
1995	370.35	217.46	39.28
2000	494.00	171.57	52.35
2001	514.98	181.86	57.38
2002	525.05	228.27	66.66
2003	685.00	293.71	89.79
2004	945.76	420.19	135.26
2005	1255.06	533.87	160.71
2006	1580.37	645.73	185.26
2007	1930.00	715.50	255.38
2008	2716.93	805.39	384.19
2009	2147.91	639.44	296.11
2010	3016.61	822.01	419.31
2011	3895.83	1033.91	535.99
2012	4081.07	1156.23	505.48
2013	4299.42	1285.28	548.83

数据来源：根据相关年份《北京统计年鉴》《天津统计年鉴》《河北经济年鉴》中的统计数据整理得来。

就出口额占地区生产总值的比重而言，1990 年，北京、天津和河北的出口额占地区生产总值的比重分别为 42.12%、65.38%和 10.13%；2013 年，这个数值分别变为 20.03%、21.12%和 6.74%（见表 4-19）；总体上看，在 2003 年以后北京、天津和河北出口额占地区生产总值的比重均有不同程度的上升，2007 年特别是 2008 年后，由于受到美国次贷危机和国际金融危机的影响，京津冀出口额占地区生产总值的比重总体呈下降趋势（见图 4-7），这反过来说明京津冀地区对国际市场的依赖程度不是很高，因为国际金融危机以后京津冀地区仍保持了较高的经济发展速度，这也表明京津冀内需较强，表现出较大的发展潜力。

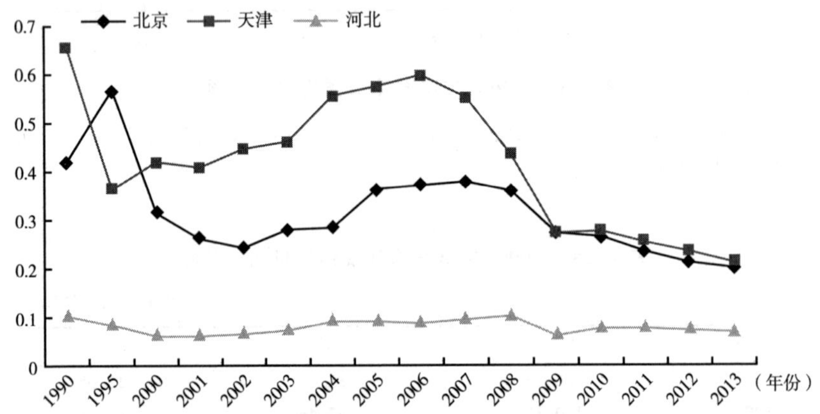

图 4-7　1990~2013 年京津冀地区各省市出口额占地区生产总值的比重

数据来源：根据相关年份《北京统计年鉴》《天津统计年鉴》《河北经济年鉴》中的统计数据整理得来。

表 4-19　京津冀各省市出口额占地区生产总值的比重

单位：亿元，%

年份	出口额			地区生产总值			出口额占比		
	北京	天津	河北	北京	天津	河北	北京	天津	河北
1990	210.96	203.29	90.85	500.80	310.95	896.41	42.12	65.38	10.13
1995	855.86	338.09	239.34	1507.70	931.97	2853.02	56.77	36.28	8.39
2000	991.05	714.48	306.93	3161.70	1701.88	5062.69	31.35	41.98	6.06
2001	974.75	786.77	327.57	3708.00	1919.09	5536.14	26.29	41.00	5.92
2002	1044.43	960.07	380.38	4315.00	2150.76	6039.42	24.20	44.64	6.30

续表

年份	出口额			地区生产总值			出口额占比		
	北京	天津	河北	北京	天津	河北	北京	天津	河北
2003	1398.23	1190.17	490.89	5007.20	2578.03	6944.21	27.92	46.17	7.07
2004	1703.13	1727.62	773.38	6033.20	3110.97	8504.50	28.23	55.53	9.09
2005	2527.92	2245.29	894.91	6969.50	3905.64	10043.42	36.27	57.49	8.91
2006	3024.93	2673.14	1022.92	8117.80	4462.74	11504.39	37.26	59.90	8.89
2007	3718.41	2900.24	1293.25	9846.80	5252.76	13650.36	37.76	55.21	9.47
2008	3996.22	2934.92	1670.07	11115.00	6719.01	16059.82	35.95	43.68	10.40
2009	3302.86	2047.98	1071.72	12153.00	7521.85	17285.60	27.18	27.23	6.20
2010	3753.25	2539.90	1527.99	14113.60	9224.46	20449.12	26.59	27.53	7.47
2011	3811.25	2874.57	1846.52	16251.90	11307.28	24585.91	23.45	25.42	7.51
2012	3762.79	3048.61	1868.00	17879.40	12893.88	26647.64	21.05	23.64	7.01
2013	3905.74	3034.65	1916.59	19500.60	14370.16	28442.95	20.03	21.12	6.74

数据来源：根据相关年份《北京统计年鉴》《天津统计年鉴》《河北经济年鉴》中的统计数据整理得来。

经济学理论认为，贸易的发展以及通过复杂的贸易网进行协作建立在生产专业化和精细的劳动分工的基础上。国际产业分工格局与高度的专业化为国际贸易发展奠定了坚实的基础，京津冀进出口贸易的增长，是参与国际分工的结果，但也导致了产业结构的趋同化，因此京津冀的工业相似系数一直居高不下。

值得注意的是，河北利用外商直接投资和出口额相对不高，且相对京津而言呈下降趋势，但是，专业化的产业数量并未因此减少。合理的解释是参与分工的范围不同，河北主要参与国内分工与国内合作，而北京和天津更多地参与国际分工与国际合作，其中北京近年来调整了引进外贸的结构，提升了引进外资的层次，天津提升了引进外资的数量，这使得京津专业化产业的数量增多。当然河北部分地区对外经济交往也不少，但主要是内源经济。京津冀地区的实践证明，内源经济和外源经济都可以产生专业化和产业集聚，产业集聚可以有不同的途径。同时，专业化和产业集聚可以通过对内贸易和对外贸易两种方式进行分工与协作，即国内分工与协作和国际分工与协作。

五　京津冀区域经济一体化政策的推动

京津冀协同发展与区域经济一体化，涉及复杂的要素资源整合、消除行政壁垒、统筹社会事业发展等多个层面，既包括产业、项目等“硬件”性质的一体化，也包括区域行政管理方式、公共服务等“软件”性质的一体化。这两个一体化，决定着京津冀协同发展的进度。为此，国家专门成立了协调部门，出台了一系列相关政策来推动京津冀地区的事业发展与产业专业化。

2014 年 12 月中央经济工作会议召开，将京津冀列为我国区域发展三大战略之一。2015 年 4 月 30 日，中央政治局会议审议通过的《京津冀协同发展规划纲要》指出，推动京津冀协同发展是一个重大国家战略，核心是有序疏解北京非首都功能。《京津冀协同发展规划纲要》确定了京津冀“功能互补、区域联动、轴向集聚、节点支撑”的布局思路，明确以“一核、双城、三轴、四区、多节点”为骨架。顶层设计正式落地，为实施京津冀协同发展战略提供了基本遵循，三地协同发展由顶层设计进入全面实施、加快推进的新阶段。2015 年 12 月 8 日，经国务院及京津冀协同发展领导小组同意，国家发展改革委员会联合交通运输部发布了《京津冀协同发展交通一体化规划（2014～2020 年）》，该规划旨在促进京津冀地区交通一体化，其核心是打造“轨道上的京津冀”。未来，国家干线铁路、城际铁路、市郊铁路、城市地铁将构成京津冀城市群之间的四层轨道交通网络。2016 年 6 月 13 日，由工业和信息化部会同北京市、天津市、河北省人民政府共同发布了《京津冀产业转移指南》，自 2016 年 6 月 13 日起正式实施。《京津冀产业转移指南》是为了全面推进京津冀产业协同发展，充分发挥三地比较优势，引导产业有序转移和承接，形成空间布局合理、产业链有机衔接、各类生产要素优化配置的发展格局而制定的法规。

京津冀协同发展政策的不断出台，有力地促进了京津冀地区市场合作与要素自由流动，增强重大基础设施建设合作，推进科技、人才合作，整合区域综合优势，为京津冀地区产业分工与区域协作发展提供科技、人才支撑，为区域经济协调发展提供制度保障。

第五章
京津冀与国内外城市群发展比较

改革开放以来，在工业化和城市化的不断推进下，中国东部已形成长江三角洲、珠江三角洲和京津冀三大成熟的城市群，中西部城市群发展也已初具规模，成长步伐不断加快。由于历史基础、地理环境、资源禀赋和政策导向等条件的差别，东部和西部的城市群在发展中形成了各自的特点。东部沿海地区三大城市群的核心、中心城市发展强劲，辐射作用明显。不管是长三角的核心城市上海，珠三角的中心城市广州、深圳，还是京津冀的中心城市北京、天津，都具备城市规模大、经济实力强、在区域中优势明显、强有力地向心发展的特点。一定的政策倾斜又使得这些核心、中心城市不断加快发展速度。核心、中心城市通过辐射周边城市，带动城市群全面发展。长三角、珠三角城市群的形成与发展得益于工商业的发展、先行对外开放所导致的外资的进入及自主型城市化，京津冀城市群的形成与发展则得益于全国资源向该区域集中。西部地区城市群总体发育程度低，大部分处于快速发育阶段或发育雏形阶段，城市群紧凑度和空间结构稳定度低。西部地区城市群基本上沿交通干线和大江大河流域发展，成为西部经济发展核心区，交通的发展促进了城市空间扩展并改变了城市外部形态，是城市空间扩展的驱动力，对城市空间扩展具有指引性作用。对比研究中国主要城市群的发展特征，特别是与同为东部地区经济发展最快区域的长三角和珠三角城市群的比较研究，同时研究发达国家城市群空间优化与质量提升的经验，不仅可以为进一步推进京津冀经济发展和城市化进程提供借鉴，还可以为其他地区乃至全国的城市化进程提供参考和借鉴，这对我国加快形成世界级水平的大城市群也有着重要的战略意义。

第一节　京津冀与国内城市群产业集群分工比较

城市群的产业集群是产业在空间上的集聚形态，表现为众多产业在一个空间范围内集中，并形成产业间的有机联系。本章重点比较京津冀与长三角城市群之间产业集群的发展。由于产业集群空间范围有可能突破行政区划，因此我们也关注产业跨省区市的集聚，观察相邻地区是否存在产业集群，并对集群进行分析。本节将计算 39 个工业行业在京津冀和长三角地区每个省市的单位土地承载产出：行业 GDP/地域面积；同时计算各省市两两之间的平均土地承载产出：两省市行业 GDP 之和/两省市土地面积之和；然后构建 6×6 阶的地区矩阵。城市群内只有在空间上相邻的城市，才可能形成产业集聚。为了衡量每个产业的空间集聚地点，我们设定单位土地承载产出的水平作为衡量依据，按照不同组合设定三种标准：（1）两个地区单位土地承载产出都是全国平均水平的 2 倍，且两个相邻地区平均单位土地承载产出是全国的 4 倍；（2）两个地区单位土地承载产出都是全国平均水平的 2 倍，且两个相邻地区平均单位土地承载产出是全国的 15 倍；（3）两个地区单位土地承载产出都是全国平均水平的 2 倍，且两个相邻地区平均单位土地承载产出是全国的 20 倍。对 39 个工业行业重复这个过程，得到每个行业的空间集聚表，再把这 39 张表的结果叠加，即得到 39 个工业行业的产业集群情况。本节所用数据均为 2015 年数据。

（1）两地单位土地承载产出都在全国平均水平的 2 倍以上，两地单位土地承载产出平均水平在全国平均水平 4 倍以上的情形。按照这个标准，从京津冀和长三角地区空间上看，工业空间集群情况如下：北京、天津各有 27 个行业形成集群，河北共有 11 个行业形成集群；江苏、上海、浙江各有 31 个行业形成集群。长三角的工业集群无论是行业数、行业规模还是行业密度都比京津冀地区水平高，甚至在全国都是水平最高的。如果产业集群的形成是基于比较优势，那么各地应该普遍发展相对强项，而不是各行业部高度集中于长三角地区。如果是重复建设，那么长三角地区的工业应该表现出效率低下和市场接受度差的情形，但是产业结构在长三角地区并不存在明显冲突。因此，各地区工业选择主要基于市场联系，长三角地区市场一体化和联系度都比京津冀地区要强，也就是说，克鲁格曼的新经济地理学是解释地区分工的主要观点。

（2）两地单位土地承载产出都在全国平均水平的 2 倍以上，两地单位土地承载产出平均水平在全国平均水平 15 倍以上的情形。按照这个标准，京津冀地区和长三角地区拥有的产业集群情况如下：北京、天津各有 15 个行业形成集群；江苏、浙江、上海分别有 10 个、6 个、12 个行业形成集群。

（3）两地单位土地承载产出都在全国平均水平的 2 倍以上，两地平均水平在全国平均水平 20 倍以上的情形。按照这个标准，京津冀和长三角地区产业集群情况为：北京、天津之间形成 8 个行业集群；苏浙沪之间，苏沪形成 8 个行业集群，沪浙形成 5 个行业集群，苏浙形成 2 个行业集群。

通过以上分析可以看出，从产业集群角度看，工业行业的地区分工并不明显，两个大的产业集群几乎在各个行业都占据优势。市场效应、行业联系等集聚力量是目前地区分工的主导力量，而其他因素，如资源环境条件、劳动力成本等都尚未构成地区分工的主要因素。但是随着资源环境约束加深、劳动力成本上升，这些因素将对京津冀和长三角地区分工产生更为深刻的影响。

上述分析是基于产业集群的空间界定，本节还将分析这些产业集群内部是否存在紧密的产业间联系，集群内紧密的产业间联系有助于效率提升，是产业集群成长的内在动因。产业间联系内涵非常广泛，本节主要关注投入产出联系，以此分析集群内的投入产出联系是否高于一般水平。表 5-1 为京津与苏沪的跨省份产业集群。

表 5-1　京津与苏沪跨省份产业集群的产业情况

序号	北京、天津	江苏、上海
1	石油和天然气开采业	纺织业
2	医药制造业	纺织服装、服饰业
3	黑色金属冶炼和压延加工业	化学原料和化学制品制造业
4	铁路、船舶、航空航天和其他运输设备制造业	化学纤维制造业
5	计算机、通信和其他电子设备制造业	金属制品业
6	仪器仪表制造业	通用设备制造业
7	电力、热力生产和供应业	计算机、通信和其他电子设备制造业
8	水的生产和供应业	仪器仪表制造业

资料来源：根据地区投入产出表整理得来。

由表 5-1 可知，两个地区产业集群内产业数目相当，但行业领域差别较大，相同的产业是计算机、通信和其他电子设备制造业，以及仪器仪表制造业，因此京津冀和长三角地区产业集群分工是明显不同的。这两个工业集群中的行业之间的联系度如何？考虑到产业集群不仅仅是空间集中，更应该是产业间具有有机联系的整体，因此，利用全国平均技术情况来评价这种联系，可计算出两个产业集群的产业联系情况（见表 5-2）。

表 5-2　京津与苏沪跨省份产业集群的产业联系情况

项目	京津	苏沪
直接联系	0. 065	0. 066
相对值	4. 396	4. 496
完全联系	0. 289	0. 311
相对值	4. 138	4. 455

注：相对值均为集群产业联系/所有产业联系。

数据来源：根据地区投入产出表整理得来。

由表 5-2 可知，集群内的 8 个产业间联系程度明显高于所有产业联系程度。其中江苏、上海产业集群内部的产业联系程度稍高于京津。因此我们的实证分析支持这样一个结论：产业集群内部的产业联系是产业集群成长的重要条件。对于京津冀地区而言，迫切需要加强区域市场一体化建设，打破条块割据，降低交易成本，增强地区间产业联系与产业分工。

第二节　京津冀与国内城市群产业结构发展比较

中国经济进入新常态后，优化产业结构和促进地区间分工协作，成为转变经济发展方式和促进经济可持续发展的重中之重。中国各地区产业结构相似性过高一直是困扰区域经济协调发展的基本问题，研究产业结构与地区分工的关系，缓解分权竞争体制下地区经济重复建设的矛盾，有助于各地区发挥比较优势，建立多层次发展的有机经济体。在分析产业分工协作与结构冲突时，应坚持马克思主义基本立场并充分利用西方经济学的分析方法，对其进行全面研究。目前，对地区间产业发展的研究大多数应用产业经济或区域经济理论方法，综合运用马克思分工协作理论进行研究的文献并不多见。

在对产业结构冲突与分工相关问题的研究方面，学者往往着眼于国内的一些典型区域如长三角、珠三角、京津冀等地区进行分析。桑瑞聪和刘志彪（2014）通过计算泛长三角地区的区位基尼系数、专业化指数等认为，该区域制造业产业分工提高、产业转移明显，产业集聚度呈倒 U 形变化。梁琦（2004）、周立群和江霈（2009）以及赵伟和张萃（2009）对长江经济带和环渤海地区、京津冀地区、珠三角地区的产业同构度进行了比较分析，认为长三角地区产业趋同度比京津冀地区高，但前者的产业同构更多地源于市场因素，更有利于推进产业集聚和产业内分工。长三角地区和珠三角地区产业同构度的变化都呈现倒 U 形规律（喻柯可，2016）。任保平（2008）对马克思经济学和西方经济学的分工理论做了比较研究，他从分工的内在本质、分工的二重性、分工和商品交换的关系、生产力和生产关系的结合角度研究分工问题，从劳动的地域分工五个方面对马克思分工协作理论做出概括。乔翔（2011）认为马克思和杨小凯都系统考察了分工在社会经济结构形成中的作用机制，二者的理论都比较符合实践性，并具有微观拓展性质。杨小凯的分工概念可以解释相同生产部门中不同经济主体之间的协作关系，也可以扩大到全社会范围内，对不同生产部门的不同经济主体之间的协作关系进行解释。这一扩大性的概念使得微观分工与社会分工不再有传统意义上的区别，使社会分工成为微观分工在全社会范围内扩大化的表现形式。

一　马克思分工协作理论与产业结构相似系数调整

（一）马克思分工协作理论

马克思分工协作理论是其政治经济学的重要理论之一，有着极强的科学性并且在当代不断取得发展，其思想精髓对当下的经济社会发展仍然具有深刻指导意义。

1. 协作可以带来生产资料节约，提升全要素生产率

马克思指出："许多人在同一生产过程中，或在不同的但互相联系的生产过程中，有计划地一起协同劳动，这种劳动形式叫作协作。"① 资本主义生产就是以协作为起点的，"资本主义生产实际上是在同一个资本同时雇用人数较多的工人，因而劳动过程扩大了自己的规模并提供了较大量的产品的时候才开始的"②。事实上，协作存在于各种社会形态之中，"生产资料使用方面的这种节约，只是由于许多人在劳动过程中共同消费它们。即使许多工人只是在空间上集合在一起，并不协同劳动，这种生产资料也不同于单干的独立劳动者或小业主的分散的并且相对地说花费大的生产资料，而取得了社会劳动的条件或劳动的社会条件这种性质。一部分劳动资料甚至在劳动过程本身取得这种社会性质以前，就已经取得这种社会性质。"③ 无论是社会分工还是企业内的组织分工，专业化的分工与链条化的协作都是相辅相成的。协作这种生产方

① 马克思：《资本论》（第一卷），人民出版社，2018，第378页。

② 马克思：《资本论》（第一卷），人民出版社，2018，第374页。

③ 马克思：《资本论》（第一卷），人民出版社，2018，第377页。

式的优越性取决于协作劳动的自然属性和技术属性，而并不取决于这种劳动的社会历史阶段性属性。

2. 分工协作可以创造一种新生产力即集体生产力

马克思研究社会分工，是从工场手工业入手的，“单就劳动本身来说，可以把社会生产分为农业、工业等大类，叫作一般的分工；把这些生产大类分为种和亚种，叫作特殊的分工；把工场内部的分工，叫作个别的分工。”① “工场手工业分工通过手工业活动的分解，劳动工具的专门化，局部工人的形成以及局部工人在一个总机构中的分组和结合，造成了社会生产过程的质的划分和量的比例，从而创立了社会劳动的一定组织，这样就同时发展了新的、社会的劳动生产力。”② 马克思深刻诠释了分工与协作这一对矛盾统一体的密切关系及重要作用。“正如协作发挥的劳动的社会生产力表现为资本的生产力一样，协作本身表现为同单个的独立劳动者或小业主的生产过程相对立的资本主义生产过程的特有形式。”③ 虽然马克思是以特定阶级社会里特殊协作形式下的分工——资本主义生产方式下的工场内部分工作为主要研究对象，但是他还是在具体中抽象出了专业化分工的一般性特点，以及由协作的一般化性质所带来的分工的重要意义和显著优越性，并深刻揭示出分工与协作相互促进、密切耦合的有机统一关系。

分工与协作作为生产方式，是各种社会经济形态所共有的。马克思在《德意志意识形态》中提及的职业分工也是一个重要的范畴，即教育、医疗等不同行业或同一行业内不同部门之间的分工。马克思在形态上注重区别自然分工和社会分工，脑体分工和城乡分工都属于社会分工。而且职业分工不仅存在于过去和现在，而且在共产主义社会中也依然存在。历史的进程在不断前进的同时，分工也在不断发展、变化，这既是生产力有所发展的表现也是生产力发展不足的结果。“一个民族的

① 马克思：《资本论》（第一卷），人民出版社，2018，第406~407页。
② 马克思：《资本论》（第一卷），人民出版社，2018，第421~422页。
③ 马克思：《资本论》（第一卷），人民出版社，2018，第388页。

生产力的发展水平，最明显地表现为该民族分工的发展程度。”（余源培和吴晓明，2005：第153页）事实上，分工与协作产生协调力，进而创造出的这种新的生产力——集体力，在不同社会生产关系下的协作，是具有不同性质的。在社会主义制度下的分工与协作，更获得了推动社会主义事业发展的无比强大的生命力，由分工与协作密切耦合而形成的协同所创造的新的生产力具有更为广阔的发展前景。

二　京津冀与国内城市群产业结构冲突比较

根据调整后的地区间产业结构冲突指标可以计算出，2004年和2017年东北地区、京津冀地区以及长三角地区的产业结构冲突情况，结果详见表5-3至表5-5。

表5-3　东北地区产业结构冲突情况（38个行业）

年份	地区	R_{ij}		r_{ij}		E_{ij}	
		吉林	黑龙江	吉林	黑龙江	吉林	黑龙江
2004	辽宁	0.579	0.407	0.321	0.541	0.188	0.220
	吉林		0.480		0.584		0.280
2017	辽宁	0.531	0.524	0.304	0.637	0.165	0.253
	吉林		0.573		0.651		0.312

数据来源：2004年和2017年工业总产值、销售收入、就业人数和固定资产净值年平均余额数据来自各省历年统计年鉴。

表5-4　京津冀地区产业结构冲突情况（38个行业）

年份	地区	R_{ij}		r_{ij}		E_{ij}	
		天津	河北	天津	河北	天津	河北
2004	北京	0.961	0.482	0.105	0.233	0.051	0.153
	天津		0.533		0.151		0.089
2017	北京	0.884	0.794	0.057	0.087	0.041	0.061
	天津		0.976		0.256		0.132

数据来源：2004年和2017年工业总产值、销售收入、就业人数和固定资产净值年平均余额数据来自各省市历年统计年鉴。

表 5-5 长三角地区产业结构冲突情况（38 个行业）

年份	地区	R_{ij}		r_{ij}		E_{ij}	
		江苏	浙江	江苏	浙江	江苏	浙江
2004	上海	0.918	0.714	0.025	0.045	0.023	0.032
	江苏		0.800		0.131		0.106
2017	上海	0.921	0.727	0.017	0.041	0.020	0.028
	江苏		0.709		0.216		0.141

数据来源：2004 年和 2017 年工业总产值、销售收入、就业人数和固定资产净值年平均余额数据来自各省市历年统计年鉴。

数据显示，2004 年和 2017 年长三角地区内部各省市间平均产业结构相似性最高（平均 R_{ij} 最高），京津冀地区次之，东北地区最小。但是东北地区内部各省间产业同步弱质性平均最强（平均 r_{ij} 最高），京津冀地区次之，长三角地区最低。最终区域间产业结构冲突性指标（平均 E_{ij}）东北地区平均最高，京津冀地区次之，长三角地区最低。长三角地区产业结构冲突性之所以最弱，是因为在该区域内同类产业集聚是有效率的，而且市场接受程度较高。

从 2004~2017 年的变动情况来看，东北地区和长三角地区的分工情况在恶化，但是两个地区产生这种现象的原因不同。东北地区是因为地区间同步弱质性整体加强（其产业结构相似系数整体是下降的），而长三角地区则是由于地区间同步弱质性整体加强和结构相似性整体上升。与这两个地区相反，京津冀地区产业分工合理性上升了，主要原因是地区间同步弱质性整体下降了（其产业结构相似系数整体是上升的）。各地区产业结构变化中出现的主要问题可以归结为：长三角地区和东北地区的主要问题都是地区间同步弱质性增强（虽然长三角地区还是远低于另外两个地区），而京津冀地区的主要问题则是产业结构相似性上升。

考虑到采矿业和电力、热力、燃气及水生产和供应业受自然资源影响大，地区间分工状况很大程度上取决于自然资源禀赋的差异，所以本书重点关注制造业（29个行业）的区域分工状况，2004~2017年东北地区、京津冀地区、长三角地区产业结构冲突情况见表5-6至表5-8。

表5-6　东北地区产业结构冲突情况（29个行业）

年份	地区	R_{ij}		r_{ij}		E_{ij}	
		吉林	黑龙江	吉林	黑龙江	吉林	黑龙江
2004	辽宁	0.495	0.665	0.182	0.225	0.088	0.150
	吉林		0.461		0.249		0.113
2017	辽宁	0.467	0.573	0.155	0.214	0.061	0.138
	吉林		0.419		0.243		0.101

数据来源：2004年和2017年工业总产值、销售收入、就业人数和固定资产净值年平均余额数据来自各省历年统计年鉴。

表5-7　京津冀地区产业结构冲突情况（29个行业）

年份	地区	R_{ij}		r_{ij}		E_{ij}	
		天津	河北	天津	河北	天津	河北
2004	北京	0.964	0.541	0.045	0.073	0.045	0.049
	天津		0.584		0.132		0.071
2017	北京	0.873	0.812	0.031	0.061	0.032	0.029
	天津		0.909		0.175		0.091

数据来源：2004年和2017年工业总产值、销售收入、就业人数和固定资产净值年平均余额数据来自各省市历年统计年鉴。

表5-8　长三角地区产业结构冲突情况（29个行业）

年份	地区	R_{ij}		r_{ij}		E_{ij}	
		江苏	浙江	江苏	浙江	江苏	浙江
2004	上海	0.917	0.715	0.025	0.050	0.023	0.035
	江苏		0.806		0.146		0.116
2017	上海	0.920	0.711	0.017	0.041	0.018	0.029
	江苏		0.743		0.202		0.145

数据来源：2004年和2017年工业总产值、销售收入、就业人数和固定资产净值年平均余额数据来自各省市历年统计年鉴。

和工业整体情况类似，2004 年制造业区域分工合理性平均从高到低依次是长三角地区、京津冀地区和东北地区，但 2017 年制造业区域分工合理性平均从高到低依次是京津冀地区、长三角地区和东北地区。京津冀地区与长三角地区相比产业结构相似性整体更低，地区间同步弱质性整体更强。各地区主要问题如下：长三角地区产业结构相似性整体太高（三地区中平均最高），东北地区则是地区间同步弱质性整体太强，京津冀地区是二者都需要改善。长三角各地区工业结构配置冲突性是三个地区中平均最弱的，但是制造业结构配置冲突性问题相对突出，主要原因就在于长三角各地区制造业的产业结构相似性太高。

动态来看，2004~2017 年长三角地区制造业分工合理性在恶化，而京津冀地区和东北地区在改善。另外，东北地区无论是产业结构相似性还是同步弱质性都有所改善，京津冀地区是同步弱质性有所改善，而产业结构相似性整体有所恶化，长三角地区则是同步弱质性和产业结构相似性都有所恶化。

从全国范围来看，在 2004 年和 2017 年，新疆、青海、黑龙江产业结构冲突问题比较严重。而辽宁、山东和甘肃情况相对较好。产业结构冲突最强的地区区域内成员的冲突指标变动比较小，而冲突次强地区区域内成员的冲突指标变动相对较大。另外，通过计算每个行业中哪两个地区间的产业结构冲突最大，即该行业占两地工业增加值比重最高，且两地该行业效率和市场表现更差，则说明存在明显的产业结构冲突。各工业行业产业结构冲突地区计算结果见表 5-9。

表 5-9　2017 年各工业行业产业结构冲突地区

行业编号	行业	冲突地区		行业编号	行业	冲突地区	
1	煤炭开采和洗选业	山西	宁夏	5	非金属矿采选业	湖北	青海
2	石油和天然气开采业	黑龙江	新疆	6	其他采矿业	广西	贵州
3	黑色金属矿采选业	河北	安徽	7	农副食品加工业	广西	甘肃
4	有色金属矿采选业	云南	西藏	8	食品制造业	安徽	宁夏

续表

行业编号	行业	冲突地区		行业编号	行业	冲突地区	
9	酒、饮料和精制茶制造业	四川	西藏	24	塑料制品业	福建	广东
10	烟草制品业	贵州	云南	25	非金属矿物制品业	广西	西藏
11	纺织业	江苏	浙江	26	黑色金属冶炼和压延加工业	河北	辽宁
12	纺织服装、服饰业	浙江	福建	27	有色金属冶炼和压延加工业	甘肃	宁夏
13	皮革、毛皮、羽毛及其制品业和制鞋业	浙江	福建	28	金属制品业	浙江	广东
14	木材加工和木、竹、藤、棕、草制品业	吉林	广西	29	通用机械制造业	辽宁	浙江
15	家具制造业	浙江	广东	30	专用设备制造业	河南	陕西
16	造纸和纸制品业	广西	宁夏	31	铁路、船舶、航空航天和其他运输设备制造业	吉林	四川
17	印刷和记录媒介复制业	北京	西藏	32	电气机械和器材制造业	浙江	广东
18	文教、工美、体育和娱乐用品制造业	福建	广东	33	计算机、通信和其他电子设备制造业	江苏	广东
19	石油加工、炼焦和核燃料加工业	山西	甘肃	34	仪器仪表制造业	浙江	广东
20	化学原料和化学制品制造业	青海	宁夏	35	其他制造业	浙江	福建
21	医药制造业	吉林	广西	36	电力、热力生产和供应业	贵州	青海
22	化学纤维制造业	江苏	浙江	37	燃气生产和供应业	吉林	四川
23	橡胶制品业	福建	贵州	38	水的生产和供应业	广西	西藏

资料来源：根据《中国工业统计年鉴》（2005 年和 2018 年）中相关数据整理计算得来。

三　马克思分工协作理论的启示

随着中国经济进入新常态，新的历史发展方位下，马克思分工协作理论对产业经济的协调运行提出了新要求。当前，解决地区发展不平衡、不充分问题，需要以马克思分工协作理论为指导，要求产业经济发展更加注重三次产业结构动态均衡和长期收敛，而非长期失衡和资源错配；更加注重区域产业结构的有效衔接和分工协作的密切耦合，而非“单打独斗”和“机械重复”；更加注重产业内各子产业体系的合理配比和有效衔接，而非“顾此失彼”和“各自为政”。突破行政区划的固有藩篱，将跨行政区划的“产业区”之间的密切合作作为地区经济协调发展的主旋律，强化市场在资源配置中的决定性作用，深化产业结构调整和体制机制改革，推动产业协同不断向纵深发展。通过上一节的分析，结合马克思分工协作理论，可得出促进产业协调发展的一般性原则，为地区产业结构调整和优化区域经济布局提供参考。同时我们也能直观地看出各地区产业结构的异同，在制定调控政策时应注意这些差异，使政策更具有针对性。

（一）注重产业分工，避免过度相似

减少产业结构的冲突性必须从差异和效率两个方面入手。注重产业结构差异性有助于从源头上防止产业结构冲突的产生。即便是在一个大的行业类别中，区域间也可以进行更细类别的分工，实现相邻区域内的协作，使该大行业得以在这些地区实现有效集聚，从而最终提升各地区的行业生产效率。今后，各地区应在中国产业发展规划纲要的指导下，发挥比较优势实现专业化分工的同时，要注重体制机制改革的配合，发挥市场在资源配置中的决定性作用，降低产业同构度，实现区域定位合理化，以分工促协调，提高市场效率，实现社会总产品。

（二）注重分工协作与市场效率的结合

各个经济区产业结构冲突的形成原因各有不同，所以应该根据各自的产业结构冲突主要特征有针对性地予以解决。东北地区的产业结构互补性较强，所以要注重提高产业发展质量，利用人力资本、技术进步、制度创新提高效率，而且要根据市场情况及时调整产品供给，提高产品的产销率。长三角地区虽然产业结构相似系数比较大，但是因为其效率和市场表现都还不错，所以目前情况下产业冲突性问题不是非常明显。但从长远来看，有必要强化三省市的特色产业优势。京津冀地区一方面要注重提升产业发展质量，提高市场效率，另一方面还要注意增强产业结构差异性，降低产业相似系数。

（三）注重地区协同整体利益，避免各自为政

与京津冀地区乃至东部城市群相比，产业结构冲突性最强的是西部地区。西部地区经济发展相对滞后，虽然产业结构差异性最强，但是因为产业效率低下和市场效率不理想，产业冲突压力很大。西部的压力除了其内部产业结构冲突外，和中部地区的冲突也十分明显。因此，西部地区的产业结构调整一方面要立足西部地区内部的分工，另一方面也要注意与中部地区的协调发展。同时，京津冀地区、长三角地区的产业发展也要在西部地区寻求潜在契合点，以实现互助共赢。要以地区经济分工协作推进全国区域协调发展，将区域协调发展目标落实到产业层面，以区域产业结构协调推进区域协调发展，以产业的空间转移带动资本、技术的流动，实现地区间的辐射和带动，以促进相对落后地区的发展；利用产业空间有序转移和区域间分工逐步优化等积极力量，缩小地区差距。

第三节 京津冀与国外城市群发展比较和经验借鉴

中国经济转型和崛起需要世界级城市群的支撑，京津冀城市群的发展目标正是要建成参与全球竞争和国际分工的世界级城市群，打造中国乃至世界的研发创新、高端服务和“大国重器”集聚区，带动中国北方向东北亚、西亚、中亚、欧洲全方位开放的门户地区，并成为中国未来最具活力的核心增长极和新型城镇化示范区。基于这一目标，京津冀城市群面临空间优化和质量提升的艰巨任务，沿海的珠三角、长三角、京津冀等城市群日益逼近资源环境承载力极限，因此迫切需要科学规划城市群规模和布局，注重经济转型和产业结构优化升级。

根据法国地理学家戈特曼（J. Gottman）在《城市群：美国城市化的东北部海岸》中提出的定义："城市群是指一个范围广大的、由多个大都市连接而成的城市化区域，是消灭了城市和乡村明显景观差别、具有一定人口密度分布的地区"（Gottman，1957），目前世界已形成六大城市群，其发展状况比较可参见表5-10。我们以美国东北部大西洋沿岸城市群、北美五大湖城市群、日本太平洋沿岸城市群、欧洲西北部城市群等国际上发展比较成熟的城市群为例，深入探讨其在空间结构优化方面的经验教训，以期为京津冀城市群空间结构优化和质量提升提供借鉴。

表5-10　世界六大城市群发展状况比较

城市群名称	主要城市	城市体系	区域面积（万平方公里）	人口（万人）	城市化率（%）	制造业产值比重（%）
美国东北部大西洋沿岸城市群	波士顿、纽约、费城、巴尔的摩、华盛顿等	5个大城市和40多个中小城市	13.8	6500	>90	30
北美五大湖城市群	芝加哥、底特律、克利夫兰、匹兹堡、多伦多、蒙特利尔等	35个城市	24.5	5000		40
日本太平洋沿岸城市群	东京、横滨、名古屋、大阪、川崎、神户等		10	7000		75（工业产值比重）
欧洲西北部城市群	巴黎、阿姆斯特丹、鹿特丹、海牙、安特卫普、布鲁塞尔、科隆等	40个城市	14.5	4600		
英国中南部城市群	伦敦、伯明翰、利物浦、曼彻斯特等	4个大城市和10多个中小城市	4.5	3650		80（GDP占英国全国比重）
以上海为中心的长江三角洲城市群	上海、杭州、无锡、宁波、南京、苏州等	15个城市	11	7500		25（工业产值比重）

资料来源：周世峰和王辰（2010）；刘友金（2009）。

学术界对城市群空间结构演化阶段的研究成果颇丰，代表性观点见表 5-11。我们从中可以看出，尽管国内外学者对城市群空间结构演化的阶段划分存在差异，但核心思想具有共性，即城市群的空间结构由孤立点状向单中心再到多中心演变，城市群空间结构演化的动力机制由以集聚为主向集聚与扩散并存再向以扩散为主转变。

表 5-11　城市群空间结构演化阶段划分的观点总结

学者	年份	阶段划分方式或分类
耶兹(Yeates)	1989	重商主义城市时期、传统工业城市时期、大城市时期、郊区化成长时期和银河状大城市时期
斯科特(Scott)	2001	单中心、多中心和网络化阶段
弗里德曼(Friedman)	1964	没有独立的地方中心、中心—外围地区、单一的全国中心和强大的外围次中心、城市体系
崔功豪	1992	将城市群体结构划分为城市-区域、城市群组和巨大城市带三类
陆大道	1995	未形成等级-规模体系、形成空间经济梯度、点-轴状等级结构、点-轴空间结构完善
张京祥	2000	多中心孤立城镇膨胀阶段、城市空间定向蔓生阶段、城市间的向心与离心扩展阶段、城市连绵区内的复合式扩展阶段
官卫华、姚士谋	2003	城市区域阶段、城市群阶段、城市群组阶段和大都市带阶段
朱英明	2004	分散发展的单中心城市阶段、城市组团阶段、城市组群扩展阶段、城市群形成阶段
陈修颖	2005	低水平的均衡状态、极核式集聚发展阶段、扩散均衡发展阶段、高级均衡阶段
苏雪串	2012	低水平均衡阶段、极核发展阶段、扩散阶段、成熟阶段
朱顺娟	2012	城市孤立发展阶段、单中心城市群阶段、城市群组阶段、城市群网络化阶段

资料来源：文魁和祝尔娟（2014）。

通过梳理国内外学者的主要观点，分析国外五大城市群的发展历程可以得出以下结论。在经济发展的不同阶段，城市群的空间结构演化大致经历了四个阶段：孤立的离散发展阶段、单中心极核形成阶段、多中心扩散阶段、网络化发展阶段。城市群发展演化的阶段性规律表明，随着经济发展水平的不断提高，城市群的空间结构演化经历了从孤立的离散发展阶段到单中心极核形成阶段的过程，通过集聚效应和扩散效应，最终形成功能定位合理、产业分工密切的多中心网络化空间结构。

一 国外城市群优化升级的主要经验

通过分析美国东北部大西洋沿岸城市群、北美五大湖城市群、日本太平洋沿岸城市群、欧洲西北部城市群、英国中南部城市群五大国外城市群在促进空间结构优化方面的具体做法，总结得出以下经验。

（一）重视城市群跨区域协调机构的建立

城市群是由若干个大、中、小城市组成的城市集合体，单个城市的政府机构无法应对城市群体面临的发展空间过密和过疏问题。因此，国外城市群建立了不同形式的跨区域协调机构，其运作模式也有差别。总体而言包括以下三种类型。

一是设立权威的广域城市政府。以英国中南部城市群为代表。1964年英国创建“大伦敦议会”，专门负责管理和协调伦敦城市群的发展问题。随后，在1985年出台的《地方政府法案》中规定由环境部承担伦敦地区的战略规划职能，但是这一做法在推行“自由化”政策的撒切尔夫人执政期间收效甚微，1990年以后大伦敦地区又引入了战略规划指引，以保障伦敦城市群发展规划的一致性和协调性，同时统筹规划城市群内部的港口体系、机场体系、高速公路体系、通勤铁路体系和环保体系等，为伦敦城市群的空间结构优化打下了坚实的基础。

二是组建专门的协调机构。协调机构类型多样，包括官方、半官方、民间三种类型。官方协调机构以1961年成立的“巴黎地区整顿委员会”为代表，1965年委员会制定《巴黎地区战略规划》，摒弃了单中心的传统规划理念，采取多中心的空间开发模式，打造了“巴黎—鲁昂—勒阿弗尔”城市群，有效促进了巴黎城市群空间结构的优化升级。半官方的协调机构以美国“波士华”城市带为代表，主要通过专业性管理机构管理和协调城市群的发展问题，城市之间的合作较为松散，1921 年纽约和新泽西州共同成立纽约和新泽西港务局，该机构主要管理城市群内部交通基础设施，包括港口、桥梁、隧道和机场设施等，以基础设施建设为突破口促进美国东北部大西洋沿岸城市群的空间结构优化。民间协调机构以 1955 年成立的“五大湖城市群区域协调委员会”为代表，成立的初衷是建立一个与联邦政府和州政府对话的平台，其关注的主要问题已由经济发展转向实现流域水资源及相关自然资源的合理利用与保护，为北美五大湖城市群生态空间结构优化做出了贡献。

三是地方政府之间的联合协商。日本太平洋沿岸城市群的地方政府之间主要采取“事务委托”和“部分事务联合”的方式共同处理跨区域事务，由地方政府通过议会决议，授权政府签订合作协定。美国通过城市群成员政府之间签订合约，解决公用设施的建设资金和使用问题，促进人口和产业的合理布局。

（二）注重规划的科学性与实操性

一些国家的政府特别重视规划在促进城市群空间结构优化方面的作用。在规划编制过程中有以下三点经验。一是强调政府主导推动城市群规划建设。以日本太平洋沿岸城市群的东京都市圈规划为代表，日本制定和实施了五次国土综合开发规划，形成了以区域规划和城市规划为主的规划体系，对东京都市圈的空间布局优化具有重大的指导作用。二是强调规划的公众参与。芝加哥市政府通过设立建言平台，让市民提供与实际生活相关的建议，再经规划人员研究，纳入规划统一实施，达到多赢的目的。三是各类规划之间紧密衔接。以巴黎城市群为例，国家、地区和城市三级政府对城市群有共同的发展目标，因此，地区政府通过发布区域规划确定城市群发展总体目标，城市政府以此为依据编制总体规划、土地利用规划，规划之间紧密衔接，保证城市群空间利用的合理性和持久性。

（三）构建密集的城市综合交通网络体系

综合交通网络体系的建设对城市群空间结构优化意义重大，一方面给出城市群的空间拓展方向，另一方面促进新的优势区位和城市功能新区的产生，改善城市群的空间布局。概括地讲共有三种模式。一是以高速公路为主。高速公路体系在美国东北部大西洋沿岸城市群发展过程中发挥了重要作用，既增强了城市间的交往和联系，又加快了人口郊区化进程。二是以轨道交通为主。日本太平洋沿岸城市群的轨道交通网络十分发达，由东海道新干线、轻轨和地铁构成的轨道交通网络全长约2865公里，4个小时内将京滨、中京、阪神等核心城市圈连接在一起，保障了人员和要素资源的流动。同时，完善的轨道交通也成为引导东京都市圈优化空间结构的重要手段。东京环市中心的轻轨线把都心和七大副都心连接起来，并以副都心为起点，呈放射状向近郊和邻近的中小城市延伸，有效疏解了东京的人口和城市功能，加快东京高端资源要素向周边地区扩散。三是综合交通体系。欧洲西北部城市群拥有由机场、高速铁路、地铁、高速公路、步行道路、交通转换枢纽等组成的交通体系，促进了城市群内各级中心城市的合作交流。

（四）建设各具特色的副中心和新城，促进中心城市功能疏解

国外城市群为有效疏解中心城市的人口和功能，实施副中心或新城建设战略，对完善城市群空间结构起到了积极作用。日本太平洋沿岸城市群主要实施的是副中心战略。东京作为城市群的中心城市，面临人口和产业过度集聚而引发的地价上涨、交通拥堵、环境污染等“大城市病”。为缓解上述问题，东京先后三次共计规划建设了7个副都心。欧洲西北部城市群主要实施的是副中心和新城战略。1965年颁布《巴黎大区国土开发与城市规划指导纲要（1965～2000）》，为疏解巴黎中心城区的人口和产业，在近郊设立9个副中心，在离市中心20～30公里处建立5个新城，疏解中心城区的部分功能。1946～1949年，伦敦市政府规划建设了8座新城，疏解伦敦市中心的人口和产业（见表5-12）。20世纪60年代，荷兰的兰塔斯德地区规划了13座新城，对疏解阿姆斯特丹等大城市的人口和功能发挥了重要作用。

表 5-12　国外城市群副中心和新城建设情况

<table>
<tr><th>地区</th><th>建设时间</th><th>类别</th><th>城市名称</th></tr>
<tr><td rowspan="3">日本</td><td>1958 年</td><td rowspan="3">副都心</td><td>新宿、池袋、涩谷</td></tr>
<tr><td>1982 年</td><td>大崎、上野—浅草、锦丝町—龟户</td></tr>
<tr><td>1989 年</td><td>临海</td></tr>
<tr><td rowspan="4">伦敦</td><td>1946 年</td><td rowspan="4">新城</td><td>斯蒂夫尼奇</td></tr>
<tr><td>1947 年</td><td>克劳利、哈罗、赫默尔亨普斯特德</td></tr>
<tr><td>1948 年</td><td>哈特菲尔德、韦林田园城</td></tr>
<tr><td>1949 年</td><td>巴西尔登、布拉克内尔</td></tr>
<tr><td rowspan="2">巴黎</td><td rowspan="2">20 世纪 60 年代</td><td>新城</td><td>塞尔基—蓬图瓦兹、玛尔拉瓦雷、圣康旦—伊弗里尼、埃夫利、默伦—塞纳尔</td></tr>
<tr><td>副中心</td><td>德方斯、圣德纳、博尔加、博比尼、罗士尼、凡尔赛、弗利泽、伦吉、克雷特伊</td></tr>
</table>

资料来源：文魁和祝尔娟（2014）。

（五）通过产业转移和分工协作完善各区域职能

1962 年，日本通过的第一次全国综合开发计划强调要建设城市群解决“大城市病”问题，并推动东京制造业向其他地区转移。在政府的指引下，东京仅保留企业总部以及管理、研发等职能，生产功能向周边地区转移，东京太平洋沿岸城市群形成了特色鲜明、优势互补的区域职能分工体系（见表 5-13）。美国东北部大西洋沿岸城市群内城市之间有着不同的职能分工，它们共同形成了集聚优势，促进了城市群空间职能结构的优化（见表 5-14）。

表 5-13　东京太平洋沿岸城市群的职能分工情况

地区	区内中心城市	职能
东京中心部	区部	国家政治、行政、金融、信息、经济、文化中心
多摩自立都市圈	八王子市、立川市	高科技产业、研发机构、大学集聚地
神奈川自立都市圈	横滨市、川崎市	工业、国际港湾、部分企业总部和国家行政机关的集聚地
埼玉自立都市圈	大宫市、浦和市	接纳东京都部分政府职能的转移，居住地
千叶自立都市圈	千叶市	国际空港、港湾、工业集聚地
茨城南部自立都市圈	土浦市、筑波地区	大学、研究机构集聚地

资料来源：卢明华等（2004）。

表 5-14 美国东北部大西洋沿岸城市群的产业分工情况

城市名称	特色产业
纽约	金融、商业和生产服务业
波士顿	高科技产业和教育
费城	清洁能源、制药、航空制造和交通服务
华盛顿	政府、旅游和高技术服务业
巴尔的摩	制造业和服务业

资料来源：石忆邵和黄银池（2010）。

（六）优化城市群的生态环境结构

生态环境的保护与开发是城市群空间结构优化的重要内容之一。北美五大湖城市群在城市群生态环境保护与开发方面积累了丰富的经验。北美五大湖城市群区域协调委员会作为一个跨国的非政府机构，抓住了区域合作的共同利益诉求，即保护生态环境，促进可持续发展。通过对五大湖流域、圣劳伦斯河流域的水资源等生态资源进行合理保护和利用，构建了五大湖地区的绿色生态空间，对城市群空间结构优化和城市发展承载力提升具有重大意义。

二 对京津冀城市群优化升级的启示

与美国东北部大西洋沿岸城市群、北美五大湖城市群等国外城市群相比，京津冀城市群发育成熟度相对偏低，空间结构不尽完善是原因之一。有鉴于此，可以充分借鉴国外城市群的成功经验，进一步优化提升京津冀城市群的空间结构，促进其实现可持续健康发展。

（一）加强京津冀城市群空间规划的科学性

国际经验表明，科学的规划有利于促进城市群的空间结构优化。因此，在国家出台京津冀城市群发展战略规划的基础上，加强对京津冀城市群空间规划的研究编制，需要特别注意以下三个方面。一是注重规划编制参与人员的学科背景多元化。一直以来，空间规划编制的主要参与人员多数是来自城市规划专业的专家，而空间规划的编制内容往往还涉及经济发展、人口规模、产业发展、生态环境等诸多领域，仅有城市规划专家参与是远远不够的，还需要吸纳经济学、管理学、人口学、生态学等领域的专家参与，综合出台规划方案。二是加强公众参与。空间规划的实施面向广大群众，可以借鉴芝加哥等城市的做法，搭建平台让市民参与规划方案论证，提出与实际生活相关的解决方案。三是择机组建半官方性质的京津冀城市群规划编制委员会。其成员可由政府官员、企业代表、普通市民、农民代表、科研人员、规划专家等组成，共同协商制定科学的空间规划。

（二）强化功能区和新城承载功能疏解

国际经验表明，副中心和新城的建设对疏解中心城市功能成效显著。京津冀城市群应该审慎选择未来能够疏解中心城市人口和产业的新的区域。北京市可在东西南北四个方向各选建一个功能区或者新城，东部的通州区、南部的大兴区、北部的未来科技城、西部的生态功能区可以作为新增长点。河北省可以选择雄安新区、石家庄的正定新区、廊坊固安的临空新城以及沧州的渤海新区作为新增长点。天津市可以选择武清、宝坻、蓟州区和滨海新区作为新增长点。

（三）推进交通基础设施一体化建设

国外城市群发展的经验表明，通过完善城市群综合交通网络可以缩短中心城市与周边中小城市的时空距离，促进产业的合理布局与有序转移，引导城市群的空间形态良性发展。对京津冀城市群而言，可以借鉴日本经验，加快推进以轨道交通为主的城市群交通基础设施一体化建设。一是加快推进高速公路和高等级公路建设，优先安排重要跨区域干道建设，满足京津冀城市群快速多样的客货运输需求，完善区域公路干线网络；二是积极推进公共客运和专业化货运，构建以公共运输为主的城市群交通模式；三是加快京沈、京张、京包、京唐等城际高速铁路建设，建设连通京冀晋蒙等省区市的快速交通网络。

（四）通过产业转移带动完善区域职能分工

日本早在 1962 年就推行了通过产业转移完善区域职能分工的政策，

从而促进了日本太平洋沿岸城市群多中心网络化空间结构的形成和发展。京津冀城市群可以借鉴日本经验，推动北京的制造业和批发零售业等部分服务业向周边地区转移，北京仅保留企业总部、高端商务服务、研发设计、文化创意等产业类型，促使京津冀城市群形成优势互补的区域职能分工体系，为多中心空间结构特别是通州副中心和雄安新区两翼中心结构的完善打下坚实基础。

（五）共同完善京津冀城市群的生态空间结构

通过借鉴国外经验，结合京津冀三省市实际情况，京津冀城市群可以以完善生态空间结构作为区域合作的共同诉求。当前可从两个方面入手。一是水资源利用。京津冀城市群的水资源相对缺乏，改善工作要从上游入手。上游地区要治理工业污染和限制排放，以涵养水源；风沙源治理区开展植树造林和退耕还草工程建设，以防风固沙。尤其需要关注上下游区域、风沙源治理区和受益区域之间的生态补偿机制。二是大气污染治理。认真落实《京津冀及周边地区落实大气污染防治行动计划实施细则》，力争京津冀城市群做到联防联控。

第六章　京津冀地区经济协调发展的趋势

在本章，我们首先分析京津冀地区经济发展过程中的专业化趋势；其次从京津冀地区的区域经济政策等方面，分析一体化的有利条件及不利因素；最后对京津冀地区的区域协调发展情况进行展望。

第一节　京津冀经济发展过程中的专业化趋势

在区域的层面上，有三种理论对地区专业化问题进行了阐述。传统贸易理论假设资本和劳动力等要素不能在地区之间流动，单纯的商品贸易使得两地根据比较优势选择自己的产业，技术、劳动力和自然资源禀赋决定了产业集中的区位（Ohlin，1935）。但是，比较优势并不是地区专业化的唯一解释。不同于传统贸易理论的是，新贸易理论在研究区域之间的产业分布和专业化时考虑了运输成本以及规模报酬递增所起的作用。在垄断竞争的市场假设下，新贸易理论认为规模经济是地区专业化的主要动力，经济活动在少数地区的集中是为了获得规模经济（Krugman，1979，1980）。在此基础上，新经济地理理论没有将分析的单位局限于两个国家之间，因此放松了要素不能流动的前提假设，从而使得专业化完全内生化（Krugman，1991b；Fujita et al.，1999）。产业的分布取决于规模经济与运输成本的相互作用，在本地市场效应和价格指数效应的作用下，企业会选择集聚从而获得规模经济；在竞争或拥挤效应的作用下，企业会选择分散。具体地，当运输成本较高时，企业是分散的；当运输成本下降时，企业是集聚的；当运输成本进一步下降时，企业由集聚走向分散。在这一过程中，地区之间的专业化是不断深化的（Rossi-Hansberg，2005；Aiginger and Rossi-Hansberg，2006）。

在全球化和经济转型过程中，京津冀地区之间的专业化程度也备受关注。一些研究认为，经济转型培育了市场主体，推动了基础设施建设从而降低了运输成本，随着市场的发育和要素流动，根据比较优势确定的产业在沿海地区和京津冀地区迅速发展起来，不同省市之间形成了产业分工；同时，FDI 的流入、国际贸易的增长也影响了京津冀地区产业的分布与各省市的专业化水平。另一些研究发现，在制度层面上，在分权竞争的体制下，地方政府的市场保护行为限制了要素流动，并增强了产业结构的相似性。

这些研究比较完整地刻画了各地区专业化的影响因素与趋势，但是都没有考虑经济发展的作用。从经济发展的过程来看，京津冀地区产业的专业化水平往往随着经济发展阶段的不同而不同。一些国外学者指出，在经济发展过程中，一个国家或地区的产业一般是由专业化走向多样化，这是因为多样化的产业结构可以减少投资的风险，这也是现实经济增长的内在要求。Imbs 和 Wacziarg（2003）通过运用全球 60 多个国家或地区的经济数据，研究了产业集聚度与人均收入水平的关系。他们发现，随着收入水平的不断上升，一个国家或地区的专业化水平呈现先下降后上升的趋势，当人均收入水平较低时，产业是走向多样化的，当人均收入达到或超过某一水平时，产业才会由多样化走向专业化。

一　京津冀区域产业专业化分工发展趋势

京津冀区域产业发展趋势符合区域内各省市的功能定位，良好的区域分工格局初步形成。

（一）北京产业高端化趋势明显

第三产业主导地位十分明显。2018 年末，北京第二、第三产业法人单位分别为 6.1 万家和 92.8 万家，其中第三产业法人单位占比达到 93.9%，比全国平均水平高 15.1 个百分点，比京津冀区域平均水平高 11.8 个百分点，较 2013 年提升 2.1 个百分点。

高技术服务业和文化产业集聚程度日益增强。2018 年末，科学研究和技术服务业、信息传输软件和信息技术服务业、文化体育和娱乐业占北京第二、第三产业法人单位的比重分别为 15.6%、7.8%、5.5%，分别比 2013 年末提升 4.3 个、0.2 个和 1.2 个百分点。北京作为科技创新中心和文化中心的地位愈加稳固。

传统产业地位有所下降。批发和零售业、租赁和商务服务业占北京第二、第三产业法人单位的比重分别为 27.7%、18.7%，比 2013 年末分别降低 2.7 个和 2.8 个百分点。

（二）天津服务业快速提升

第三产业增幅较大。2018 年末，天津第三产业法人单位 23.3 万家，占天津第二、第三产业法人单位的比重为 80.0%，比 2013 年末提升 5.4 个百分点，提升幅度比北京和河北高 3.3 个和 6.4 个百分点。

高技术服务业快速增长。科学研究和技术服务业、信息传输软件和信息技术服务业占天津第二、第三产业法人单位的比重分别为 8.9%和 6.1%，分别比 2013 年末提升 2.1 个和 2.4 个百分点。

金融和交通运输行业比较优势明显。货币金融服务业、多式联运和运输代理业、水上运输业等行业区位熵高于 3.0（见图 6-1），集聚程度较高。天津作为金融创新运营示范区和北方国际航运核心区的核心功能日益明显。

（三）河北先进制造业迅猛发展

第二产业优势明显。2018 年末，河北第二产业法人单位 31.6 万家，占第二、第三产业法人单位的比重为 27.4%，比全国平均水平高 6.2 个百分点，比京津冀地区平均水平高 9.5 个百分点，比 2013 年末提升 1.0 个百分点。

高技术制造业快速发力。2018 年末，河北高技术制造业法人单位

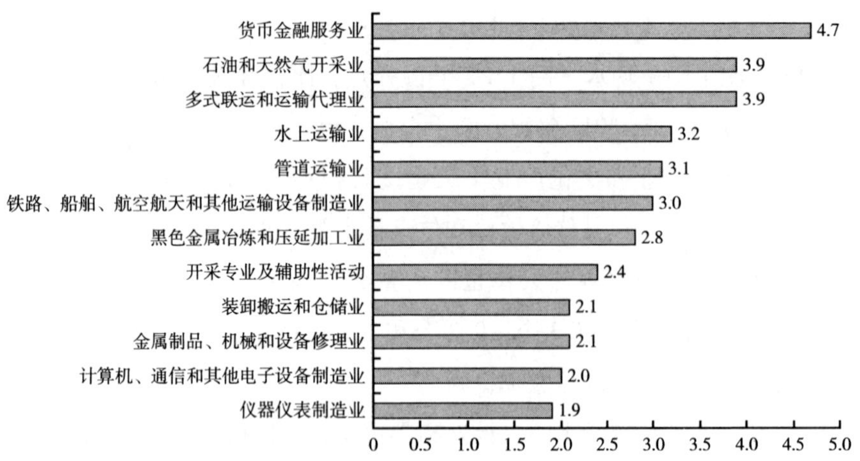

图 6-1　2018 年天津市区位熵较高行业

0.7 万家，占京津冀区域高技术制造业法人单位总量的 52.7%。化学原料和化学制品制造业、电气机械和器材制造业、医药制造业中高技术制造业单位数量分别占京津冀区域的 65.0%、64.1%和 58.8%。

采矿业和传统制造业集聚程度相对较高，但集聚态势有所减缓。河北集聚程度排名前十位的行业，区位熵比 2013 年末明显下降，其中黑色金属矿采选业、有色金属矿采选业和非金属矿采选业分别下降 0.8、0.8 和 0.7（见图 6-2）。

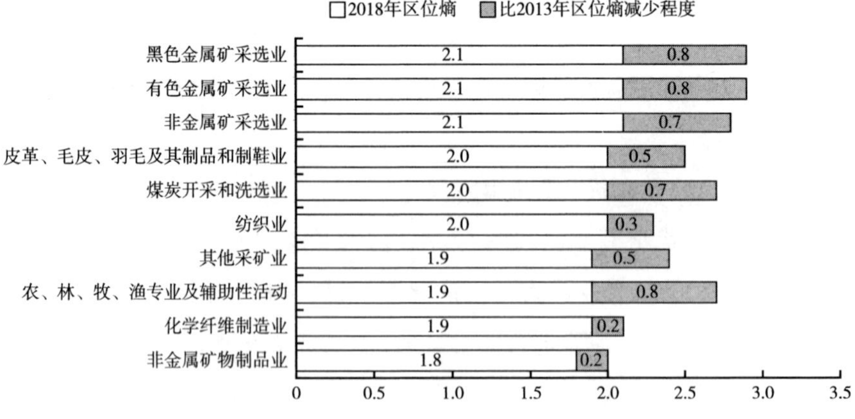

图 6-2　2018 年河北省区位熵较高行业

二　京津冀区域内产业协同发展趋势

（一）产业融合效果显著

京津冀协同发展战略有效促进产业融合发展，三地法人单位在京津冀区域内，跨省（市）设立产业活动单位数量迅速增长。2018 年末，京津冀法人单位在区域内跨省（市）的产业活动单位有 1.6 万家，占区域内产业活动单位总量的 5.5%，比 2013 年末增长 180.2%。

（二）北京对津冀地区的溢出效应明显

分地区来看，北京法人单位在津冀地区的产业活动单位有 1.2 万家、天津法人单位在京冀地区的产业活动单位有 0.3 万家、河北法人单位在京津地区的产业活动单位有 0.1 万家，分别占京津冀法人单位区域内跨省（市）产业活动单位总量的 75%、18.75%和 6.25%。北京在区域内产业融合中的核心带动作用明显，与 2013 年末相比，北京法人单位在津冀的产业活动单位数量增长 225.9%，分别比天津和河北高 108.9 个和 170.6 个百分点。

（三）现代服务业逐渐成为跨省（市）投资重点领域

分行业来看，三地法人单位在京津冀区域内跨省（市）的产业活动单位中，传统服务业所占比重逐渐降低，现代服务业所占比重显著提高。其中，批发和零售业、住宿和餐饮业产业活动单位合计 0.4 万家，所占比重为 25%，比 2013 年末下降 6.1 个百分点；租赁和商务服务业、科学研究和技术服务业、信息传输软件和信息技术服务业产业活动单位合计 0.7 万家，所占比重为 43.75%，比 2013 年末提升 12.4 个百分点。

第二节　京津冀区域经济一体化发展的有利条件

京津冀地区具有推动区域经济协调发展的坚实基础。京津冀地区经济实力雄厚，顶层设计正在逐步完善，市场一体化进程正在加快，市场对京津冀城市群资源的有效配置作用不断增强，市场条块分割逐步打破，区域经济差距有逐步缩小的趋势，地域结构、城乡结构、产业结构、资本结构、技术结构逐步形成有层次的分布格局，为扩大、强化区域经济一体化提供了坚实基础。具体体现在以下几个方面。

一 京津冀拥有密集的产业集群和发达的城市群

京津冀地区产业集群密集，这使得区域内的企业具有专业化效应、协作效应和较低的交易成本；完善的公共基础设施、健全的服务体系使企业具有外部优势；信息积累效应、技术外溢效应使企业具有创新优势；产业链的延伸、产业整合力的增强使企业拥有扩张优势。产业集群的发展有利于区域产业分工的深化，促进区域经济的协调发展。京津冀区域内城市群层次分明、体系完备，城市群较为发达，有利于各级城市之间合理分工，推动城市之间、城乡之间的协调发展。

（一）产业集群内涵丰富、层次分明

近年来，京津冀三地凭借自身比较优势和产业基础结构，形成了各具特色的产业集群，为三地产业协同创新发展奠定了基础。

北京已经形成了十分全面的产业集群，涵盖文化、金融、科技、商贸等多个领域。其中，主要包括以中关村为依托的高科技产业集群、以CBD 生产性服务业和金融产业为代表的现代服务业产业集群、以开发区为载体的现代制造业产业集群等。

相对于北京与河北两地，天津产业集群在制造业方面有着突出的竞争优势。近年来，天津依靠其港口城市的优越条件以及政策倾斜的带动，发展了一批具有较高专业化水平的产业集群，包括航天航空、新能源、生物制药、石油化工、汽车、新材料、电子信息、冶金、知识产业、机械装备制造十大领域。其中，天津经济技术开发区汽车产业示范基地、滨海新区石油化工产业示范基地、滨海高新区软件和信息服务业产业基地、子牙循环经济产业区资源综合利用基地等 8 个产业基地，已经建设成为国家新型工业化产业示范基地。天津在京津冀产业协同创新发展中可以承担创新成果转化以及高端制造业发展的任务。

河北产业发展相对滞后，以劳动密集型产业为主，形成了“三七三”产业格局，即畜牧、蔬菜、水果三大农业支柱产业，钢铁、装备制造、石油化工、食品、医药、建材、纺织服装七大工业主导产业，以及电子信息、现代物流、旅游三大新兴支柱产业。相对于京津两地，河北产业集群起步晚、规模小、技术落后，但是随着政府的重视以及京津产业的转移，河北省内的各类产业集群正在发展壮大，2016 年全省营业收入 5 亿元以上的产业集群就有 370 多个，仅环北京的市县就拥有 119 个特色产业集群，其他如邯郸的现代装备制造、煤化工、制管、标准件等创新型、特色型产业集群，秦皇岛的数据产业园，沧州的新型建材产业集群、交通设备制造产业集群等。为促进高新技术产业集群化发展，2016 年河北又确定了唐山机器人、石家庄光电、邯郸现代循环煤化工等六个省级创新型产业集群。

（二）城市群等级体系和规模结构完备

根据我国城市行政等级划分标准，京津冀城市群内有北京和天津 2 个直辖市，河北省的石家庄、承德、张家口、秦皇岛、唐山、廊坊、保定、沧州、衡水、邢台、邯郸 11 个地级市以及 22 个县级市，共有 153 个县级及以上规模城市、1286 个乡镇，城镇体系在行政等级上表现为：直辖市—地级市—县级市（县）—乡镇的格局（见表 6-1）。

表 6-1　京津冀城市群城市等级体系（2014 年）

城市行政等级	城市数量(个)	城市名称
直辖市	2	北京、天津
地级市	11	石家庄、承德、张家口、秦皇岛、唐山、廊坊、保定、沧州、衡水、邢台、邯郸
县级市	22	辛集市、藁城市、晋州市、新乐市、鹿泉市、遵化市、迁安市、霸州市、三河市、涿州市、定州市、安国市、高碑店市、泊头市、任丘市、黄骅市、河间市、冀州市、深州市、沙河市、南宫市、武安市
县	118	北京 2 个直辖县，天津 3 个直辖县，河北 113 个县
乡镇	1286	北京 144 个镇，天津 123 个镇，河北 1019 个镇

资料来源：《中国统计年鉴（2015）》。

2014年京津冀城市群内的石家庄、唐山等11个区域性中心城市，以平均34.59%的市辖区人口创造了66.55%的地区生产总值。北京和天津两个直辖市的集聚程度较高，城市发育较成熟，人口和所创造的地区生产总值都集中在市辖区。河北省11个区域性中心城市发育不足，其中人口集中程度最高的是唐山，其市辖区集中了全市41.74%的人口，创造了50.53%的地区生产总值；人口集中度最低的是沧州，其市辖区集中了全市7.38%的人口，创造了20.87%的地区生产总值；市辖区内所创造的地区生产总值占全市比重超过50%的有唐山和秦皇岛，占比最低的是邢台。石家庄作为河北的省会城市，其市辖区人口和地区生产总值占全市比重不高，分别是24.74%和36.00%。按照常住人口计算，京津冀地区总人口已经超过1亿人，其总体城镇化率为57.78%，其中北京和天津超过了80%，河北是45.60%；按照户籍人口计算，京津冀城市群的城镇化率为41.30%，北京最高，达到79.36%，天津其次，为61.50%，河北最低，为31.91%（见表6-2）。2014年全国城镇化率按常住人口计算为54.77%，按户籍人口计算为35.9%，京津冀城市群的城镇化率高于全国水平，但城市群内各城市的城镇化水平不同，河北的城镇化率低于全国水平。新型城镇化背景下“人的城镇化”是核心，京津冀城市群的发展中“人的城镇化”质量的提升，是推动城乡一体化发展、促进城市群内城市间协调发展，进而提升城市群质量的重要动力。

表6-2　2014年京津冀城市群基本情况

城市名称	市辖区地区生产总值(亿元)		市辖区人口(万人)		城镇化率(%)	
	数额	占全市比重(%)	数量	占全市比重(%)	常住	户籍
北京	16014.06	98.54	1207.1	94.46	86.20	79.36
天津	10488.56	92.76	816.3	81.92	80.50	61.50

续表

城市名称	市辖区地区生产总值(亿元)			市辖区人口(万人)			城镇化率(%)	
	数额	占全市比重(%)		数量	占全市比重(%)		常住	户籍
石家庄	1469.96	36.00	33.39	246.7	24.74	17.75	45.60	31.91
承德	249.54	22.60		58.5	15.63			
张家口	396.49	35.44		89.9	19.23			
秦皇岛	589.51	55.09		87.2	30.09			
唐山	2749.92	50.53		307.7	41.74			
廊坊	389.69	24.18		81.0	19.06			
保定	686.07	28.00		108.1	9.31			
沧州	539.56	20.87		54.2	7.38			
衡水	208.28	22.42		49.7	11.25			
邢台	272.25	19.05		71.8	9.74			
邯郸	666.28	23.89		148.8	15.18			

数据来源：《中国城市统计年鉴（2015）》。

另外，根据《中国中小城市发展报告（2014）》提出的我国城市规模的划分标准，城区常住人口在50万人口以下为小城市，50万~100万人口为中等城市，100万~300万人口为大城市，300万~1000万人口为特大城市，1000万人口以上为超大城市。按照市辖区人口数对京津冀的城市规模进行划分，2014年京津冀城市群内有北京1个超大城市，其市辖区人口为1207.1万人；天津、唐山2个特大城市，其市辖区人口分别为816.3万人、307.7万人；石家庄、邯郸、保定3个大城市，秦皇岛、张家口、邢台、沧州、承德、廊坊6个中等城市，衡水、河北省的22个县级市和113个县等136个小城市（见表6-3）。由于天津市辖区人口数远高于唐山市辖区人口数，京津冀城市群仍然是京津“双核”式格局，形成了以北京、天津两个中心城市为主导，多等级分布的完整的城市群体系。

表 6-3 京津冀城市群规模结构（2014 年）

人口规模	类型	城市数量(个)	城市名称
1000 万人以上	超大城市	1	北京
300 万~1000 万人	特大城市	2	天津、唐山
100 万~300 万人	大城市	3	石家庄、邯郸、保定
50 万~100 万人	中等城市	6	秦皇岛、张家口、邢台、沧州、承德、廊坊
50 万人以下	小城市	136	衡水、河北 22 个县级市和 113 个县

资料来源：《中国城市建设统计年鉴（2015）》。

层次分明、体系完备的城市群体系，为京津冀地区产业协调发展和区域一体化创造了有利条件，有利于形成各级城市之间的合理分工，进而推动城市间、城乡间的协调发展。

二 产业仍有进一步集聚的潜力

从国外大城市群的发展历程看，京津冀城市群虽然面积较大，但在人口和经济总量等方面的占比均相对偏小。如 2015 年，京津冀城市群土地面积约占全国的 2.3%，人口占全国的 7.23%，经济总量占全国的 10.44%，制造业产值占全国的 13.26%，低于长三角城市群（长三角城市群是我国最大的综合性工业基地，工业总产值占全国的近 1/4。）。美国东北部大西洋沿岸城市群面积占全美的 1.5%，人口占全美的 20%，制造业产值占全美的 70%，城市化水平高达 90%以上；日本太平洋沿岸城市群面积占全国的 6%，人口占 61%，工业总产值占全日本的 65%；英国中南部城市群面积占全国的 20%，人口占 61%。京津冀城市群以及产业群可以通过区域一体化发展形成新的集聚空间，发挥进一步集聚的潜力。京津冀在各产业尤其是制造业方面具备进一步集聚的有利条件。

（一）制造业得以快速发展

北京作为国家首都、京津冀都市圈核心城市，在全国范围内已率先进入后工业化阶段。2016 年，北京市规模以上工业总产值 17447.3 亿元，其中汽车制造业，计算机、通信和其他电子设备制造业，电力、热力生产和供应业，医药制造业占规模以上工业增加值的比重约为70%。截至2016年，北京形成了明显的“三二一”产业结构，三次产业结构为0.5∶19.2∶80.3，处于创新驱动、内涵发展的阶段。

天津是我国制造业最为发达的区域之一，工业基础雄厚。近年来，天津制造业努力实现由劳动密集型向以深加工为主的资本、技术密集型转型。2016年，规模以上工业总产值突破2.9万亿元，其八大优势支柱产业占规模以上工业总产值的比重高达90%，天津正处于由工业化中期向后工业化时期转变的阶段，三次产业结构为1.2∶44.8∶54.0，已基本形成高端化、高质化、高新化集聚优势。

河北省正在实现工业方面的跨越式发展。2016年，河北省规模以上工业增加值位居全国第六，工业增加值为15058.5亿元，其中规模以上工业增加值为13597亿元；三次产业结构为11∶54∶35。全省工业涵盖41个大类，形成以钢铁、装备制造、石油化工、食品、医药、建材、纺织服装等行业为主导的比较完善的工业体系。另外，河北在新能源汽车、新材料、生物医药等新兴产业领域也有相对比较优势。

（二）产业协调发展不断迈上新台阶

随着国家重视、政策支持和产业结构不断调整，北京与天津开始共建高科技产业基地，并在河北的环京津城市积极建立产业转移承接地。京津冀产业结构相对封闭的局面正逐步被打破，跨省市产业合作逐步增多，初步形成区域间上下游联动机制和产业合理分布局面。

北京向津冀产业转移方面，北汽集团华北汽车产业基地已经正式在沧州落户；北京焦化厂、第一机床厂等大型企业将部分生产环节转移到环京津地区；清华大学清华运达信息研发基地、中国农大涿州农业科技园区等设立在河北廊坊经济技术开发区。不仅如此，也有津冀企业将研发环节以及企业总部等转移落户在北京，如河北省的建龙钢铁集团、石家庄制药集团、恒利药业将总部或研发中心迁移至北京。总体来看，一个以高新技术产业和现代制造业为主导的新经济产业集群已经开始形成。

（三）科技资源得到共享

科技资源与现代制造业发展密切相关，逐渐成为影响制造业未来发展的核心因素。根据《2014 年北京技术市场统计年报》，2014 年北京向河北输出技术合同 2099 项，成交额 62.7 亿元，向天津输出技术合同 1376 项，成交额 20.4 亿元，北京将其丰富的科技服务资源辐射至其他区域，为京津冀科技资源共享奠定了基础。

同时，河北与北京、天津签订的《北京市-河北省 2013 至 2015 年合作框架协议》《北京市天津市关于加强经济与社会发展合作协议》中均强调了加强科研开发协作，合力共建科技成果转化高新技术产业基地。从 2014 年起，“京津冀大数据走廊”计划正式启动，由河北省张北县政府与北京国电通网络技术有限公司合作建设的京津冀区域最大的云计算与大数据中心落户张北地区。总体来看，京津冀制造业各自具备比较优势，以产业链分工为基础，京津冀有能力实现制造业协调发展，有能力进一步创造产业集聚的发展空间。

三　区域内重大基础设施建设逐步完善

区域内的机场、港口、公路、水路、邮电、通信、电力等已经形成较为发达的网络，交通运输十分方便，且新的交通一体化规划还在进一步实施中，大大降低了要素流动的成本，为区域经济一体化发展提供了坚实的物质技术基础。交通基础设施优先发展是加快京津冀协同发展进程的重要载体，在保障和提升区域发展水平等方面具有重要的战略意义。

近年来，随着京津冀地区经济持续增长，产业结构不断调整和优化，城镇化率以及居民收入水平不断提高，交通运输实现了跨越式发展，城市群内部、城市群与其他地区的联系更加紧密，交流日益频繁。分省市来看，北京作为全国重要的陆路交通枢纽，北京首都国际机场旅客吞吐量居全国首位、全球第二位；天津港是居全国第三位、世界第四位的综合性大港，也是首都的海上门户和北方重要的对外贸易窗口；天津港、秦皇岛港、唐山港、黄骅港组成了我国重要的能源、原材料运输港口群。进一步完善京津冀城市群综合交通体系建设，对最终实现区域交通互联互通、有效疏解北京中心城市交通压力和提升区域运输综合水平具有重要意义。

（一）铁路网络较为发达

京津冀铁路网分为全国性快速客运通道（高速铁路）、城际快速客运系统（城际铁路）和普通铁路（一般铁路）三个层级。截至 2014 年底，京津冀城市群铁路运营里程为 7774.3 公里，铁路网密度为 3.6 公里每百平方公里，约为全国平均水平的 3.6 倍；运营铁路中，客运专线 1343 公里，合计占全国城市群铁路运营里程的 17.3%。2014 年，京津冀城市群高速铁路网已形成以北京为核心，以京沪高铁、京广高铁、京哈高铁和京津城际为骨架的伸展态势（见表 6-4）。

表 6-4　京津冀城市群高速铁路线路（2014 年）

序号	线路名称	起点	终点	线路长度(公里)
1	京沪高铁	北京	上海	1318
2	京哈高铁	北京	哈尔滨	1700
	#京沈段	北京	沈阳	697
3	京广高铁	北京	香港	2260
	#京石段	北京	石家庄	281
	#石武段	石家庄	武汉	840
4	京津城际	北京	天津	119

资料来源：根据中国铁路客户服务中心 12306 网站、百度百科等网络资料整理所得。

（二）公路基础设施良好

京津冀区域内有着良好的公路基础设施，截至 2015 年初，区域内有 35 条高速公路和 280 多条国家级、省级干线连接所有核心城市和节点城市，78%的县市已经通达高速公路，所有的县市已经通达二级及以上公路，京津冀区域是我国陆路交通网络密度最高的地区之一。截至 2014 年底，京津冀区域公路共计 199928 公里，高速公路为 7095 公里，公路网密度、高速公路网密度分别为 92.5 公里每百平方公里和 3.3 公里每百平方公里，是全国平均水平的 2.1 倍和 3.3 倍。区域内高速公路以北京为中心呈放射状向外围扩展，部分高速公路线路如表 6-5 所示。

表 6-5 以北京为中心的放射状高速公路网（部分）

类型	编号	线路名称	长度（公里）
放射线	G1	北京—哈尔滨	294
	G2	北京—上海	340
	G3	北京—台北	204
	G4	北京—港澳	579
	G45	大庆—广州	407
	G5	北京—昆明	243
	G6	北京—拉萨	228
	G7	北京—乌鲁木齐	173
	S30	京津高速	178
	S40	京津塘高速	143
	S32	京平高速	70
环线	G95	首都环线	940

资料来源：根据中国高速公路网等网络资料整理所得。

（三）机场群雏形初现

以北京首都国际机场扩建为契机，近年来京津冀区域内民航运输业发展迅猛。截至 2014 年，区域内已建成北京首都国际机场、天津滨海国际机场、石家庄正定机场、北京南苑机场、秦皇岛山海关机场、邯郸机场和唐山三女河机场（见表 6-6）。2014 年，区域内机场吞吐量 10868 万人次，占全国民用机场吞吐量的 13.1%。随着北京首都国际机场三期扩建工程完工，北京首都国际机场成为世界第二大机场，是我国航线最丰富、航班最密集、运量最庞大的航空港。2014 年，北京首都国际机场通航 54 个国家和地区的 111 个航点，国内通航 133 个航点，航班起降 58.2 万架次，吞吐量 8613 万人次。

表 6-6　京津冀地区机场定位及发展现状（2014 年）

机场	机场等级	机场定位	航线数量（条）	衔接方式
北京首都国际机场	4E	辐射全球的大型国际航空枢纽	349	机场快轨、高速公路
首都第二机场(在建)	4E	辐射全球的大型国际航空枢纽	—	城市轨道交通、高速公路
天津滨海国际机场	4E	环渤海地区门户枢纽机场、中国北方国际航空物流中心	59	城市轨道线、高速公路
石家庄正定机场	4E	华北地区航空大众化试点机场、国内干线机场	44	高速铁路、高速公路
北京南苑机场	4C	国内点对点特色航线机场	14	城市快速路
秦皇岛山海关机场	4C	军民合用机场	21	高速公路
邯郸机场	4C	支线机场	9	高速公路
唐山三女河机场	4C	民航中小型机场	11	城市快速路

资料来源：根据中国民用航空局（http：//www. caac. gov. cn）的数据资料整理所得。

（四）港口群基本形成

截至 2014 年，京津冀区域内已经形成以天津港为枢纽的渤海西岸港口体系，这是我国北方广大区域通向世界的主要窗口和海上通道。天津港是中国北方最大的综合性枢纽港口，2014 年货物吞吐量达到 47697 万吨；秦皇岛港是我国北方重要的海港，港阔水深，终年不冻，以煤炭运输为主，已成为世界上最大的煤炭输出港之一，2014 年港口货物吞吐量 27099 万吨；黄骅港位于河北省与山东省交界处，是河北省沿海的地区性重要港口，也是我国北煤南运的输出港之一，2014 年港口货物吞吐量 13630 万吨；唐山港包括京唐港和曹妃甸港，位于河北省唐山市东南，是地方性港口，2014 年港口货物吞吐量已达到 36505 万吨（见表 6-7）。上述四港还是我国北方主要的煤炭装船港，2014 年完成煤炭及制品吞吐量 58113 万吨。

表 6-7　京津冀地区各港口规模（2014 年）

港口	码头长度（米）	泊位数（个）	万吨以上泊位数（个）	货物吞吐量（万吨）	煤炭及制品吞吐量（万吨）	煤炭及制品占比（%）	金属矿石吞吐量（万吨）	金属矿石占比（%）
天津港	32630	159	102	47697	9392	19.69	9833	20.62
秦皇岛港	13469	72	42	27099	23791	87.79	655	2.42
黄骅港	6077	36	19	13630	10436	76.57	1795	13.17
京唐港	7756	34	29	17002	8766	51.56	5406	31.80
曹妃甸港	9183	31	31	19503	5728	29.37	9752	50.00

数据来源：根据《天津统计年鉴（2015）》《河北经济年鉴（2015）》整理所得。

另外，京津冀区域经济一体化的软条件也日趋成熟。京津冀地区各级政府已达成合作共赢的共识，加之有顶层设计的大力推动，政府、金融、企业制度改革不断深化，区域协调发展的各项政策不断落实，这将进一步推动京津冀地区共同市场的形成，有力推动新一轮的区域经济协调发展。

第三节　京津冀区域经济一体化发展中存在的突出问题

一　京津冀地区面临的体制机制挑战

近年来，京津冀区域经济一体化取得实质性突破的机会并不多，在更多的时间里，两直辖市和一省在有限的范围内沟通合作，同时受行政区划的阻隔，未能实现要素自由流动这一一体化的本质目的。区域之间和城市内部合作动力不足，长期形成双中心局面，缺乏一个强有力的管理与协调机构，地区经济合作与协调发展基本上停留在非制度化阶段。直到京津冀协同发展被确定为我国区域发展的三大战略之一，并出台了《京津冀协同发展规划纲要》《京津冀协同发展交通一体化规划（2014~2020 年）》《京津冀产业转移指南》等一系列政策，区域经济一体化发展的体制机制才初步建立。

区域经济一体化涉及的内容具有较强的综合性，需要各地区之间的全方位合作。在今后京津冀区域经济一体化发展的过程中，如何在现有体制下打破行政壁垒，探索新的区域分工方式，是京津冀地区实现产业结构升级、优势互补、区域协调发展要解决的主要问题。

二　京津冀地区面临产业结构调整的挑战

京津冀地区产业结构不合理现象一直较为突出，部分产业扩散与转移迫在眉睫，主要表现在两个方面。一是结构趋同和产业相似现象突出。北京与天津工业相似系数偏高，天津与河北的主导产业也存在重复建设现象，主要城市的服务业也存在同质化现象。内部各城市产业结构没有形成合理梯度，造成区域内过度竞争。产业结构的趋同不仅限制了规模效应的发挥，也限制了产业转型升级，从而影响了地区经济增长。二是区域内主要城市的发展阶段不同。北京已进入工业化后期，天津正处于由工业化中期向后工业化时期转变的阶段，而河北仍处于工业化中期。北京以发展第三产业为主，第三产业增加值占 GDP 比重达到 77.9%，天津正处于由第二产业向第三产业转型的过渡阶段，而河北依然以发展第二产业即重化工业为主。此外，河北和天津第三产业增加值占比变化缓慢。河北省近年来第三产业增加值增速虽然有所提高，但第三产业增加值占比依然较低。京津冀地区第三产业增加值占比比同期同发展水平地区的平均水平低 10 多个百分点。在全国基础设施不断完善、交通运输成本不断下降的条件下，如何调整各自的产业结构，形成分工明确、高度协同的产业体系是三个省市面临的重要问题。

三　京津冀地区面临经济转型的挑战

京津冀的发展主要得益于地理优势以及北京、天津的带动，然而要实现京津冀协同发展以及区域经济一体化，区域内特别是河北地区的产业转型升级便显得尤为迫切。自京津冀协同发展上升为国家区域发展战略以来，转型升级成为京津冀协同发展的主攻方向。要引领经济新常态、贯彻发展新理念，就必须抓住机遇，大力推进供给侧结构性改革，坚定不移化解过剩产能，以创新引领产业转型升级。

当前，河北的产业转型升级正处在“爬坡过坎”的关键时期，供给侧结构性问题突出，中低端产品产能过剩，高科技、高品质产品供给相对不足。《京津冀协同发展规划纲要》把河北定位为全国现代商贸物流重要基地、产业转型升级试验区、新型城镇化与城乡统筹示范区、京津冀生态环境支撑区。然而，在经济发展新常态下，河北赖以发展的传统支柱产业的产能严重过剩，生态环境特别是大气污染问题突出，单纯依靠钢铁、煤炭等资源难以支撑产业的可持续发展，低成本、低价格的竞争优势难以持续，环境容量难以容纳，传统的经济增长模式不可持续，这就从客观上“倒逼”河北采取果断措施化解过剩产能，加快产业结构调整与产业转型升级。只有经济发展方式转得早、转得快、转得好，才能够使经济实现稳增长，也才能在京津冀协同发展中赢得主动。

四　京津冀地区面临要素成本攀升的挑战

京津冀地区发展的低成本时代已经结束，高成本时代正在逼近。第一，土地供应紧张的问题日益突出。经济的增长需要一定面积的土地投入，而北京、天津可用的土地资源已经越来越少。京津冀所辖的“两市一省”陆地面积21.7万平方公里，占全国的2.2%；常住人口已超过1亿人，占全国人口的7.9%，可见京津冀地区人均土地面积远低于全国平均水平，人均耕地面积更是低于全国平均水平，处于联合国确定的人均耕地面积警戒线以下。与此同时，随着京津冀地区工业用地供给的减少，土地价格不断攀升，其中，北京和天津土地价格攀升较快，企业生产成本大幅提高。第二，劳动力成本上升趋势明显。北京地区劳务成本平均上升15%以上，天津、河北工业各行业用工成本上升幅度也达30%以上。第三，能源要素制约不断增强。京津冀地区淡水资源缺乏，能源自给率也很低，但能源消耗非常高。经济发展中所需的原煤、原油、天然气等一次能源自给率低于全国平均水平，京津冀地区发展面临的能源约束不断增多。

五　京津冀地区面临节能减排的挑战

近年来，部分高能耗、低产出的工业项目扩张加快，使得京津冀地区本已紧张的能源供应以及脆弱的生态环境不堪重负，加剧了节能减排的压力。京津冀地区陆续出台了加快淘汰落后产能、严格控制能耗项目、大力推进技术改造等措施，在积极落实中共中央、国务院相关政策的情况下，合力做好节能减排的各项工作，初步取得了一些成效。但是，在高额利润的诱惑下及稳就业、保增长的压力下，企业投资重化工业项目的动力仍然较强，这促使京津冀部分地区高能耗企业生产继续较快扩张，河北、天津一些工业行业如黑色金属、钢材、造纸等持续增长，这增加了节能减排的压力。同时，在目前的管理体制下，河北、天津的一些地方政府上马重化工业项目的热情较高，这进一步推动了高能耗产业规模在局部地区的扩大。从京津冀地区目前的工业技术水平看，企业潜在的改造力度在短期内难有较大提升。尽管京津冀地区增加了对节能减排项目的投资，成立了京津冀钢铁行业节能减排产业技术创新联盟等相关机构，推广了脱硫、脱硝、脱汞、除尘及废液、粉尘的资源化利用技术，以及在产业项目中使用烧结（球团）系统生产深度净化智能技术装备等，但是相关生产项目节能减排的空间仍有待拓展。

应当看到，京津冀地区节能减排是一项长期的复杂性系统工程。京津冀地区是我国钢铁产能集聚区，区域内重化工业发展已经超过环境承载能力，钢铁工业是区域内烟粉尘、二氧化硫、氮氧化物排放的重要污染源。尽管京津冀地区在去产能方面已迈出重要一步，但仍有很长的路要走。因此，推进产业升级，构建以高技术、低能耗为支撑的新的产业集群是京津冀地区面临的重大任务。

六　京津冀地区进出口面临诸多不确定因素的挑战

京津冀地区外贸发展具有天然优势：拥有环渤海区域与华北、西北等内陆地区距离最短的港口——天津港；拥有国际大型航空港、中国民用航空辐射中心——北京首都国际机场；拥有世界最大的能源输出港口——秦皇岛港；拥有保税港区、综合保税区、出口加工区、保税物流园区等各种类型的海关特殊监管区域。

然而，在京津冀、长三角、珠三角三大城市群中，京津冀城市群的经济外向度最低。2012 年，京津冀城市群出口总额占 GDP 的比重为 15.12%，其中天津市最高，为 23.64%，河北省最低，为 7.01%，远远低于长三角和珠三角 60.44%和 63.37%的水平。在实际利用外资方面，京津冀城市群略高于珠三角，远低于长三角，只相当于长三角的 36.95%。由于地方利益的影响，京津冀城市群的市场分割还比较严重，缺乏统一协调的区域性市场体系，这也制约了经济外向度的提升。此外，产权市场、资本市场、人才市场等要素市场发育不够，使得市场配置资源的作用难以得到有效发挥，阻碍了各城市之间经济联系的进一步增强。加之国际金融危机以来，世界经济不确定性增强，世界经济形势继续处于深刻的调整和变革之中，全球风险和挑战或持续大于机遇。这将加大京津冀地区进出口面临的挑战，因此，转变经济增长方式、推行扩大内需和对外贸易双轮驱动策略，以此推进区域新的产业集聚，形成区域新的专业化分工，是京津冀地区应对不确定性的必然选择。

第四节　京津冀地区经济协调发展展望

区域经济一体化是市场和政府两种力量共同作用的结果。市场机制的作用日趋增强，成为促进区域产业分工和区域经济一体化发展的动力，但在经济转轨过程中，行政分权的制度安排可能会使地方利益成为经济一体化发展的阻力。两种力量的较量，决定了区域经济一体化发展将是一个曲折、缓慢的过程。

在《京津冀协同发展规划纲要》《京津冀协同发展交通一体化规划（2014~2020 年）》《京津冀产业转移指南》的指导下，随着京津冀区域经济一体化进程的加快，京津冀产业相似系数将进一步下降，区域专业化分工将进一步增强，地区差距也将进一步缩小，京津冀地区将发展成为拥有现代服务业和先进制造业、具有较强国际竞争力的世界级城市群。

第一，通过协同创新发展，京津冀地区将打造成为创新能力最强的世界级城市群之一。科技和产业的协同创新是支撑未来经济增长的根本动力。要充分发挥北京作为科技创新中心的引领作用，通过构建跨区域、跨行业、多领域、多机构的协同创新体系，增强区域的自主创新、技术传导和产业协作能力，建设具有全球影响力的研发创新、高端服务和“大国重器”集聚区。

第二，通过协同创新发展，京津冀地区将构建高效便捷、现代化、立体式、综合的交通体系。按照统一规划，将对区域内现有交通资源进行有效整合，实现多种交通方式的互联互通，提高交通运营管理水平，促进区域内人和物的自由流动，进而推动首都功能疏解和城镇布局优化，实现区域专业化分工加速。

第三，通过协同创新发展，京津冀地区将打造中心与外围共生互动、多中心网络化的城镇体系。明确各地功能定位，发挥各自的比较优势，抓住北京首都功能疏解的重大契机，促进人口、产业和功能的有序迁移和合理布局，通过优化环境增强新城及中小城镇的吸纳力，重点打造若干个区域副中心，以形成多中心网络化的城镇布局，推动区域差距进一步缩小。

第四，通过协同创新发展，京津冀地区将建设成为国际一流的生态良好、环境优美、宜居宜业、和谐共生的首善之区。建立一套生态环境共建共享的有效机制，促进生态环境建设和联防联控，扩大环境容量和绿色空间，实现生产、生活、生态“三生”空间合理布局，以保障不同功能区都能实现公平、和谐、良性发展。

第五，通过协同创新发展，京津冀地区将建成基本公共服务均等化和社会治理一体化的示范区。从改革体制和完善财政转移制度入手，建立和完善公共服务共建共享机制，抓住北京城市功能疏解的契机，在区域合作示范区内率先推进社会保障、医疗保险、养老等社会政策的有效对接，进一步缩小收入差距。

第六，通过协同创新发展，京津冀地区将建立横向协调与纵向协调相结合、市场与政府有机互动的区域治理协调机制。微观层面通过完善促进要素流动的市场机制，中观层面通过构建有利于区域交通设施共建、产业布局优化、生态共建共享、基本公共服务均等化的运行机制，宏观层面通过构建跨省市协调机制，完善财政税收、投融资等配套制度，为推进京津冀协同发展保驾护航。

第七章　基本结论与政策建议

第一节　基本结论

通过上述研究我们发现，京津冀地区及内部各省市的发展初步印证了关于产业集聚、分工和区域经济协调发展的各个阶段的假说，即专业化水平和地区收入差距缩小是能同时实现的。

京津冀产业集聚经历了早期贸易推动的专业化阶段，后又进入了为缩小收入差距，而形成的多样化产业集聚的阶段，随着区域经济一体化发展趋势增强，京津冀地区进入区域分工与专业化不断深化的阶段。在市场和政府两种力量的共同作用下，京津冀地区产业分工和区域一体化发展取得了可喜的进步，但分权化改革造成的局部利益割据，仍对区域一体化进程具有阻碍作用，市场机制的决定性作用仍有待加强。总体上看，运输条件的大幅改善、制度环境的变革，大幅度降低了交易费用，有效促进了要素流动，这些是区域分工与专业化深化的客观条件。同时，政府正确的产业配置政策也有助于缩小地区收入差距，促进区域产业分工和区域一体化发展，为京津冀城市群的不断协调发展打下坚实基础。

京津冀产业相似系数自改革开放以来总体呈下降趋势，尽管有时也呈波动状态，但总的来说区域间产业分工呈不断深化趋势，区域收入差距日趋缩小。因此，从这个角度上看，扩大区域产业分工是有助于缩小区域收入差距的，也有助于区域一体化发展，这正是我们进行产业分工和区域经济协调发展研究的目的所在。

第二节　政策建议

一　创新地方政府体制机制调整区域政策

2014 年，中央成立了京津冀协同发展领导小组和京津冀协同发展专家咨询委员会，设立了京津冀协同发展领导小组办公室统筹日常事务。这是一种双层多核的治理结构，在水平方面，应突破三地内部公共事务管理的行政区域壁垒，一体化综合协调机构及相关委员会应由各地主要领导、区域内各行业的出色代表、资深专家和学者等参与组成，在京津冀协同发展领导小组统一领导下，就一体化协同发展方面的重大问题进行磋商，促成一致协议；在垂直方面，强化京津冀协同发展领导小组办公室对三省市整体利益的协调功能，各级地方政府应建立健全对应机构，实施和推行达成的协议。

推行“多元复合行政”理念，要建立高效率的合作机制，在政府、企业、社会和市场中介组织等多个层面建立制度化的合作机制，形成推进一体化协同发展的强大合力，以解决区域经济一体化与行政区划冲突问题。调整区域产业政策，建立区域资源综合管理体制，探索区域内城市跨界发展的有效模式。完善区域金融制度，北京、天津共同建设中国北方离岸金融市场，是实施我国京津冀协同发展重大战略的基础。立足北京、天津各自优势禀赋，两个直辖市具备共建京津离岸金融市场的条件。京津离岸金融市场可以发展成为继深港、上海之外的第三个大型离岸市场，形成中国离岸金融中心“三足鼎立”的空间布局，扭转我国南北方金融市场不平衡问题。

（一）探索建立横向协商与纵向协调相结合的协调机制

一是横向协商，建立地方政府联席会议制度，通过共谋发展和平等协商来推动区域一体化发展。建立常态化的“京津冀首长联席会议制度”。联席会议主席可由北京市市长、天津市市长、河北省省长轮流担任。联席会议下设办公室或秘书处，为常设机构，负责落实联席会议所做出的各项决议。办公室设在北京，便于和中央及时沟通。其职能为以下三种。①建立平等协商谈判机制，每年举行一次会议，主要是共同签署区域内重大协议。②建立常设性的决策机构——京津冀发展改革委主任会议制。可每半年举办一次，探讨各城市之间发展思路的对接，协调解决基础设施共建、产业转移、环境保护联防联控、人才跨区域自由流动等重大问题，对省际重大项目进行表决，制定社会保障一体化章程，形成规范的对话与协商机制。主要负责区域重大决策谈判，如组织首都经济圈区域内的参与主体，就某个议题（如生态、大气治理、产业分工与布局、跨界交通基础设施、大型公共产品等）进行谈判与协商，最后形成相应的协议。该协议对参与方具有法律法规约束作用。③建立政策咨询机构，为京津冀区域发展提供决策方案，并对政策实施成效进行评估。

通过建立健全上述的区域协商、决策实施与政策咨询等机构，组织协调解决跨行政区的重大基础设施建设、重大战略资源开发、生态环境保护与建设以及跨区域生产要素的流动等问题；统一规划符合本区域长远发展的经济发展规划；统一规划空间资源和其他资源的投放；制定统一的市场竞争规则和政策措施，并负责监督执行情况；指导各市县制定地方性经济发展战略和规划，使局部性规划与整体性规划有机衔接。

二是纵向协调，建立京津冀城市群发展委员会，从顶层规划和矛盾仲裁两方面来保障区域一体化发展。对关系京津冀全局发展、涉及共同利益、地方之间难以协调的重大战略部署、顶层规划以及矛盾仲裁等，需要建立超越行政区划的区域协调机构，建议由国务院京津冀协同发展领导小组牵头组建“京津冀城市群发展委员会”，主要对京津冀区域交通体系建设、生态环境建设、市场体系建设、社会保障制度等进行统一规划、战略部署、政策协调和矛盾仲裁。如统一规划海陆空（以北京大兴国际机场为核心的航空枢纽、以高铁为主的陆路枢纽、以天津港为核心的海运枢纽）立体运输体系。在空运上，在以北京大兴国际机场为核心的基础上统筹区域内的其他机场（如首都国际机场、天津滨海机场、石家庄国际机场等），对机场之间进行功能分工，使这个区域成为国内国际航线开设最全、运能运量最大的机场群，成为亚太地区国际中转的枢纽机场；在海运上，以天津港为核心、整合区域内其他港口，把首都经济圈建设成为中国北方海运枢纽中心；在陆路运输上，发挥北京的铁路、高速铁路、公路的优势，把这个区域打造成为亚太地区陆路运输枢纽。又如统一规划区域内生态环境治理体系，共同治理大气污染，构建区域内的宜居家园等。首都经济圈发展委员会，还需建立争端解决机制，负责对区域内超越行政区划的争端进行仲裁。

（二）探索建立区域税收分享机制、成本分摊机制和生态补偿机制

税收分享机制。对京津冀区域内跨省市的生产投资、产业转移、共建园区、科技成果落地、招商引资异地落地等项目，进行利益分享的制度设计和政策安排，探索有效的地区间税收分享和产值分计。在税收方面，京津冀三地政府应按照三地对产业的边际贡献系数比例，在省际产业转移时进行税收分享，即横向分税制。对于跨省市合作项目带来的新增增值税、所得税等地方留成部分，可按一定比例在合作地区之间进行分成。

成本分摊机制。京津冀三地政府应按照省际基础设施对本地区经济所产生的外部性弹性系数比例来分摊建设成本，并以此为权重承担建设责任，健全成本分摊制。对于跨省市合作的交通基础设施等公共设施项目，可在合作地区之间进行成本分摊，其收益用于建立区域发展共同基金，支持区域未来的基础设施和配套设施建设。探索建立跨区域交通基础设施的统一建设和运营机制，推进京津冀地区基础设施一体化。

生态补偿机制。京津冀生态补偿机制的建立基于国家对水流、森林、山岭、草原、荒地、滩涂等自然生态空间进行统一确权登记，形成归属清晰、权责明确、监管有效的自然资源资产产权制度。为保证协调机制切实发挥效用，应以合同契约为形式设计补偿机制，赋予机制法律法规效力，保证机制的可执行性和刚性约束力。京津冀省际流域生态补偿机制在具体执行过程中，可以由水利部门合理测算水域流量，由环境保护部门作为跨界断面水质监测机构，由国家区域管理和协调委员会作为第三方监督机构，根据不同的水质类别制定相应的级差补偿价格，在流域水资源产权归属明确的前提下，监督补偿合同的履行。此外，国家还可以建立全国统一的水权交易所，作为京津冀流域生态补偿机制具体执行的平台。

（三）建立区域发展银行，创新区域投融资机制与合作模式

为推动区域发展，可以参照国家开发银行的模式，设立首都经济圈发展银行，负责京津冀城市群的区域开发。有必要创建区域合作投资机构，设立区域合作投资基金，积极投资支持区域内大型跨界公共基础设施建设、生态环境设施建设等。应积极探索跨区域公共服务领域的对接合作，发挥首都公共服务资源优势，带动周边区域公共服务水平提升。如积极投资支持发展联合办学、跨地区远程医疗、远程教育，积极开展文化体育的交流合作，促进医疗和社会保障跨区域对接等。探索城市群内人口服务对接机制，建立新型户籍制度，破除城乡一体化发展壁垒，使劳动力、资本等生产要素在区域间自由流动。京津冀区域合作模式也急需创新，理想模式是建立“你中有我，我中有你”的命运共同体。

二　加速区域产业集聚与扩散，促进区域经济合作

按照区域产业协调发展的要求，加快落实《京津冀产业转移指南》，充分利用三省市产业基础和发展条件，优化产业布局，共同构建结构优化、布局合理、各具特色、协调发展的现代产业体系。

（一）加强优势互补，实现产业转移

第一，各省市要集中有限的资源，大力扶持、发展各省市的高梯度系数①、地位重要的相对优势产业，同时应根据《京津冀协同发展规划

① 所谓产业梯度系数是指某地区某一产业在整个区域中所处的位置。产业梯度系数大于1，说明该地区的这一产业在整个地区中处于高梯度，具有发展优势，反之，则没有发展优势，以此作为区域产业布局的重要依据。

纲要》提升各自定位，形成新的集聚。北京市定位为“全国政治中心、文化中心、国际交往中心、科技创新中心”；天津市定位为“全国先进制造研发基地、北方国际航运核心区、金融创新运营示范区、改革开放先行区”；河北省定位为“全国现代商贸物流重要基地、产业转型升级试验区、新型城镇化与城乡统筹示范区、京津冀生态环境支撑区”。京津冀城市群要采取多层次发展模式，京津冀城市群“点”的发展即以核心城市和次中心城市等为主要“节点”，统筹发展；“轴”的发展就是城市群内外主要交通走廊和产业带的发展。“点”的具体发展构想是采用“2+8+4”模式，推进城市群“节点”城市发展，即推动两个核心城市、八个次中心城市及滨海新区、通州、顺义、唐山曹妃甸等新兴城市的发展；“轴”的发展是由京津冀城市群各城市之间的主要交通线以及沿交通线分布的产业带和城市密集带构成的。“轴”的发展将以中关村科技园和滨海新区等高新技术产业为依托，以快速综合交通走廊为纽带，促进通州、廊坊、滨海新区城市群主轴的发展；以滨海临港重化工产业发展带和渤海西岸五大港口为发展核心，促进秦皇岛市、唐山市、天津市、沧州市沿海地区城市发展带的快速发展。通过强强联合等方式整合区域内产业梯度系数较高的、共同的主导产业，发挥其整体效应。

第二，优势互补、实施产业转移。通过优势互补方式，在三省市内实行产业优化配置，可分重点、分层次、分步骤将有些产业向京津冀周边省市转移。原则上京津冀地区重点发展科技含量较高的产业，区域内部产业优化配置与产业向周边地区有序转移同步进行。一是以“五区”为突破建设重要引擎。以北京中关村、天津滨海新区、唐山曹妃甸区、沧州沿海地区、张承（张家口、承德）地区为依托，强化政策支持与引导，实现率先突破，建成京津冀产业升级转移的重要引擎。二是以“五带”为支撑优化区域布局。①京津走廊高新技术及生产性服务业产业带涵盖以北京、廊坊、天津为轴线的区域。利用北京技术优势和天津、廊坊等地的制造能力，承担京津冀地区科技成果产业化功能，重点发展高新技术产业、生产性服务业和高端装备制造业。②沿海临港产业带主要包括秦皇岛、唐山、天津、沧州沿海地区。利用港口优势和制造业基础，重点发展滨海产业、先进制造业和生产性服务业，推进炼化一体化等重大项目建设，形成与生态保护相协调的滨海型产业带。③沿京广线先进制造业产业带，以保定、石家庄、邢台、邯郸等中心城市为节点，利用本地区土地、劳动力等要素资源优势，改造提升传统产业，培育壮大战略性新兴产业，重点发展电子信息、新能源、生物医药、装备制造、新材料等产业。④沿京九线特色轻纺产业带涵盖衡水、邢台东部、邯郸东部、沧州西部地区。着力发挥本地区交通、土地、劳动力、农产品资源等优势，承担农副产品和轻工业用品供给功能，重点发展农副产品深加工、现代轻工业等。⑤沿张承线绿色生态产业带包括北京、天津山区和张家口、承德山区地区。以支撑京津冀地区生态保障为导向，重点发展绿色低碳产业，建设绿色生态农业、农副产品加工业、生物医药产业基地。三是以“五链”为特色形成区域优势。发挥京津冀现有产业基础优势，引导汽车、新能源装备、智能终端、大数据和现代农业五大产业链合理布局，实现协同发展。[①]

第三，加强自贸区发展和国际合作。天津自贸区定位京津冀协同发展高水平对外开放平台，与其他自贸区相比，其战略定位是用制度创新服务实体经济，借“一带一路”建设的契机服务和带动环渤海经济，突出航运，打造航运税收、航运金融等特色服务，而天津自贸区的最大特色便是服务京津冀协同发展，并在京津冀协同发展和我国经济转型发展中发挥示范引领作用。天津自贸区所处的天津滨海新区位于京津冀都市圈的交会点、环渤海经济带中心位置，可以方便地辐射京津冀地区。自贸区将极大地带动京津冀航运业集聚发展。航运是自贸区发展的重要一步，而天津自贸区又是“一带一路”建设陆海交会点，北京、天津、河北是“一带一路”建设的重要区域。天津港借助自贸区建设契机，

① 工业和信息化部、京津冀政府：《京津冀产业转移指南》（公告 2016 年第 27 号）第二部分，2016。

整合秦皇岛港、唐山港、黄骅港资源优势，疏解北京非首都核心功能，吸引总部在北京的航运企业、航运服务企业、航运研究机构在自贸区集聚，形成京津冀航运集聚发展的格局。把京津冀协同发展与“一带一路”建设紧密结合，可以充分发挥首都国际交往中心区位优势和品牌展会的放大效应，为京津冀地区企业国际化发展创造更深、更广的国际经贸合作空间。

（二）加强重点产业领域和重点产业环节的协同创新

在经济发展新常态和供给侧结构性改革的背景下，开展京津冀产业协同创新发展，要按照当前世界产业发展的趋势和国家产业的规划布局，根据三地产业基础和产业需求，抓住重点产业领域进行协作与创新。

从世界层面看，新一轮的产业革命改变了世界工业生产与发展的趋势，全球产业呈现信息化、生态化、服务化的特点。新工业革命催生出众多新兴产业，如新材料、新能源、纳米技术、基因技术、生物技术、医疗科技、机器人技术、人工智能等，新技术新材料的融合将是下一轮产业变革的重要特征。与此同时，全球产业正在由“工业型经济”向“服务型经济”转变，尤其以知识密集型的服务业发展最为迅速，同时还凸显出服务业与制造业融合的趋势。

从国家层面看，要大力发展战略性新兴产业，把节能环保、新一代信息技术、生物、高端装备制造、新能源、新材料、新能源汽车等产业培育发展成为我国的先导性、支柱性产业。同时强化改造传统制造业，淘汰落后产能，发展先进装备制造业。

从区域层面看，北京作为我国技术创新中心和战略性新兴产业策源地，主要集中了新一代信息技术、生物、新能源、节能环保、高端装备、航空航天等战略性新兴产业，同时呈现服务经济的特征，金融服务业、信息服务业、商务服务业、流通服务业、科技服务业是优势产业。天津、河北两地虽然都在大力发展战略性新兴产业，但从实际发展情况看，天津战略性新兴产业占工业总产值的比重为30%左右，其主导产业为航空航天、石油化工、装备制造、电子信息、生物医药、新能源、新材料、轻工纺织、国防科技；河北的战略性新兴产业虽有一定程度的发展，但尚不具备优势，以钢铁、装备制造、石化、建材、轻工、食品、纺织服装业、医药等产业为主导产地，传统加工制造业占比大，而且农业还占有相当大的比重。因此，目前北京的产业需求是进一步增强战略性新兴产业和现代服务业的国际竞争力，天津则要提升战略性新兴产业和服务业水平，同时大力发展高端装备制造业，河北最急需的是传统产业的改造升级和新兴高水平替代产业的培育，同时实现农业效益的提高。

因此，基于当前的产业发展趋势和京津冀三地的产业基础，首先需要开展的是战略性新兴产业领域的协同创新发展。战略性新兴产业是技术发展最快的领域，也是三地产业协同创新发展的主战场，是提升京津冀产业竞争力的关键。

其次，用新技术、新工艺、新装备提升改造天津、河北的相关产业，尤其是河北的传统制造业和加工业，实现京津冀整体的产业结构升级，有赖于三地的共同合作和科技创新，绝不是简单的停产限产。传统制造业领域的创新要将工业化和信息化融合，要把电子网络技术和传统产业相结合，促进传统产业升级和替代性产业的出现，要向研发设计、市场营销和售后服务双向延伸产业链，实现技术和管理模式的双创新，增加产品的附加值，提升产业集聚水平。

最后，加大农业科技投入力度，加快农业技术的研发和应用；同时通过农业与第二产业、第三产业的融合，实现农业生产模式和经营模式的创新，提升农业效益水平。通过这些措施进一步激发重点领域产业的集聚潜能。

总之，要通过合理的区域产业集聚与扩散，提高吸收方的产业结构层次和水平，实现产业转移方和吸收方产业结构优化的双赢，形成错位发展、互补互促的区域产业发展格局，推动三省市城乡经济社会一体化发展，缩小地区人均收入差距。努力形成京津冀目标同向、措施一体、优势互补、互利共赢的协同发展新格局，打造中国经济发展新的支撑带。

三 协调规划基础设施建设

充分发挥《京津冀协同发展规划纲要》的引领作用，以战略思维和整体理念进一步深化对三个省市的功能定位、空间布局和综合承载力的研究，加快实施区域协同发展规划纲要。依据三省市各自的资源禀赋和比较优势，立足于提升整体竞争力，进一步明确三省市的规划统筹协调、基础设施共建共享、产业发展合作共赢、公共事务协作管理的目标和任务，形成有利于一体化的经济社会发展指标体系和政策体系，引领各地区错位发展、资源共享、优势互补、互利共赢。将京津冀三地作为一个整体协同发展，以疏解非首都核心功能、解决北京"大城市病"为基本出发点，调整优化城市布局和空间结构，构建现代化交通网络系统，扩大环境容量生态空间，推进产业升级转移，推动公共服务共建共享，加快市场一体化进程，打造现代化新型首都圈，努力形成京津冀目标同向、措施一体、优势互补、互利共赢的协同发展新格局。

坚持以交通基础设施建设为先导，充分发挥基础设施在优化区域空间布局和资源配置中的先导作用。各级地方政府应制定和实施交通一体化发展的具体规划和解决方案，积极推进重大基础设施的一体化建设，根据交通方式之间的互补性，重点加强轨道交通和快速交通建设。合作完善综合交通运输体系，促进国家高速公路网络建设，加强区域内港口群协调发展，完善集装箱运输体系、航空枢纽和配套支线机场建设。合作构建能源安全体系。合作改进和健全信息基础设施建设，提高地理空间信息社会化应用与共享程度。

（一）制定统一协调、行之有效的基础设施管理政策

制定一套行之有效的统一的基础设施管理政策，对于推动京津冀区域交通一体化发展具有重要作用。通过前文中的协调机构，京津冀三地在交通设施建设、规划和运营各个方面都能够做到协调配合，从而推动

三地协同发展。

一是统一规划、统筹协调。京津冀作为一个整体，快速交通线网规划工作应统筹协调，建成能够辐射带动京津冀整体区域的百年工程。如北京大兴国际机场，其选址就充分体现了京津冀统筹协调的思路。该机场选址在京津冀三地交界地带，对京津冀三地居民出行，以及辐射带动三地空港物流经济发展均具有重要意义。也体现了京津冀摒弃了各自为政的旧思维，开展京津冀区域合作，统一进行交通基础设施规划，助力三地协同发展。二是联合管理、合作经营。在管理运营方面，三地加强协调合作，统一推出联合管理运营模式，使行政边界不再成为交通运输体系间的藩篱。在轨道交通方面，兴建跨区域地铁，为在河北、天津居住而在北京就业的人群提供便捷的通勤方式；在地面交通方面，试行统一管理、联网运行；在公路交通方面，统一协调联网收费；在民航方面，进一步加强跨区域机场大巴线路和城市航站楼建设。

（二）加快城市轨道、城际轨道交通建设

首先，在首都市域范围内建设层次清晰、功能明确的轨道交通网络。要妥善处理好区域、城市郊区和城市内部等交通运输网络之间的关系，完善轨道交通线网功能层次结构，满足多层次的出行需求，引导绿色出行。其次，在城市群范围内构建以城际快速铁路为主骨架的交通圈。城际快速铁路与既有客运专线一起，作为京津冀区域内承担旅客运输的骨干支撑通道，承担沿线主要中心城镇之间的客流，并兼顾次中心城镇之间的客流，尽可能利用既有线路基础，降低建设成本和运营成本。一方面要积极利用北京至张家口段城际快速铁路，为北京北部新区建设高端旅游和特色产业区等创造条件，承担内蒙古西部、山西北部与中东部地区旅客运输交流主通道，兼顾北京与张家口之间城际旅客运输；另一方面利用京沈客运专线代替北京到承德的城际高速铁路，既有的京沪—石德线代替沧州到衡水的城际高速铁路，这对承德、衡水融入区域协作、承接产业转移具有重要的推动作用。全部建成之后，以京津为中心，辐射周边地市的三个小时高铁交通圈，将加速京津冀产业协同发展。

（三）整合机场资源打造亚太国际航空枢纽

首先，培育层次分明、分工明确的机场体系。首都国际机场和大兴国际机场应当各有侧重，实现分工，紧密配合。天津滨海国际机场的功能定位应强化天津大型海陆空综合物流集散基地的建设，发展成为国际辅助客运枢纽和中国北方国际航空物流中心。石家庄机场的功能定位应当是华北地区航空运输枢纽机场，北京、天津主要备降和分流机场，并辐射全省，以秦皇岛机场、唐山机场和邯郸机场等支线机场作为支撑，积极发展低成本通勤航线，共同构建面向全球、层次清晰、功能完善的亚太国际航空枢纽。其次，积极推动空铁联运，促进区域内机场联动发展。高速铁路是京津冀机场群协调发展的重要载体，空铁联运能够发挥“双高”的速度优势，拓展航空运输和铁路运输各自的辐射圈，大幅提升城市群内各城市间的可达性，促进综合交通一体化发展。

（四）加强海空港协作，共建国际航运物流和客运中转枢纽

一是优化结构、明确分工，打造区域港口联盟。应当科学界定各港口间的功能定位，协调各港口间的分工，强化港口间的合作，形成布局合理、功能完备、辐射力强的现代化综合性港口群体系。依托北京的服务优势，天津港应积极拓展和延伸港口产业链条，大力发展航运金融、保税物流等航运服务业，发展附加值高的集装箱运输，建设成为具有全球影响力的现代化国际深水大港和国际集装箱枢纽港；秦皇岛、黄骅、唐山港等港口继续发展煤炭、矿石等大宗生产资料运输，在突出自身优势的同时，与天津合作，拓展集装箱、杂货运输和旅游客运业务，形成辐射三北，沟通京晋冀鲁豫的出海口。在此基础上加快推进京津企业物流信息与公共服务信息的有效对接，协调港口运营发展，促进天津港集团与河北港口企业在航线开辟、经营管理等方面的合作。

二是强化铁路集疏运系统，促进各港口的整合与协作。大力发展铁路货运，加强海铁联运系统的建设。构建“西煤东运”的煤炭运输通道，发展铁路集装箱运输，降低运输成本，从而减少高速公路的交通压力，整合和优化区域铁路网资源，提高铁路对港口的集疏运能力，促进港口之间的互动发展。

三是构建统一的信息化平台，加强海港和空港间的合作。随着旅游观光、临港产业、临空产业以及基于大通关的现代物流业的发展，京津冀之间都需要加强海港和空港的无缝对接，以加强海港与北京、石家庄等内陆无港口地区之间的合作。应在京津冀范围内推进空港和海港之间就旅客联乘、客票销售、班车运输、货物联运、信息同享等领域展开深入合作，发挥资源优势，推动海港、空港实现更大的发展。在客运合作方面，通过机场旅游巴士、高速铁路连接机场至港口的海空联运旅客班车，实现联运旅客方便、快捷的地面运输，也可满足旅客休闲观光的需求，通过在机场和港口设置海空联运旅客服务平台，为消费者创造安全、高效、便捷的出行条件；在货运合作方面，通过统一的公共信息网络平台，在口岸运输货物空海联运服务中，建立信息共享机制，为客户提供空海联运一体化信息服务，并指定业务单位和部门负责空海联运服务业务的推进工作，通过加强沟通与交流，细化工作程序，全面推进业务开展。

四　加速区域要素流动与贸易发展

按照区域经济社会发展规律，充分发挥行政体制的引导作用和市场机制配置资源的决定性作用，实现资源由行政区域配置向经济区域配置的转变。促进区域内资金、技术、人才、信息等要素合理流动，建立统一开放的产品、技术、产权、资本、人力资源等各类市场，合作构建经济、金融信息共享平台，形成资源要素优化配置、商品贸易自由发展的新格局。

加快建立科技资源合作共享机制，加速区域科技资源的集聚、流动、辐射与共享，为区域科技进步与创新提供支撑和保障。建立人力资源共享和联动机制，推动区域产学研合作，促进基地、平台、人才、项目一体化发展。

合作整顿和规范市场秩序，建立区域社会信用平台与体系。实施统一分层的准入标准和技术标准，建立区域市场准入和质量互认制度。形成稳定规范和可预见的政策环境以及与国际通行的做法相适应的、区域内相对统一的法制环境，把京津冀城市群建设成为区域经济社会一体化发展的示范区。

目前，京津冀协同发展进入加快推进阶段，在已经取得诸多进展的基础上，三地亟须遵循功能定位，强化各自分工，在竞合关系的深度调整中进一步推动区域资源要素的合理流动。京津冀协同的最大阻碍或瓶颈主要在于资源要素流动范围和速度滞后于市场预期。尽管市场正在逐步发挥决定性作用，但市场配置的高效性尚未完全释放，政府调控的引导仍必不可少，且应着力于更广泛的领域和更长远的未来。京津冀资源要素流动将主要集中在结构性资源、创新资源、生态资源以及社会资源等方面。

（一）科学制定区域资源要素流动评价标准

一是结构性资源应强调“互动式”转移与承接。目前，京津冀区域之间的结构性矛盾主要集中在包括产业资源、金融要素资源以及宏观政策资源等的结构性资源不平衡上。因此，对于产业资源流动，不应只强调北京首都功能疏解下的产业单项转移。从一定意义上讲，北京产业资源的丰富与其自身配套条件完备、人才智力资本雄厚、创新成本较低、产业发展空间充足息息相关。相比之下，天津与河北的产业配套体系尚不健全，过度强调产业资源的单向疏解与转移，可能降低已有产业要素的配置效率和产出效益。因此，结构性资源的转移顺序应是逐步由外围环境的改善走向核心要素的自发流动，在产业发展的外部环境制约不断消除、金融配套条件不断夯实的基础上，以产业要素自身逐利本性驱使与市场最优化配置为前提，引导和保障产业资源要素的合理流动，进而完成产业资源要素的“互动式”转移与承接。

二是创新资源流动应充分发挥政府作用培育载体和平台。京津冀之间创新资源的转移是政府可以更多发挥作用的领域。政府的强力推动主要落实在创新载体的建设与创新环境的完善上。创新资源所需的创新孵化平台和基地、科技服务配套、智力人才的培养和吸引、金融创新的监管等，政府都可有所作为。尤其是在创新服务平台建设和人才培养与引进方面，应加强创新孵化与产业化平台的定向招商与建设、创新金融服务的“个性化”、人才引进“绿色通道”，以及金融支持的“常态化”和“定制化”，为其他依托创新资源流动的要素提供可预期的发展空间和机遇。

三是生态资源流动重在减控外部效应和交易成本。生态治理与保护是京津冀协同的先行领域。从本质上看，生态资源本身不具备流动性，生态资源固有的地理属性决定了资源要素须附着于一定的物理表现，即使是流动的水和大气，也不存在要素流动意义上的配置效率。因此，生态资源的流动性主要体现为外部性效应的克服和资源使用交易成本的控制。

第一是推进区域生态资源价值化和创新生态资源税收制度。由于区域环境资源的公共性及其所有权与使用权的模糊性，各类生态环境资源在使用上具有任意性，往往是无偿使用和破坏性使用。因此，必须对生态环境所做贡献进行核算，对保护生态环境者给予补偿、对破坏生态环境者予以惩罚，以避免“公地的悲剧”。京津冀在生态协同创新上，应着力推进生态环境资源价格和税收等方面的制度创新。

第二是设立京津冀生态补偿专项资金，建立区域生态环境共建共享机制。国际经验表明，资源环境的“倒逼”、可持续发展理念、低碳绿色发展方式、科技革命和生态环境的共建共享制度安排，是实现由环境恶化到生态良好转变的基本条件。通过财政横向转移支付、开设环境税收，设立京津冀生态补偿共同基金，开展基于水质和生态保护基础上的流域下游对上游的补偿，开展基于主体功能区划分的重点开发地区、优化开发地区对限制开发地区、生态涵养地区的补偿，建立区域生态环境共建共享机制。

第三是构建有重点、多层次的补偿体系，综合运用政府和市场两种手段实施生态补偿。加强对京津冀重点生态功能区的生态补偿，明确生态补偿重点领域和范围。当前，对于京津冀生态环境建设来说，构建政府引导与市场运作相结合的制度体系尤为重要，政府在战略推动、规划引领、监测监管、政策调控等方面的主导作用不可替代。京津冀三地政府应加大均衡性转移支付力度，并对环境保护政策实施所形成的增支减收给予补偿，通过实施生态保护项目、财政补贴、财政转移支付（纵向、横向）和税收差异化等方式，对生态涵养区进行生态补偿。市场手段如生态资源有偿使用、排放权交易、专项基金、税收奖惩、政府购买等，是实现区域生态补偿的基本方式和有效途径，应强调生态环境成本内部化（通过提高私人成本，让私人成本与社会成本相一致）和运用市场机制实施生态环境保护（通过排放权和排污权商品化模式，让公众和企业参与，实现减排的目的）。

第四是探索开发权的有偿转让机制。结合京津冀实际，探索开发权从禁止开发地区、生态涵养区向重点开发地区和优化开发地区的有偿转让制度。

第五是申请建设国家级生态合作示范区。建议将河北的承德、张家口，北京北部、西部，天津北部划定为整个京津冀的生态涵养区，共同申请国家级生态合作示范区。

四是社会资源流动应强调普惠分享区域发展成果。增强京津冀资源流动性、提升协同发展水平和层次的另一个重要领域是社会资源的流动。从一定意义上讲，社会资源的真正流动才代表京津冀区域实质意义上的“协同”进步。首先是区域医疗资源的流动。优质的医疗条件会跟随产业资源、人力资源以及其他优质资源的转移而移动，因此，随着结构性资源的自由流动，政府应着力提升保障社会资源流动的服务能力和配套能力，提供优质医疗资源双向流动的渠道，而不仅仅限于北京医疗资源的转移，天津和河北优质医疗资源也应与北京加强交流及合作，提供互为补充的平台。其次是区域教育资源的流动。产业资源、人力资源以及创新资源的流动是教育资源转移的主要需求，但是教育资源本身的配套完备也是上述三种资源流动的前提，因此结构性资源与教育资源的转移互为交织，都是要素流动的强力“黏合剂”。最后是区域交通资源的合理配置。交通出行的便利化程度体现了社会资源流动的顺畅性，京津冀都市交通圈的提升速度和路网的完备程度直接决定着区域资源流动的效率和频率。从世界级城市群的发展经验看，发达的城市快速交通体系成为整个区域各种组织活动完成的有效保障和基础，因此京津冀区域交通基础设施的互联互通将是社会资源架构有效运行的重要环节。

（二）完善区域要素自由流动市场机制

在创新人力资源自由流动方面，一是建立统一的京津冀人力资源市场，促进人才流动。通过整合现有各层次的劳动力市场、建立高层次人才信息库、统一劳动力市场信息服务平台等手段，采用“不求为我所有，但求为我所用”的人才使用理念，通过讲学、技术入股、从事咨询、兼职等人才柔性流动和人才租赁方式实现区域人才流动和共享。二是促进产业链在区域内合理布局，为人才流动提供平台。在促进京津冀劳动力流动过程中，将产业结构调整作为基础，促进产业链在区域内合理布局，从而调整就业结构，促进劳动力合理流动。三是建立区域统一的人才服务保障体系，降低人才流动风险。通过专业技术资格和职业资格互认，为专业技术人员流动提供便利；创新人才共享方式如人才租赁、人事代理，完善区域人才服务体系；采取区域内户籍、档案和社保等相互认证制度，稳步推进教育、医疗等社会公共服务均等化。

在创新区域资本自由流动方面，资本以金融资本、产业资本、财政资本三种形式存在，并以金融机构、企业、银行为载体。有效促进这三种资本在区域内流动，不仅需要依托市场规律来实现，也需要政府的宏观调控，改革阻碍那些资本流动的体制机制。在金融资本和财政资本上，一方面要建立京津冀共同发展基金，建立多元化可持续融资保障机制，建立京津冀地区统一的金融体系；另一方面要建立纵向和横向财政转移支付机制，实现区域内各类主体功能区的协调发展。在产业资本上，应创新外资的使用形式和层次。目前京津冀三地引进外资的结构差别较大，北京的外资使用范围较宽、层次较高，主要集中在第三产业，且占比逐年增大；天津借助其北方海港优势，吸纳了包括大型制造业和基础建筑业在内的大型外资企业；河北省引进外资的领域主要分布在制造业、交通运输业、邮政业和房地产业以及农林牧副渔业方面。三地应根据各自发展需要，合理调整引进外资企业的结构和方式，北京作为首都，需要加强总部经济，应引进高新技术产业、现代服务业和投资型企业；天津应优化外资结构，引进世界500强企业，增加服务业的占比，发展金融、保险等高端服务业，重点发展航空、新能源、海洋业等产业；河北省应重点改善投资环境，引进创新型技术产业，推动产业升级和经济发展方式转型。

在区域技术市场方面，知识产权作为重要的生产要素和创新成果，如果能在更大范围内实现转移和转化，将对促进区域协调发展具有重要意义。一是应加强顶层设计。中国对知识产权管理，尤其是对产权交易的管理职能比较分散，例如，技术专利转让由知识产权局分管，商标交易由工商局分管，著作权交易由版权局分管。也就是说，京津冀区域知识产权交易至少由三个或者三个以上的政府部门管理，容易导致政出多门而低效率，急需顶层设计。二是发挥区域产权交易联盟作用。在知识产权交易中，有很多难点，比如知识产权的价值评估等。京津冀地区的知识产权应按照统一标准进行评估、统一市场进行交易，助推各类要素资源突破区域限制，在更大范围实现自由流动和优化配置，推动三地产权市场的协同发展。三是区域联合执法，对侵权产业链进行整体打击。实施区域内知识产权保护的联合执法制度，将原先对销售、运输、制造等环节的单独执法有机串联起来，对侵权产业链进行整体打击。四是合作打造区域知识产权统一的互联网展示、交易平台。应在京津冀地区构建一个基于互联网的知识产权交易方面的集成展示平台和知识产权竞价系统，提高技术交易效率。五是规划知识产权实物展示中心。区域内在知识产权的集中需求地规划知识产权实物展示中心，将区域内各地区知识产权产品集中展示，促进区域内的知识产权交易效率。

五　推进京津冀城市群发展和新城建设

城市群的形成是相邻城市间产业结构深化，空间结构拓展，经济、社会、文化、人口结构融合的阶段性产物。京津冀城市群之间存在一定程度的空间联系，但较为松散。京津两市联系较为紧密，但两市与京津冀区域其他城市联系均相对松散。这表明京津冀城市群中各城市发展不均衡，空间集聚效应大于扩散效应，京津冀三地的经济自成体系，还未完全形成资源共享、优势互补、良性互动的区域经济联合体。推进京津冀城市群发展，有助于加快京津冀城市群发展的相互联系性；推进京津冀地区新城建设，有助于培育新集聚区和经济增长点。

（一）推进城市群质量提升和空间优化

京津冀城市群目前处于城市群发展的交融阶段。[①] 针对这一阶段的发展特征，推进京津冀城市群质量提升和空间优化，要从以下几方面入手。

首先，加强区域规划的衔接，有效推动城市群内城市协调发展。由于各城市行政体制的分割以及各地区各自追求自己的经济发展利益，京津冀城市群各个城市利益冲突较大，核心城市北京、天津以及河北石家庄、唐山等区域性中心城市各自为政，城市产业发展同构现象严重，城市群一体化的互补性合作机制尚未形成。应进一步强化区域规划的衔接，强化京津冀之间的合作，实现三地功能和产业的转移与承接，优化区域空间发展布局，推动京津冀城市群内城市协调发展。充分利用国家层面形成的京津冀城市群发展的区域协调机制，协调三地政府，形成统一的合作平台和政策促进机制，改变各自为政的局面。京津冀城市群区域协调机构的职能应包括：组织协调实施跨行政区的重大基础设施建

---

① 城市群演化阶段是其演化模式在时间节点上的静态体现。目前，国内对城市群演化阶段的划分主要采用起步（雏形）、发展（发育）、成熟（稳定）等划分方法。由于此种方法比较笼统，本书按照城市群演化的特征将其演化阶段划分为破界、组接、交融、融合四个阶段。各阶段的空间特征、产业特征、人口特征、基础设施及其紧密度详见文魁、祝尔娟（2014）。

设、重大战略资源开发、生态环境保护与建设以及跨区域生产要素的流动等问题；统一规划设计符合本区域长远发展的经济发展纲要和产业结构；统一规划空间资源和其他资源的投放；制定统一的市场竞争规则和调控措施，并负责监督执行情况；指导各市县制定地方性经济发展战略和规划，使局部性规划与整体性规划有机衔接。京津冀城市群在发展经济过程中，应以新型工业化、信息化、城镇化、农业现代化为驱动力，优化空间开发格局，根据国家主体功能区的要求，做好各区域功能区人口、城镇、产业的空间布局，避开主体功能区中的国家级限制和禁止开发区域，推动产业结构优化升级，形成合理的城市间发展梯度差异，形成以京津为核心，以雄安新区、张家口、承德、保定、廊坊等为区域性中心的环首都城市群，以石家庄、衡水、邢台、邯郸为区域性中心城市的冀中南城市群，以及秦皇岛、唐山、天津滨海新区、沧州为区域性中心的沿海城市带，依托京津的带动作用，以及环首都城市群、冀中南城市群和沿海城市带的联动作用，共同提升京津冀城市群的发展质量。

其次，优化城镇结构，推动城市群向网络化、高级化发展。京津冀地区 2019 年城市化率为 66.7%，由于城市群内行政体制分割以及各城市间经济发展的不平衡，河北各区域性中心城市与京津城市间的发展梯度差距较大，提升京津冀城市群城镇发展质量，关键是在优化京津核心城市城镇质量的同时，注重区域性中心城市和重点城镇的质量提升。从京津冀城市群规模结构和职能结构可以看出，京津冀城市群城镇体系空间分布上受资源开发和交通指向的影响，形成了大集中、小分散的发展格局，城市职能雷同，彼此间协调联系较弱，城市群内城市间尚未形成内部高度整合，且富有竞争力的城镇体系。随着京津冀地区一体化发展加快，应形成内聚外联的城镇体系发展模式，按照非均衡发展的思想，集中群内有限的物力、财力，将生产要素集聚到区域性中心城市以及重点城镇，形成单极强核心主导，若干增长极辅助，生产要素高速流通的城镇体系。内聚就是中心集聚，处理好城市群内城市间分工协作关系，强化核心城市、区域性中心城市和重点城镇发展，积极引导生产要素向城市功能区集聚，调整优化城市功能区域内部产业布局，强化中心城区的区域综合服务职能，发展特色小城镇，充分发挥京津冀城市群的空间规模经济和范围经济效益。注重群内城市发展的网格组合，强化城市发展轴布局，形成群内城市间以及与群外城市的极化、扩散通道，推进空间经济扩展和城镇一体化发展。加强群内重点城镇建设，针对京津冀城市群中小城市环绕京津外围，且数量众多，带动区域发展能力较弱的情况，要确定重点发展城镇，形成北京市辖区和天津市区、滨海新区共同构成的双核发展模式，以雄安新区建设为契机，进一步优化城市群空间结构层次，增强群内城市联系度，带动和辐射京津冀城市群内其他城市发展。依托重要交通干线，形成京张、京承、京唐秦、京津、京沧、京石邯城镇发展带。以石家庄为次级核心城市的冀中南城市群，应提升石家庄、衡水、邢台、邯郸的城市质量。

优化区域性中心城市发展，提升中小城市发展质量，增强环京津区域性中心城市承接京津产业转移和区域协调发展能力，提升区域性中心城市功能；冀中南城市群发展中，提高石家庄作为区域性核心城市的首位度，强化其在科技、人才、金融、资本等方面的集聚效应，增强其辐射带动能力；沿海城市带发展中，充分发挥秦皇岛、黄骅港、唐山港（京唐港区、曹妃甸港区）重要出海港口的优势，提升中心城市功能。优先发展基础条件好、产业带动作用强、发展空间较大的霸州市、高碑店市、定州市等县级市和新城区，将其打造成高品质的中等城市；推动雄安新区发展，集中疏解北京非首都功能，探索人口经济密集地区优化开发新模式，调整优化京津冀城市布局和空间结构，以培育创新驱动发展新引擎；推动特色城镇建设，重点建设国家级和省级重点镇，将其打造成具有较强辐射能力的带动城乡一体化发展的区域性经济文化中心。

（二）推进新城建设和培育新增长极

当前，北京的城市化率为 87.6%，天津的城市化率为 84.88%，均超过了 80%，达到世界发达国家的城市化水平。进入 21 世纪以来，作为区域发展的“双核心”，京津两市均已进入中心城区功能疏解、打造周边新城、建设都市圈和城市群的重要阶段。新城是京津冀城市群的重要组成部分，是承接北京、天津中心城区人口、产业及城市功能的重要发展空间，也是在核心城市周边建立“反磁力”基地的城市载体，是推动区域可持续发展的新增长极点。新城是在城市空间结构由单中心都市圈向多中心城市群发展进程中形成和发展起来的，按照都市圈、城市群发展的一般规律，核心城市产业升级和功能疏解的过程，也正是区域产业整合和经济重构、核心城市发挥辐射带动作用、新城及中小城市快速崛起的重要阶段。

1. 北京新城建设和培育新增长点

（1）建设通州——城市副中心。按照北京建设中国特色世界城市的战略部署，通州区以建设北京现代化国际新城为目标，并打造成为“一核三区、三带四组团”的区域空间格局。一核即新城中心区，是北京现代化国际新城建设和发展的战略引擎区，是疏解中心城区商务功能、提升消费功能、补充国际功能、集聚文化功能的重要空间载体，是北京建设中国特色世界城市的先行区、实验区和示范区。三区即主题休闲旅游度假区、宋庄文化创意产业集聚区、环渤海高端总部基地三大功能区，三个区域将实现特色产业集群化发展，成为推动北京现代化国际新城经济发展和功能提升的重要高端功能区。三带即北运河水岸经济带、京哈高速产业带、京沪高速产业带，是北京现代化国际新城产业发展的重要集聚带。四组团即以台湖、西集、漷县、永乐店四个重点镇为中心形成的发展组团，打造成各具发展特色的经济功能区。

新城重点打造高端商务、高端制造、现代物流三大产业，着力培育文化创意、金融服务、医疗康体、旅游休闲四大新兴产业，大力促进国际高端企业总部、国际活动、国际传媒、国际医疗康体、旅游休闲度假和国家电子商务六大领域高端要素集聚，建成新商务商贸中心、高端物流中心、休闲娱乐中心和文化创意产业基地，打造面向国际的创意之都。

（2）建设大兴——临空航空城。北京航空城空间布局规划的总体框架按照“一区两核、三圈四网、分期建设”。“一区两核”：一区即空港经济区，两核为空港核心区（机场城）和都市居住区（国际城）。“三圈四网”：三圈即核心圈、紧密互动圈和辐射服务圈，四网即空中航线网络，高速公路、快速路及普通公路网，铁路网，城市轨道交通网。到2030年建成成熟完善的航空功能区。北京航空城的发展要依托机场对外快速路网及轨道交通，呈带状发展。核心区遵循航空城发展的圈层模式，围绕机场周边发展。外围结合现有村镇发展，形成特色临空产业组团。具体建设措施为，大力发展“一轴两带”：一轴即南中轴，两带分别为东部沿京台、京津唐高新技术产业带和西部永定河沿岸及京开高速都市产业带；打造“一环五园”：一环即空港经济环，五园即航空工业产业园、空港物流产业园、临空高新技术产业园、临空商务产业园、农业休闲产业园。

（3）建设海淀、昌平——未来科技城。未来科技城位于北京中关村国家自主创新示范区核心区范围内，地处中关村北部研发服务和高新技术产业发展带上，处于北京产业集聚的核心区，承接高科技研发生产、旅游服务和教育功能。未来科技城形成“一心、两园、双核、四轴”的空间格局。“一心”指沿温榆河的绿色空间；“两园”指南、北两大产业园；“双核”指为园区配套的公共服务中心，温榆河以南为主公共服务核心区，以北为副核心区；“四轴”为生态轴、产业轴、休闲轴、文化轴的主体空间结构。北京未来科技城立足于建设引领科技创新的研发平台，在新能源、信息、冶金、节能环保、航空、新材料等关系我国能源发展战略和重大产业布局的领域，依托城内企业重大项目和重点任务，加快开展核心技术的战略研发、关键技术的跨越发展、重要技术的集成示范、共性技术的合作攻关，加速推进一批具有自主知识产权的科研成果产业化。

一是运用低碳能源、节能建材、水资源综合利用、信息化等多种科技手段，打造绿色生态、低碳环保、智能高效的科技生态新城；二是按照生活与工作融合促进的理念，着眼于一个“城”的整体功能和运行需要，精心规划含多功能的公共服务配套设施，构建功能齐全、国际品质、舒适便捷的和谐研发社区。

2. 天津新城建设和培育新增长点

（1）建设滨海新区——中国经济增长第三极。滨海新区位于京津城市带和环渤海湾城市带的交汇点，紧紧依托北京、天津两大直辖市，拥有“三北”辽阔的辐射空间，地处东北亚中心，是亚欧大陆桥最近的起点。滨海新区已确定“一城双港、九区支撑”的总体规划布局。“一城”就是滨海新区核心城区；“双港”就是南部港区和北部港区；“九区”就是九个产业功能区。每个功能区集中力量发展3~4个主导产业，努力形成“东港口、西高新、南重化、北旅游、中服务”五大产业板块。东部现代港口物流板块，重点发展国际中转、国际配送、国际采购、国际转口贸易和出口加工，建成中国内地第一个自由港。西部先进制造板块，重点发展生物医药、新能源、新材料等战略性新兴产业，成为高端产业集聚区和自主创新领航区。南部重化重装板块，重点发展石油化工、现代冶金、造修船、海上工程设备、高速机车等产业，建成世界级重型化工产业和重型装备制造业基地。北部休闲旅游板块，着力发展滨海旅游、总部经济、商务会展、服务外包、文化创意以及高科技生态型产业。中部金融服务板块，发展现代金融、现代商业、高端商务等现代服务业，建成世界占地面积最大的金融服务区。

（2）建设武清开发区——天津经济发展的新引擎。作为京津双城的重要节点，武清在京津冀都市圈经济发展中具有重要的战略地位。武清开发区重点建设7个特色功能区域，包括欧式风情小镇、欧盟产业园、高等教育园区、文化产业园区、保税物流区、高端制造业集聚区、创业总部基地。欧式风情小镇规划面积3.5平方公里，以欧式居住小镇风情为主题，着眼环保低碳生活方式，打造与自然环境相和谐的宜居生态居住区。欧盟产业园规划面积20平方公里，是为欧盟企业搭建的投资发展平台，以高端制造业和战略性新兴产业为主，以现代服务业为辅。主要发展生物医药、先进制造业和新材料等三个主导产业。高等教育园区规划面积 2.6 平方公里，将建设天狮国际大学、国际医院和养老社区产业园。文化产业园区规划面积 3 平方公里，建成以文化及生态旅游为禀赋，以现代科技为载体，融合文化和经济的科技文化型产业园区。保税物流区规划面积 2.4 平方公里，建成在世界龙头物流企业的带动下，立足天津、服务京津、辐射环渤海的物流服务基地。高端制造业集聚区规划面积 10 平方公里，坚持高端高质高新化方向，吸引高科技、高收益且能带动相关产业链的龙头项目，促进产业集群发展。区域内建设 11.5 万平方米的京津高校（武清）科技创新园，面向京津高校和科研机构，通过加强产学研用结合，建设传统产业升级的“助推器”、战略性新兴产业培育的“孵化器”和国家级重大研究课题技术成果转化的创新平台。创业总部基地占地 1.26 平方公里，发展文化创意、动漫游戏、服务外包、金融、研发孵化和总部楼宇等现代服务业。提升武清开发区功能环境水平，促进武清开发区的产业结构调整升级。

（3）建设北辰东丽——打造天津北部新区。北部新区位于天津市拓展空间后的东北部，正处于整个天津地区的中心位置。新区东至外环线东北部调整线、西南至外环北路、北至永定新河，规划总用地约 104 平方公里。北部新区的建设和发展作为天津市整体发展规划的重要组成部分，使天津市核心功能区变得更加完整，对于天津市转变经济发展方式、打造中国北方经济中心具有重要的现实意义。建设北部新区应遵循“三区、四带、一心、三核”的空间结构布局。“三区”建设是指，以河道与快速路为界，结合现状资源分布，划分为北部生活与休闲片区、中部科研与文创片区和南部生活与休闲片区；“四带”建设是指，为强化北部新区与中心城区的联系，实现一体化发展，在规划中形成 4 条城市发展带，包括 3 条横向发展带（龙门东道发展带、普济河道发展带、金钟路发展带）和 1 条纵向发展带（新区发展带）；“一心”建设是指：北部服务中心（地区级中心）；“三核”建设是指，依托生态与产业资源，形成三个专业型核心，即银河生态休闲中心、科技研发与文化创意中心和南淀生态休闲中心。

3. 河北新城建设和培育新增长点

（1）建设雄安新区。[①] 雄安新区地处北京、天津、保定腹地，距北京、天津均为105公里，距石家庄155公里，距保定30公里，距北京新机场55公里，区位优势明显，交通便捷通畅，地质条件稳定，生态环境优良，资源环境承载能力较强，现有开发程度较低，发展空间充裕，具备高起点高标准开发建设的基本条件。新区规划范围包括雄县、容城、安新三县行政辖区（含白洋淀水域），任丘市鄚州镇、苟各庄镇、七间房乡和高阳县龙化乡，规划面积1770平方公里。选择特定区域作为起步区先行开发，在起步区划出一定范围规划建设启动区，条件成熟后再有序稳步推进中期发展区建设，并划定远期控制区为未来发展预留空间。

雄安新区作为北京非首都功能疏解集中承载地，要建设成为高水平社会主义现代化城市、京津冀世界级城市群的重要一极、现代化经济体系的新引擎、推动高质量发展的全国样板。

绿色生态宜居新城区。坚持把绿色作为高质量发展的普遍形态，充分体现生态文明建设要求，坚持生态优先、绿色发展，贯彻绿水青山就是金山银山的理念，划定生态保护红线、永久基本农田和城镇开发边界，合理确定新区建设规模，完善生态功能，统筹绿色廊道和景观建设，构建蓝绿交织、清新明亮、水城共融、多组团集约紧凑发展的生态城市布局，创造优良人居环境，实现人与自然和谐共生，建设天蓝、地绿、水秀美丽家园。

创新驱动发展引领区。坚持把创新作为高质量发展的第一动力，实施创新驱动发展战略，推进以科技创新为核心的全面创新，积极吸纳和集聚京津及国内外创新要素资源，发展高端高新产业，推动产学研深度融合，建设创新发展引领区和综合改革试验区，布局一批国家级创新平

① 新华社新媒体：《新华社全文发布〈河北雄安新区规划纲要〉》，新华社，2018年4月21日。

台，打造体制机制新高地和京津冀协同创新重要平台，建设现代化经济体系。

协调发展示范区。坚持把协调作为高质量发展的内生特点，通过集中承接北京非首都功能疏解，有效缓解北京“大城市病”，发挥对河北省乃至京津冀地区的辐射带动作用，推动城乡、区域、经济社会和资源环境协调发展，提升区域公共服务整体水平，打造要素有序自由流动、主体功能约束有效、基本公共服务均等、资源环境可承载的区域协调发展示范区，为建设京津冀世界级城市群提供支撑。

开放发展先行区。坚持把开放作为高质量发展的必由之路，顺应经济全球化潮流，积极融入“一带一路”建设，加快政府职能转变，促进投资贸易便利化，形成与国际投资贸易通行规则相衔接的制度创新体系；主动服务北京国际交往中心功能，培育区域开放合作竞争新优势，加强与京津、境内其他区域及港澳台地区的合作交流，打造扩大开放新高地和对外合作新平台，为提升京津冀开放型经济水平做出重要贡献。

（2）建设石家庄正定新区。① 全力打造正定发展新引擎。把向北发展、拥河发展作为城市发展主方向，充分释放数字经济、临空经济、文旅服务资源优势，加快创新资源和公共服务资源集聚，把正定建成河北省会最具活力、最有魅力、创新能力强、开放程度高的高质量发展策源地。建设更高水平的自由贸易试验区，规划“两区一枢纽”全新布局，重点发展临空产业、国际物流、生物医药、先进装备制造、现代服务等高端产业，构建古城、新区、综保区、开放园区组成的开放型经济发展新格局，打造辐射冀中南、引领石保廊的重要引擎。高标准抓好数字经济产业园建设，积极培育数字金融和跨境电商、数字创意等数字经济新业态，加快集聚一批智能制造、数字医疗、智慧旅游等数字产业，不断丰富“数字正定”应用场景，打造全国数字经济创新发展试验区、京津冀数字经济协同发展示范区、河北数字经济高质量发展引领区。

---

① 《石家庄市国民经济和社会发展第十四个五年规划和二〇三五年远景目标纲要》，《石家庄日报》2021 年 3 月 18 日，第 7 版。

（3）建设唐山市曹妃甸区。曹妃甸位于唐山南部沿海、渤海湾中心地带，毗邻京津两大城市，距离唐山市中心区80公里，距离北京220公里，距离天津120公里，距离秦皇岛170公里，是中国能源、矿石等大宗货物的集疏港，同时也是新型工业化基地、商业性能源储备基地，国家级循环经济示范区。加快曹妃甸区发展，一是充分利用国家级开发区助推经济增长。曹妃甸区拥有三个国家级开发区，分别是曹妃甸循环经济示范区、曹妃甸综合保税区、曹妃甸国家级经济技术开发区；同时还拥有南堡开发区、曹妃甸装备制造园区两个省级开发区。要充分利用这些开发区，推进曹妃甸区经济增长。二是努力提高基础设施承载力。实现曹妃甸水、电、路、信基本配套，为产业集聚创造条件。同时完善生活服务设施，改善入区企业员工生活条件，为招商促建和产业发展创造良好环境。三是推进港口建设。曹妃甸港区吞吐量实现了高速增长，要将港区朝着国际化、大型化、现代化综合型集疏大港的目标稳步推进。进一步完善已建成的矿石码头一期、煤码头起步工程、原油码头、杂货码头等在内的22个泊位建设，加速正在建设的曹妃甸煤炭储运基地、矿石物流园区、钢铁物流交易中心和综合物流项目的建设步伐。四是加快产业集聚步伐。曹妃甸港口物流、钢铁、装备制造和高新技术等主导产业框架基本形成，产业项目龙头带动作用日益显现。要进一步延伸以首钢京唐钢铁公司、华润曹妃甸电厂为龙头的循环产业链条，逐步探索走出一条科技含量高、经济效益好、资源消耗低、环境污染少、人力资源优势得到充分发挥的“两化”融合道路，为创新我国重化工业发展模式，实现经济发展和环境保护双赢提供示范。

（4）沧州渤海新区下辖黄骅市、中捷产业园区、南大港产业园区、港城区和国家级临港经济技术开发区，总面积2212平方公里，常住人口63.75万，海岸线总长116.82公里。是河北省和沧州市重点打造的沿海重要增长极，也是国家级经济技术开发区、国家新型工业化产业示范基地、国家海水淡化产业发展试点园区、国家循环化改造示范试点园区和中国物流试验基地。面向未来，要坚持“以城定港、港城融合、产城共兴”为主基调，以京津冀协同发展为抓手，实行更高水平对外开放，实现“体制改革取得新突破、黄骅港转型获得新提升、临港产业实现新跨越、黄骅新城建设树立新形象”。“努力开创社会主义现代化建设的新局面，奋力打造全省沿海经济带重要增长极和改革开放新高地。”① 一是黄骅港的建设已大致完成。目前黄骅港是我国第二大煤炭输出港，港口要实现从单一煤炭输出港向综合大港的转变，强化港口具有的欧亚大陆桥新通道“桥头堡”作用和我国华北、西北通向东北亚的门户作用。二是要加速新区产业集聚。把构建以循环经济为主要发展方式的新型工业体系作为渤海新区产业发展的主攻方向和战略任务，全力做大做强装备制造、石油化工、电力能源和现代物流等主导产业，着力打造“我国北方化工产业基地”“河北南部钢铁工业基地”“中国管道装备制造业基地”“华北地区重要的电力能源基地”“国际化区域物流中心”。进一步完善基础设施建设，夯实产业基础，加大渤海新区开放力度，加快产业转移承接速度。

（5）建设廊坊空港新区。廊坊临空经济区以北京大兴国际机场为地理中心，沿交通沿线以环状结构模式向外发散式扩张：距机场约 1 公里范围内是空港区，是中心机场环；距机场约 6 公里范围内是紧邻空港区；距机场 6~10 公里范围内是空港相邻区，也是空港交通走廊沿线高端制造配送环；距机场 10~15 公里范围内是外围辐射区，最远约 30 公里范围内，是外围环。空港新区属于中心机场环，位于廊坊西部，新机场以东，自北向南分为空港中心区和空港副中心区两部分，总占地面积约 220 平方公里。第一，充分发挥区位优势。从距离来看，廊坊市是河北省与北京新机场空间距离最近的一个设区市，随着北京大兴国际机场的建成，廊坊成为从首都城区至北京大兴国际机场和天津市区的重要节点。通过连接北京大兴国际机场，将北京、廊坊、天津打造成为 L 形的

① 《沧州渤海新区国民经济和社会发展第十四个五年规划和二〇三五年远景目标纲要》，渤海新区政府公开信息，http：//xxgk. bhna. gov. cn/，2021 年 12 月 27 日。

一条全新发展轴线，充分发挥廊坊在这条轴线的中部位置作用。第二，按照北京航空城区“一轴两带、一环五园”的现代产业布局，廊坊空港新区的广阳和固安分别纳入空港经济环，打造了广阳工业区、固安物流园和固安商务区。进一步融合廊坊和北京的经济发展，促进空港新区临港产业的发展。

总之，要充分发挥新城作为中心城市功能疏解的“重要空间载体”、缓解中心城市压力的“反磁力”基地和推动城市群优化升级的“新引擎”等核心作用，完善新城城市功能，增强吸引力、集聚力和吸纳力，使之成为产城融合、功能协调、生态宜居的新增长极。

参考文献

保罗·克鲁格曼：《地理与贸易》，刘国晖译，北京大学出版社，2000。

蔡昉、王美艳、曲玥：《中国工业重新配置与劳动力流动趋势》，《中国工业经济》2009年第8期。

陈万军：《我国茶叶产业化发展对策研究：以安化黑茶为例》，硕士学位论文，湖南农业大学，2009。

丹尼斯·R. 阿普尔亚德、小艾尔弗雷德·J. 菲尔德、史蒂文·L. 科布：《国际贸易》，第7版，中国人民大学出版社，2012.

邓翔、路征：《欧盟区域差距演变的历史测度》，《国际经贸探索》2009年第2期。

杜庆华：《产业集聚与国际竞争力的实证分析——基于中国制造业的面板数据研究》，《国际贸易问题》2010年第6期。

范剑勇：《产业集聚与中国地区差距研究》，格致出版社，2008。

方永恒：《产业集群系统演化研究》，西安交通大学出版社，2012。

冯素杰：《论产业结构变动与收入分配状况的关系》，《中央财经大学学报》2008年第8期。

葛嬴：《产业集聚与对外贸易》，第四届中国经济学年会会议论文，2004。

贺灿飞：《中国制造业地理集中与集聚》，科学出版社，2009。

贺灿飞、刘洋：《产业地理集中研究进展》，《地理科学进展》2006年第2期。

贺灿飞、谢秀珍：《中国制造业地理集中与省区专业化》，《地理学报》2006年第2期。

胡丹、晏敬东：《基于产业梯度系数的湖北承接产业梯度转移对策研究》，《武汉理工大学学报》（社会科学版）2014年第3期。

胡健、董春诗：《产业集聚测度方法适用条件考辩》，《统计与信息论坛》2013年第1期。

黄玖立：《对外贸易、地理优势与中国的地区差异》，中国经济出版社，2009。

黄玖立、李坤望：《对外贸易、地方保护和中国的产业布局》，《经济学季刊》2006年第3期。

李炳炎：《社本论——社会主义资本论》，人民出版社，2000。

李飞、张晓立、覃巍：《城市创新系统理论研究综述》，《城市问题》2007年第10期。

李红霞：《构建服务型地方政府 推动区域经济协调发展》，《重庆工学院学报》（社会科学版）2008年第2期。

李俊：《新贸易理论的三大特征》，《广东商学院学报》1999年第4期。

李少游、林亮、张烈平：《广西城市经济分析与发展研究》，《经济地理》2005年第6期。

李太平、钟甫宁、顾焕章：《衡量产业区域集聚程度的简便方法及其比较》，《统计研究》2007年第11期。

李一帆：《长三角地区纺织工业劳动生产率影响因素研究——从产业集聚外部性角度》，硕士学位论文，复旦大学，2014。

梁琦：《产业集聚的均衡性和稳定性》，《世界经济》2004年第6期。

梁琦：《产业集聚论》，商务印书馆，2004。

梁琦：《中国制造业分工、地方专业化及其国际比较》，《世界经济》2004年第12期。

梁小萌：《广东省居民收入分配格局形成的产业结构机制》，《珠江经济》2007年第11期。

林毅夫、蔡昉、李周：《中国经济转型时期的地区差距分析》，《经济研究》1998年第6期。

刘贵清：《日本城市群产业空间演化对中国城市群发展的借鉴》，《当代经济研究》2006年第5期。

刘文勇：《中国装备制造业集聚水平与成因的实证分析》，《经济理论与经济管理》2011年第6期。

刘夏明、魏英琪、李国平：《收敛还是发散？——中国区域经济发展争论的文献综述》，《经济研究》2004年第7期。

刘晓红：《陕西县域经济发展分析》，《商场现代化》2006年第11期。

刘修岩：《产业集聚与经济增长：一个文献综述》，《产业经济研究》2009年第3期。

刘友金：《世界典型城市群发展经验及对我国的启示》，《湖南科技大学学报》（社会科学版）2009年第1期。

卢明华、李国平、孙铁山：《东京大都市圈内各核心城市的职能分工及启示研究》，《地理科学》2004年第2期。

穆怀中、吴鹏：《城镇化、产业结构优化与城乡收入差距》，《经济学家》2016年第5期。

钱敏泽：《库兹涅茨倒U字形曲线假说的形成与拓展》，《世界经济》2007年第9期。

乔翔：《马克思与杨小凯分工理论的简要比较与启示》，《现代经济探讨》2011年第4期。

饶会林：《区域发展差距走势的理论与方法分析——对倒U字型观点的评价与发展》，《青岛科技大学学报》（社会科学版）2005年第3期。

任保平：《马克思经济学与西方经济学分工理论比较研究》，《经济纵横》2008年第3期。

桑瑞聪、刘志彪：《中国产业转移趋势特征和影响因素研究——基于上市公司微观数据的分析》，《财贸研究》2014年第6期。

石忆邵、黄银池：《纽约城市规划的特点及其对上海的启示》，《世界地理研究》2010年第1期。

世界银行：《2009年世界发展报告：重塑世界经济地理》，胡光宇等译，清华大学出版社，2009。

宋锦：《产业转型、就业结构调整与收入分配》，《经济与管理研究》2018年第10期。

唐垒、曾国平：《产业结构变动与重庆市经济增长的实证研究》，《西南农业大学学报》（社会科学版）2004年第3期。

王小鲁、樊纲：《中国地区差距的变动趋势和影响因素》，《经济研究》2004年第1期。

王亚芬、肖晓飞、高铁梅：《我国收入分配差距及个人所得税调节作用的实证分析》，《财贸经济》2007年第4期。

文魁、祝尔娟主编《京津冀发展报告（2013）——承载力测度与对策》，社会科学文献出版社，2013。

文魁、祝尔娟主编《京津冀发展报告（2014）——城市群空间优化与质量提升》，社会科学文献出版社，2014。

文魁、祝尔娟主编《京津冀发展报告（2015）——协同创新研究》，社会科学文献出版社，2015。

文玫：《中国工业在区域上的重新定位和聚集》，《经济研究》2004年第2期。

谢建平：《基于京津冀城市群的城际轨道交通线网优化研究》，硕士学位论文，中南大学，2010。

谢里、罗能生：《中国制造业空间集聚水平及其演变趋势》，《科学学研究》2009年第12期。

许召元、李善同：《近年来中国地区差距的变化趋势》，《经济研究》2006 年第 7 期。

杨婧：《宁波都市经济圈产业同构问题》，《经营与管理》2012 年第 8 期。

杨竹莘、聂彩云：《中国地区差距的测度与演变研究综述》，《吉首大学学报》（社会科学版）2006 年第 5 期。

余源培、吴晓明主编《马克思主义哲学经典文本导读》（上卷），高等教育出版社，2005。

喻柯可：《长江经济带工业产业同构问题研究》，硕士学位论文，重庆工商大学，2016。

詹宇波、张卉：《修正的 E-G 指数与中国制造业区域集聚度量》，《东岳论丛》2010 年第 2 期。

张梦洁：《京津冀产业转移指导目录或于近期发布　河北天津承接八大重点产业》，《21 世纪经济报道》2015 年 6 月 2 日。

张平、王树华主编《产业结构理论与政策》，武汉大学出版社，2009。

赵果庆、罗宏翔：《中国制造业集聚：度量与显著性检验——基于集聚测量新方法》，《统计研究》2009 年第 3 期。

赵建群：《论赫芬达尔指数对市场集中状况的计量偏误》，《数量经济技术经济研究》2011 年第 12 期。

赵伟、张萃：《市场一体化与中国制造业区域集聚变化趋势研究》，《数量经济技术经济研究》2009 年第 2 期。

郑万吉、叶阿忠：《城乡收入差距、产业结构升级与经济增长——基于半参数空间面板 VAR 模型的研究》，《经济学家》2015 年第 10 期。

周立群、江霈：《京津冀与长三角产业同构成因及特点分析》，《江海学刊》2009 年第 1 期。

周世峰、王辰：《世界城市群发展演变特点及其对长三角的启示》，《江苏城市规划》2010 年第 8 期。

Abdel-Rahman H. M. and Fujita M., "Product Variety, Marshallian

Externalities and City Size," *The Journal of Regional Science*, 1990, 30: 165-183.

Acemoglu D. and Zilibotti F., "Was Prometheus Unbound by Chance? Risk Diversification and Growth," *The Journal of Political Economy*, 1997, 105 (4): 709-751.

Adams J. and Jaffe A., "Bounding the Effects of R&D: An Investigation Using Matched Establishment-firm Data," NBER Working Paper, No. 5544, 1996.

Aiginger K. and Davies S. W., "Industrial Specialisation and Geographic Concentration: Two Sides of the Same Coin?" *The Journal of Apply Economics*, 2004, 7 (2): 231-248.

Aiginger K. and Rossi-Hansberg E., "Specialization and Concentration: A Note On Theory and Evidence," *Empirica*, 2006, 33 (4): 255-266.

Alonso W., *Location and Land Use* (Cambridge, MA: Harvard University Press, 1964).

Baldwin R. E., Forslid R., Martin P., Ottaviano G. and Nicoud R., *Economic Geography and Public Policy* (Princeton University Press, 2003).

Baldwin R. E. and Robert-Nicoud F., "Trade and Growth with Heterogeneous Firm," CEPR Discussion Paper, 2005.

Barro R. J. and Sala-i-Martin X., *Economic Growth* (New York: McGraw-Hill, 1995).

Barro R. J., "Economic Growth in a Cross Section of Countries," *The Quarterly Journal of Economics*, 1991, 106 (2): 407-443.

Barro R. J., "Inequality and Growth in a Panel of Countries," *The Journal of Economic Growth*, 2000, 5 (1): 5-32.

Baumol W. J., "Productivity Growth, Convergence and Welfare: What the Long-run Data Show," *American Economic Review*, 1986, 76 (5): 1072-1085.

Becker G. S. and Murphy K. M., "The Division of Labor, Coordination Costs, and Knowledge," *The Quarterly Journal of Economics*, 1992, 107 (4): 1137-1160.

Chamberlin E. H., *Theory of Monopolistic Competition*, 8th ed. (Cambridge, MA: Harvard University Press, 1962).

Chenery H. B. and Srinivasan T. N., *Handbook of Development Economics*, Vol. 1 (Amsterdam: North-Holland, 1988).

Chenery H. B. and Syrquin M., *Patterns of Development*, 1950-1970 (London: Oxford University Press for the World Bank, 1975).

Christaller W. and Baskin C. W. (trans.), *Central Places in Southern Germany* (London: Prentice-Hall, 1966).

Clark C., *The Conditions of Economic Progress* (London: Macmillan and Co., 1940).

Combes P. P., Duranton G. and Overman H. G., "Agglomeration and the Adjustment of the Spatial Economy," *Papers in Regional Science*, 2005, 84 (3): 311-349.

Dayal-Gulati A. and Husain A. M., "Centripetal Forces in China's Economic Takeoff," *IMF Working Paper*, 2000, 49 (3): 364-394.

De Long J. B., "Productivity Growth, Convergence, and Welfare: Comment," *American Economic Review*, 1988, 78 (5): 1138-1154.

Demurger S., Saches J. D., Woo W. T., Bao S. and Chang G. H., "The Relative Contributions of Location and Preferential in China's Regional Development: Being in the Right Place and Having the Right Incentives," *China Economic Review*, 2002, 13 (4): 444-465.

Desmet K., Rossi-Hansberg E., "On Spatial Dynamics," *Journal of Regional Science*, 2010, 50 (1): 43-63.

Dixit A. K. and Stiglitz J. E., "Monopolistic Competition and Optimum Product Diversity," *American Economic Review*, 1977, 67 (3): 297-308.

Duranton G. and Overman H. G., "Testing for Localization Using Micro-geographic Data," *Review of Economic Studies*, 2005, 72 (4): 1077-1106.

Duranton G. and Puga D., "Micro-foundations of Urban Agglomeration Economies," in *Handbook of Regional and Urban Economics*, Vol. 4 (Amsterdam: North-Holland, 2004), pp. 2063-2117.

Duranton G. and Puga D., "Nursery Cities: Urban Diversity, Process Innovation, and the Life Cycle of Products," *American Economics Review*, 2001, 91 (5): 1454-1477.

Duranton G., "Agricultural Productivity, Trade and Industrialisation," *Oxford Economic Papers*, New Series, 1998, 50 (2): 220-236.

Ellison G. and Glaeser E. L., "Geographic Concentration in U.S. Manufacturing Industries: A Dartboard Approach," *The Journal of Political Economy*, 1997, 105 (5): 889-927.

Ethier W. J., "National and International Returns to Scale in the Modern Theory of International Trade," *American Economic Review*, 1982, 72 (3): 389-405.

Forslid R. and Ottaviano G. I. P., "An Analytically Solvable Core-Periphery Model," *Journal of Economic Geography*, 2003, 3 (3): 229-240.

Forslid R., "Agglomeration with Human and Physical Capital: An Analytically Solvable Case," CEPR Discussion Paper, No. 2102, 1999.

Fujita M. and Hamaguchi N., "Intermediate Goods and the Spatial Structure of an Economy," *Regional Science and Urban Economics*, 2001, 31 (1): 79-109.

Fujita M. and Mori T., "Frontiers of the New Economic Geography," *Papers in Regional Science*, 2005, 84 (3): 377-405.

Fujita M. and Ogawa H., "Multiple Equilibria and Structural Transition of Non-monocentric Urban Configurations," *Regional Science and Urban Economics*, 1982, 12 (2): 161-196.

Fujita M., Krugman P. R. and Venables A. J., *The Spatial Economy: Cities, Regions and International Trade* (Cambridge, MA: MIT Press, 1999).

Glaeser E. L., "Learning in Cities," *The Journal of Urban Economics*, 1999, 46 (2): 254-277.

Gottmann J., "Megalopolis or the Urbanization of the Northeastern Seaboard," *Economic Geography*, 1957, 33 (3): 189-200.

Gottschalk P. and Smeeding T. M., "Cross-national Comparisons of Earnings and Income Inequality," *Journal of Economic Literature*, 1997, 35 (2): 633-687.

Griliches Z., "Research Cost and Social Returns: Hybrid Corn and Related Innovations," *Journal of Political Economy*, 1958, 56: 419-431.

Grossman G. M. and Helpman E., *Innovation and Growth in the Global Economy* (Cambridge, MA: MIT Press, 1991).

Grossman G. M. and Helpman E., "Integration versus Outsourcing in Industry Equilibrium," *The Quarterly Journal of Economics*, 2002, 117 (1): 85-120.

Grossman V., *Inequality, Economic Growth, and Technological Change: New Aspects in an Old Debate* (New York: Physical-Verlag, Heidelberg, 2001).

Haaland J., Kind H.-J., Midelfart-Knarvik K., Torstensson J., "What Determines the Economic Geography of Europe?" CEPR Discussion Paper, No. 2072, 1999.

Hallet M., "Regional Specialisation and Concentration in the EU," European Economy-Economic Papers, No. 141, 2000.

Helpman E., "The Size of Regions," The Foerder Institue for Economic Research, Working Paper, 1998.

Helsley R. W. and Strange W. C., "Matching and Agglomeration Economies in a System of Cities," *Regional Science and Urban Economics*, 1990, 20 (2): 189-212.

Henderson J. V., *Urban Development: Theory, Fact, and Illusion* (New York: Oxford University Press, 1988).

Henderson J. V., "The Sizes and Types of Cities," *American Economic Review*, 1974, 64 (4): 640-656.

Hoover E. M., *The Location of Economic Activity* (New York: McGraw Hill, 1948).

Imbs J. and Wacziarg R., "Stages of Diversification," *American Economics Review*, 2003, 93 (1): 63-86.

Jian T., Sachs J. D. and Warner A., "Trends in Regional Inequality in China," *China Economic Review*, 1996, 7 (1): 1-21.

Jovanovic B. and Rob R., "The Growth and Diffusion of Knowledge," *Review of Economic Studies*, 1989, 56 (4): 569-582.

Kanbur R. and Zhang X., "Fifty Years of Regional Inequality in China: A Journey Through Central Planning, Reform and Openness," *Review of Development Economics*, 2003, 9 (1): 87-106.

Keeble D, Nachum L., "Why Do Business Service Firms Cluster? Small Consultancies, Clustering and Decentralization in London and Southern England," *Transactions of the Institute of British Geographers*, 1986, 27 (1): 67-90.

Kim S., "Economic Integration and Convergence: U. S. Regions, 1840-1987," NBER Working Paper, No. 6335, 1998.

Kim S., "Expansion of Markets and the Geographic Distribution of Economic Activities: The Trends in US Regional Manufacturing Structure, 1860-1987," *The Quarterly Journal of Economics*, 1995, 110 (4): 881-908.

Krugman P. R. and Venables A. J. , "Globalization and the Inequality of Nations," *The Quarterly Journal of Economics*, 1995, 110 (4): 857–880.

Krugman P. R. , "Increasing Returns, Monopolistic Competition, and International Trade," *The Journal of International Economics*, 1979, 9 (4): 469–479.

Krugman P. R. , "Scale Economies, Product Differentiation, and the Pattern of Trade," *American Economic Review*, 1980, 70 (5): 950–959.

Krugman P. R. , *Geography and Trade* (Cambridge, MA: MIT Press, 1991a).

Krugman P. R. , "Increasing Returns and Economic Geography," *The Journal of Political Economy*, 1991b, 99 (3): 484–499.

Krugman P. R. , "First Nature, Second Nature, and Metropolitan Location," *The Journal of Regional Science*, 1993, 33 (2): 129–144.

Krugman P. R. , "What's New about the New Economic Geography?" *Oxford Review of Economic Policy*, 1998, 14 (2): 7–17.

Kuznets S. , *Modern Economic Growth: Rate, Structure and Spread* (New Haven: Yale University Press, 1966).

Kuznets S. , "Economic Growth and Income Inequality," *American Economic Review*, 1955, 45 (1): 1–28.

Lewis W. A. , "Economic Development with Unlimited Supplies of Labour," *The Manchester School*, 1954, 22 (2): 139–191.

Lucas R. E. Jr. and Rossi-Hansberg E. , "On the Internal Structure of Cities," *Econometrica*, 2002, 70 (4): 1445–1476.

Lucas R. E. Jr. , "On the Mechanics of Economic Development," *Journal of Monetary Economics*, 1988, 22 (1): 3–42.

Marshall A. , *Principles of Economics*, 8th ed. (London: Macmillan and Co. , 1920).

Martin P. and Rogers C. A., "Industrial Location and Public Infrastructure," *The Journal of International Economics*, 1995, 39 (3-4): 335-351.

Maurel F. and Sédillot B., "A Measure of the Geographic Concentration in French Manufacturing Industries," *Regional Science and Urban Economics*, 1999, 29 (5): 575-604.

Midelfart-Knarvik K. H., Overman H. G., Redding S. J. and Venables A. J., "The Location of European Industry," Report Prepared for the Directorate General for Economic and Financial Affairs, European Commission, 2000.

Murata Y., "Rural-urban Interdependence and Industrialization," *The Journal of Development Economics*, 2002, 68 (1): 1-34.

Murata Y., "A Simple Model of Economic Geography à la Helpman-Tabuchi," *The Journal of Urban Economics*, 2005, 58 (1): 137-155.

Murata Y., "Engel's Law, Petty's Law, and Agglomeration," *The Journal of Development Economics*, 2008, 87 (1): 161-177.

Ohlin B., *Interregional and International Trade* (Cambridge, MA: Harvard University Press, 1935).

Ottaviano G., *Monopolistic Competition, Trade, and Endogenous Spatial Fluctuations* (London: CEPR, 1996).

Pflüger M. and Tabuchi T., "The Size of Regions with Land Use for Production," *Regional Science and Urban Economics*, 2010, 40 (6): 481-489.

Porter M. E., *Clusters and the New Economics of Competition* (MA: Harvard Business Review, 1998).

Porter M. E., *The Competitive Advantage of Nations* (New York: Free Press, 1990).

Puga D. and Venables A. J., "The Spread of Industry: Spatial

Agglomeration in Economic Development," *The Journal of the Japanese and International Economies*, 1996, 10 (4): 440-464.

Puga D. and Venables A. J., "Agglomeration and Economic Development: Import Substitution vs. Trade Liberalisation," *The Economic Journal*, 1999, 109 (4): 292-311.

Qiu L. D. and Zhou W., "International Mergers: Incentives and Welfare," *Journal of International Economics*, 2006, 68 (1): 38-58.

Quah D., "The Weightless Economy in Economic Development," Research Papers in Economics, 1999.

Romer P. M., "Increasing Returns and Long-run Growth," *The Journal of Political Economy*, 1986, 94 (5): 1002-1037.

Rosenthal S. S. and Strange W. C., "Geography, Industrial Organization, and Agglomeration," *The Review of Economics and Statistics*, 2003, 85 (2): 377-393.

Rossi-Hansberg E., "A Spatial Theory of Trade," *American Economic Review*, 2005, 95 (5): 1464-1491.

Sanguinetti P., Iulia T. and Martincus C. V., "Economic Integration and Location of Manufacturing Activities: Evidence from Mercosur," ERSA Conference Papers, 2004.

Saxenian A. L., *Regional Advantage: Culture and Competition in Silicon Valley and Route 128* (Cambridge, MA: Harvard University Press, 1994).

Scitovsky T., "Two Concepts of External Economies," *The Journal of Political Economy*, 1954, 62 (2): 143-151.

Solow R. M., "A Contribution to the Theory of Economic Growth," *The Quarterly Journal of Economics*, 1956, 70 (1): 65-94.

Stigler G. J., "The Division of Labor is Limited by the Extent of the Market," *The Journal of Political Economy*, 1951, 59 (3): 185-193.

Traistaru I., Nijkamp P. and Longhi S., "Economic Integration,

Specialization of Regions and Concentration of Industries in EU Accession Countries," in Traistaru I., Nijkamp P. and Resmini L. (eds.), *The Emerging Economic Geography in EU Accession Countries* (Ashgate Publishing, Aldershot, 2003), pp. 331-371.

Venables A. J., "Trade Policy, Cumulative Causation, and Industrial Development," *Journal of Development Economics*, 1996, 49 (1): 179-197.

Venables A. J., "Geography and Specialisation: Industrial Belts on a Circular Plain," in Baldwin R., Cohen D., Sapir A., Venables A. J. (eds.), *Market Integration, Regionalism and the Global Economy* (Cambridge UK: Cambidge University Press, 1999).

von Thunen J., *The Isolated State*, English ed. (London: Pergamon Press, 1826).

Williamson J. G., "Regional Inequality and the Process of National Development: A Description of the Patterns," *Economic Development and Cultural Change*, 1965, 13 (4): 1-84.

Zhang X. and Zhang K. H., "How Does Globalisation Affect Regional Inequality within A Developing Country? Evidence from China," *The Journal of Development Studies*, 2003, 39 (4): 47-67.

图书在版编目（CIP）数据

京津冀产业集聚与协同发展 / 邓永波著. --北京：社会科学文献出版社，2023.11
（清华 · 政治经济学研究丛书）
ISBN 978-7-5228-1196-3

Ⅰ. ①京… Ⅱ. ①邓… Ⅲ. ①区域经济发展-产业发展-协调发展-研究-华北地区 Ⅳ. ①F269.272

中国版本图书馆 CIP 数据核字（2022）第 237241 号

清华 · 政治经济学研究丛书
京津冀产业集聚与协同发展

著　　者 / 邓永波

出 版 人 / 冀祥德
责任编辑 / 田　康
责任印制 / 王京美

出　　版 / 社会科学文献出版社 · 经济与管理分社（010）59367226
地址：北京市北三环中路甲 29 号院华龙大厦　邮编：100029
网址：www.ssap.com.cn
发　　行 / 社会科学文献出版社（010）59367028
印　　装 / 三河市龙林印务有限公司

规　　格 / 开　本：787mm × 1092mm　1/16
印　张：16.25　字　数：230 千字
版　　次 / 2023 年 11 月第 1 版　2023 年 11 月第 1 次印刷
书　　号 / ISBN 978-7-5228-1196-3
定　　价 / 98.00 元

读者服务电话：4008918866